基金项目：盐城工业职业技术学院科研基金项目资助（ygy22
盐城产教融合发展研究中心智库课题（2022cjrh010）；
盐城市社科基金项目（23skA127）

基于博弈论的供应链决策优化和协调机制研究

陈天文 著

燕山大学出版社

·秦皇岛·

图书在版编目(CIP)数据

基于博弈论的供应链决策优化和协调机制研究/陈天文著.—秦皇岛:燕山大学出版社,2023.12
ISBN 978-7-5761-0569-8

Ⅰ.①基… Ⅱ.①陈… Ⅲ.①供应链管理—研究 Ⅳ.①F252.1

中国国家版本馆 CIP 数据核字(2023)第 199460 号

基于博弈论的供应链决策优化和协调机制研究
JIYU BOYILUN DE GONGYINGLIAN JUECE YOUHUA HE XIETIAO JIZHI YANJIU

陈天文 著

出 版 人:陈 玉			
责任编辑:孙志强		策划编辑:孙志强	
责任印制:吴 波		封面设计:刘馨泽	
出版发行:燕山大学出版社		电 话:0335-8387555	
地 址:河北省秦皇岛市河北大街西段 438 号		邮政编码:066004	
印 刷:涿州市般润文化传播有限公司		经 销:全国新华书店	
开 本:710 mm×1000 mm 1/16		印 张:14	
版 次:2023 年 12 月第 1 版		印 次:2023 年 12 月第 1 次印刷	
书 号:ISBN 978-7-5761-0569-8		字 数:240 千字	
定 价:56.00 元			

版权所有 侵权必究
如发生印刷、装订质量问题,读者可与出版社联系调换
联系电话:0335-8387718

前 言

供应链是生产及流通过程中,将产品或服务提供给最终用户活动的上游与下游企业所形成的网链结构,即将产品从商家送到消费者手中的整个链条。供应链一般由多个节点企业组成,在作决策时,各节点企业往往只从自己利益最大化的角度出发,而忽略供应链系统的整体利益。研究发现,将供应链作为一个整体进行集中决策时可以使供应链的整体利益达到最大,然而供应链中的各节点企业通常都是独立的个体,具有自主决策的权利,因此设计合适的协调机制对供应链进行协调,使各节点企业的个体目标和整体目标趋向一致,实现供应链系统的帕累托改进具有重要的意义。

供应链协调大致分为四种协调机制,即协调契约,信息技术,信息共享,共同决策。相比于其他方法,协调契约对供应链成员有一定的法律约束力,同时对各成员有一定的激励作用。一个合适的协调契约可以使各成员共担风险,共享利益,可以促进彼此的信任和合作,即使不能完全实现系统全局最优,也能保证各成员取得帕累托最优解,确保每一位成员都能获取比原先分散决策时更多的利益,实现供应链成员的共赢。

本书在总结、归纳、分析前人有关供应链契约协调机制相关文献的基础上,总结近几年笔者的相关研究工作,根据现实供应链环境的变化通过博弈论对供应链进行数学建模,有针对性地为不同环境下的供应链系统设计契约协调机制,弥补研究中的不足,对相关理论进行必要补充和完善,为供应链企业间的协调管理提供理论依据。本书的核心内容主要包括以下几个方面:

(1) 从供应链的定义、供应链管理的内容、供应链上的不确定性因素、不确定环境下的供应链模型、不确定环境下的需求函数、供应链的协调机制、供应链协调契约的种类以及博弈论在供应链协调管理中的运用等方面,对国内外文献进行了综述。

(2) 设计随机需求下供应链的协调契约,首先利用博弈论建立随机需求下集中式订购与生产决策模型、制造商领导的斯坦伯格博弈模型,在此基础上,对两种模型进行比较分析,设计两种契约对供应链进行协调,并重点研究了不确定需求对供应链的决策优化和协调参数的影响。其次考虑绿色度对消费者需求的影响,建立产品供应链集中和分散决策模型,对订购与产品绿色度的决策进行优化并设计联合协调契约,并重点分析了绿色生产中政府补贴对绿色度决策的影响。

(3) 设计随机产量下的供应链协调契约,在研究随机需求下供应链协调契约机制的基础上,对产需双重不确定下的供应链进行研究,验证回购契约的可实施性,并考虑疫情等突发事件对企业资金的影响,设计基于信用支付的联合契约,并进一步研究生产不确定性以及二级市场对供应链决策优化、绩效等方面的影响。在此基础上,基于合作博弈对随机产量下的三级供应链进行协调,证明夏普利值结合层次分析法对供应链协调的可能性和优点。

(4) 研究在随机需求下闭环供应链的协调问题,考虑政府激励、缺货成本和再制造率对供应链的影响,探究闭环供应链上各节点成员在分散决策和集中决策模式下的订购和回收价格决策。对传统供应链收益共享契约进行优化,设计收益-费用共担契约对供应链进行协调。最后分析了协调契约系数对回收价格和供应链利润的影响。

(5) 研究需求不确定且缺乏基础数据时供应链的决策优化和协调问题。前期不确定需求往往是采用概率论的方法进行模拟,将其设为正态分布或者随机分布,而当新品上市或者市场环境变化很大的时候,概率统计的方法便不再适用。因此本书进一步研究模糊需求且同时依赖于零售价格和销售努力的两级供应链的协调问题。其中模糊需求与销售努力和价格相关,建立两级供应链协调问题的决策模型,并分别研究了信息对称和信息不对称情况下的供应链协调机制。

(6) 设计直播电商环境下双渠道供应链协调契约。在传统渠道之外考虑一种新型的销售渠道——直播间促销,假设消费者需求受直播间价格折扣、产品绿色度和销售努力的影响,对零售商和制造商的价格、销售努力和绿色度决策进行优化。设计 CS-GS 协调契约,并考虑供应链成员在谈判中的影响力,进行讨价还价分析,验证了协调契约和讨价还价的可实施性。最后讨论乡村振兴战略下直播电商供应链和物流协同发展的问题。

目　　录

第1章　绪论 ··· 1

1.1　研究背景及意义 ··· 1
1.1.1　研究背景 ·· 1
1.1.2　研究意义 ·· 4
1.2　研究内容 ·· 6
1.3　研究思路和研究方法 ··· 8
1.4　本书主要创新点 ··· 9

第2章　供应链协调问题综述 ·· 11

2.1　供应链与供应链管理 ·· 11
2.2　供应链上的不确定因素 ·· 12
2.2.1　供应不确定性 ··· 12
2.2.2　生产不确定性 ··· 13
2.2.3　需求不确定性 ··· 13
2.2.4　不确定环境下的供应链模型 ·· 14
2.2.5　不确定需求环境下的需求函数 ··· 15
2.3　供应链协调概述 ··· 16
2.3.1　供应链协调定义 ·· 16
2.3.2　供应链协调分析 ·· 17
2.3.3　供应链协调机制 ·· 18
2.3.4　供应链契约 ·· 21
2.4　博弈论与供应链协调 ··· 26
2.4.1　博弈论相关概念 ·· 26
2.4.2　博弈论的分类 ··· 26

2.4.3　斯坦伯格博弈 ·· 28
　　2.4.4　纳什博弈 ·· 29
　　2.4.5　合作博弈 ·· 30
　　2.4.6　基于博弈论的供应链决策模型 ································ 33

第3章　随机需求下两级供应链协调契约 ································ 35

3.1　问题描述 ·· 35
3.2　基本模型假设与符号 ·· 35
3.3　随机需求下两级供应链决策分析 ···································· 37
　　3.3.1　集中式决策模式下的最优决策 ·································· 37
　　3.3.2　分散式决策模式下的最优决策 ·································· 38
　　3.3.3　供应链协调契约分析 ·· 39
3.4　基于数量折扣契约的供应链协调 ···································· 40
3.5　基于回购契约的供应链协调 ······································ 41
3.6　数值仿真 ·· 42
3.7　本章小结 ·· 46

第4章　产需双重不确定下的易逝品供应链协调契约 ······················ 48

4.1　问题描述 ·· 48
4.2　生产与需求不确定的两级供应链分析 ································· 49
　　4.2.1　模型假设与符号 ·· 49
　　4.2.2　集中式决策模式下的最优决策 ·································· 51
　　4.2.3　分散式决策模式下的最优决策 ·································· 52
　　4.2.4　分散与集中模式的供应链利润及决策比较 ························· 54
4.3　基于回购契约的供应链协调 ······································ 55
4.4　基于信用支付的联合契约协调 ····································· 57
4.5　二级市场对生产不确定的供应链的影响 ······························· 59
　　4.5.1　二级市场对生产决策的影响 ···································· 59
　　4.5.2　二级市场对利润的影响 ······································ 60
　　4.5.3　二级市场对回购契约协调的影响 ································ 60
4.6　纳什讨价还价分析 ··· 61

4.7 数值仿真	62
4.8 本章小结	78

第5章 随机需求下闭环供应链协调契约 — 79

5.1 问题描述	79
5.2 模型符号与假设	81
5.2.1 参数定义及说明	81
5.2.2 基本研究假设	82
5.3 闭环供应链的决策模型	83
5.3.1 集中决策模型	83
5.3.2 分散决策模型	84
5.4 闭环供应链的收益共享契约协调模型	85
5.4.1 传统收益共享契约协调模型	86
5.4.2 收益-费用共担契约协调模型	87
5.5 数值算例分析	90
5.5.1 数值假设	90
5.5.2 协调系数分析	91
5.6 本章小结	95

第6章 随机产量下基于合作博弈的三级供应链协调机制 — 96

6.1 问题描述	96
6.2 模型建立	98
6.2.1 符号、假设和模型	98
6.2.2 集中决策模型	99
6.2.3 分散决策模型	101
6.2.4 三级斯坦伯格博弈模型	101
6.2.5 二级斯坦伯格博弈模型	102
6.3 基于夏普利值法的合作博弈	104
6.4 夏普利值法的修正和模型的构建	105
6.5 数值算例分析	108
6.6 本章小结	113

第7章 随机需求下考虑绿色度的供应链协调契约 ... 115

7.1 问题描述 ... 115
7.2 模型建立 ... 116
7.2.1 参数定义及说明 ... 116
7.2.2 基本研究假设 ... 117
7.3 集中和分散决策模型 ... 117
7.3.1 集中决策模型 ... 117
7.3.2 分散决策模型 ... 119
7.4 协调模型 ... 121
7.4.1 传统收益共享契约协调模型 ... 121
7.4.2 收益共享-绿色成本共担契约协调模型 ... 122
7.5 考虑政府补贴的供应链协调模型 ... 123
7.5.1 模型建立 ... 124
7.5.2 集中式供应链 ... 125
7.5.3 分散式供应链 ... 126
7.5.4 协调契约 ... 127
7.6 数值算例分析 ... 128
7.7 本章小结 ... 133

第8章 模糊需求依赖于努力和价格的供应链协调契约 ... 134

8.1 问题描述 ... 134
8.2 模型建立 ... 135
8.2.1 相关模糊理论基础 ... 135
8.2.2 参数定义及说明 ... 137
8.3 集中和分散决策模型 ... 138
8.3.1 集中决策模型 ... 138
8.3.2 分散决策模型 ... 139
8.4 协调模型 ... 141
8.4.1 对称信息下的协调契约 ... 141
8.4.2 信息不对称条件下的协调契约 ... 142

8.5 数值算例分析 143
8.6 本章小结 146

第9章 直播电商环境下双渠道供应链协调契约 147

9.1 问题描述 147
9.2 模型建立 149
    9.2.1 参数定义及说明 149
    9.2.2 基本研究假设 150
9.3 集中和分散决策模型 151
    9.3.1 集中模型 151
    9.3.2 斯坦伯格博弈模型——制造商主导 152
    9.3.3 斯坦伯格博弈模型——零售商主导 155
9.4 供应链协调模型 156
    9.4.1 收益共享和批发价格联合契约(RSC) 157
    9.4.2 绿色研发成本和销售努力成本共担契约(CS-GS) 159
    9.4.3 纳什讨价还价分析 161
9.5 数值算例分析 162
9.6 乡村振兴战略下直播电商供应链和物流协同发展研究 173
    9.6.1 农村物流服务现状及存在问题 174
    9.6.2 构建评价指标值体系 175
    9.6.3 模糊综合评价 180
    9.6.4 电商直播企业与第三方物流公司竞合博弈分析 183
    9.6.5 直播电商供应链和物流服务质量协同发展对策 186
9.7 本章小结 188

第10章 总结与展望 190

10.1 研究总结 190
10.2 研究展望 191

参考文献 193

第1章 绪论

1.1 研究背景及意义

1.1.1 研究背景

在20世纪60年代至70年代间,企业开始意识到要关注市场需求,如何赢得客户的长期关注成为企业的长期发展战略。为了支持市场需求,企业需要以高质量、合理的成本生产设计出满足顾客需求的差异化的产品和服务。20世纪80年代末开始提出供应链(Supply Chain,SC)的概念,起初它着眼于如何降低物流中的库存,提高物流运行,并对供应商与消费者之间的供求数量进行调整。与此同时,国际的经济环境发生了巨大的改变,人类社会进入后工业时代,向知识经济社会迈进[1]。20世纪90年代以来,各种高新技术逐渐在制造企业中得到广泛的应用,在这种情况下,采用优化制造过程的方法使生产率提高的程度也逐渐缩小,与此同时,高新技术的迅猛发展导致产品的生命周期不断缩短,产品不断的更新换代使得市场竞争更加激烈。随着全球化市场形成、技术变革加速及网络技术的发展,新产品的市场竞争日益激烈,客户的个性化定制的需求愈加突出,市场需求的不确定性大大增加。企业面临着不断缩短交货期、降低成本和改进服务的压力,人们发现在全球化大市场环境中,任何企业不可能是所有业务中的最优秀者,为进行资源整合,优化企业资源配置,企业不但要完成自身的优化运作,同时要从整体的角度对上下游企业进行协调,形成密切合作的关系,建立一条经济利益和业务关系紧密相连的供应链,以实现企业间的优势互补、风险共担,充分利用每一个环节增强产品的竞争力[2]。传统的单个企业通常以产品质量、产品功能和分销渠道为竞争优势,为了增强企业的竞争实力,传统企业通常采用纵向一体化的商业模式,随着竞争环境的改变,企业之间的竞争逐渐开始转变为物流、信息流、资金流三位一体的供应链之间的竞争[3]。供应链理论的广泛运用,为许多企业创造了巨大的效益。如通过供应链管理,宝洁公司全面压缩供应链时间,提高供应链反应速度,解决了库存量居高不下和零售店中时常有产品脱销的矛盾,为公司节省了10亿美元的库存[4]。IBM通过对其供应链的整合,第一年就节约成本70亿美元,到2004年IBM

的高效供应链管理将其库存降到30年来的历史最低水平,增加了2.85亿美元的现金收入。戴尔公司也通过其独特的供应链战略,于2001年超越惠普成为世界上最大的个人电脑生产商[5]。

新经济时代的供应链是一个范围更广的企业结构模式,一条供应链通常以核心企业为主,由研发中心、制造商、分销商、零售商、物流服务商和客户等组成,其中有买卖和雇佣关系,通常各个合作伙伴是不同的实体,具有独立的经济利益和不同的经营理念。所以,在没有协调的情况下,他们在作决策时往往从自身利益最大化的角度出发,而忽略供应链的整体利益最大化的目标,从而造成一种双重边际效应[6];供应链各节点企业往往以各自利益为中心使得很多有价值的信息不共享,信息不对称使得订单向供应链上游逐级放大,造成一种牛鞭效应[7],人为造成大量的库存成本;当市场需求发生变化时,不能迅速作出调整,从而响应市场;伙伴之间缺乏良好的信誉和忠诚度,使得准时化生产过程常常发生供应不及时或者库存积压过剩;物流服务水平不到位;等等。所有这些问题使得供应链的绩效水平十分低下,为了解决双重边际化效应或多重边际化效应、牛鞭效应、信息不共享等问题对供应链所产生的不良影响,协调成为供应链管理领域中一个重要的研究焦点。2004年,国际管理科学界的权威杂志 *Management Science* 在纪念创刊50周年的专辑中载文指出,供应链管理是管理可续发展50年来最重要的基础理论,也是21世纪管理科学发展的前沿[8]。21世纪以来,我国政府和相关部门也开始高度重视供应链管理,将供应链管理放在战略管理层面,并于2006年1月26日发布《国家中长期科学和技术发展规划纲要(2006—2020年)》《(2006—2020年)国家信息化发展战略》《中国未来20年技术预见研究》[9]。2014年中国供应链管理(北京)论坛暨第六次CSCMP中国年会在北京举行,作为全球物流与供应链领域具有"制定标准、引领风向"地位的组织,美国供应链管理专业协会将本届年会的主题定为"供应链创造价值"。当前全球经济格局深刻调整,新兴技术推动商贸、信息、金融在云端整合,物流供应链与供应链管理已经成为全球价值链的关键驱动因素,并逐步演变为全球各类企业的共同关注。打造供应链,提升价值链,实现包容性增长将成为供应链和物流领域引领未来全球经济发展的方向。

近年来,随着自然灾害和社会突发事件的频繁发生,上游供应链供应商经常出现在生产、运输和交货等供应环节的延迟和中断现象,这些因素大大增加了供应商交货时间的不确定性,这种供应不确定性从最初的原材料供应商开始沿着供应链向下游各级逐级传递,直接影响产品的生产组装进程和交付时间,进而影响制造商生产的不确定,严重的会直接导致制造商不能按时交货而使顾客退货并转向竞争对手购买,因此供应不确定和生产不确定是影响供应链变化的重要原因之一[4]。

需求不确定也是商业环境中的一种普遍现象,在外部环境急剧变化的今天,产品的生命周期越来越短,需求的变化越来越剧烈。需求不确定不仅使资源配置的效率降低,还增加了供应链的风险,给供应链所有成员的经济利益和活动都带来影响。由于难以掌握明确的需求信息,销售商很难制订最优的订货计划,制造商很难分配生产能力、制订生产计划,生产不足和过剩都将导致生产成本、销售成本的提高。据评估,需求不确定使供应链中生产及销售成本增加了12.5%到25%,使美国服装行业每年蒙受了250亿美元的损失,占年销售额的25%,而且这种需求不确定带来的损失已经明显超过了整个制造成本[10]。需求不确定是供应链不确定的主要来源中之一。

从20世纪60年代开始,很多学术工作就一直专注于不同环境下的供应链。随着市场变化日益剧烈,产品更新换代升级,另外直播销售的兴起给零售业带来了革命性的变化,尤其是在新冠疫情暴发后,直播销售正迅速成为转售和代理销售平台的主要营销方式。企业与企业的竞争逐渐转变为供应链与供应链之间的竞争,供应链协调成为近年来研究供应链管理的焦点。近几年,国内外学者也逐渐开始把供应链协调管理研究的重点转到供应链契约理论上。1998—2022年期间国内外对供应链契约的学术关注度如图1.1所示。可以看出国内关于供应链契约的关注从2003年开始,国外对于供应链契约的研究起步较早一些,从1998年开始,而后国内外的关注度都开始迅速增长,近几年虽有所回落,但总关注度依然很高。

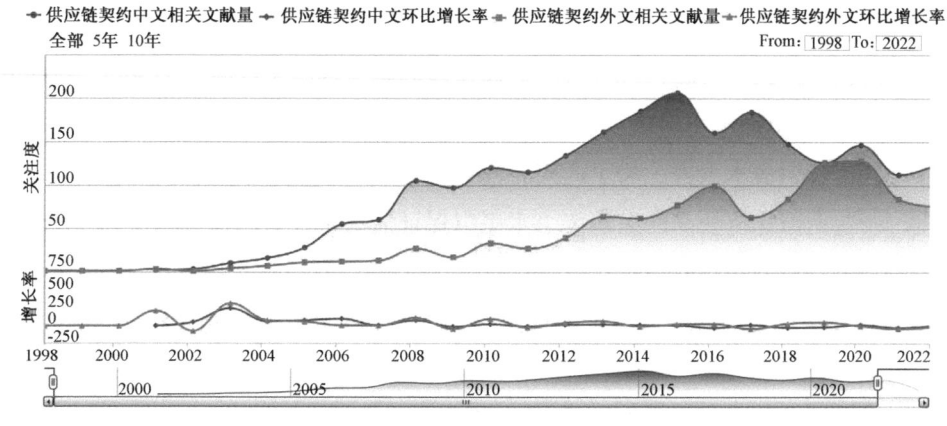

图1.1 供应链契约的学术关注度折线图

1.1.2 研究意义

供应链在实际运作过程中面临着大量的协调问题,21世纪的竞争不是企业和企业的竞争,而是供应链与供应链之间的竞争。供应链是典型的需要协调的系统,因为供应链的各节点企业都有各自的利益目标和价值体系,对企业的决策活动有不同的评价标准,供应链管理不善很容易造成供应链失调[11]。一般来说,供应链失调会导致以下六个方面的典型问题:

第一,各企业不能协作化分工,生产成本增加。供应链失调会导致供应链缺乏合作,企业间不共享信息,上游企业为保持一定量的安全库存,大量生产产品,不合理的生产往往造成大量的库存积压,不仅浪费企业资源,占用大量的资金,还产生一定量的库存成本,浪费空间和物流运力。

第二,产生一种需求向上游企业放大的现象(牛鞭效应)。由于这种需求放大效应的影响,供应方往往维持比需求方更高的库存水平或者说是生产准备计划。供应链上的预测不准确、需求不明确、供给不稳定,企业间合作性与协调性差,造成了供应缺乏、生产与运输作业不均衡、库存居高不下、成本过高等现象[12]。这些因素和企业制造过程中的不确定因素叠加在一起,将会降低供应链的利润,导致巨大经济损失。

第三,缺少快速应变的能力。缺乏协调的供应链在面对快速变化的市场需求时,各成员企业往往难以安排适当的生产计划、订货计划及应对措施。经常会造成当前生产能力和库存不能满足需求的情况,导致整条供应链没有办法在短时间内迎合市场的需求,错过良机,更严重时丧失市场竞争力。

第四,供应链中各成员企业出现信任危机。供应链失调会导致供应链各成员企业各自为政,相互欺瞒,互不信任,从而在有问题出现时不能够及时沟通,一旦出现利益冲突就会产生过激反应,使得合作变得非常困难。

第五,运输成本上升。为了应对信息不对称带来的忽高忽低的不确定的市场需求,制造商需保持较高的运输能力水平以保证需求量最大时的运输能力,这在需求量下降或不足时等同浪费[13]。

第六,订货提前期延长。由于信息不对称,制造商不了解具体的市场需求信息,很难制订最优的生产计划,对于有时会出现的制造商产能和库存不能满足市场需求的情形,订货方只能提前订货,导致供应提前期延长[13]。

供应链各成员都想在市场上更具有竞争力,作为供应链的一个组成部分,所有供应链成员需要共同协作,使整个供应链的利益最大化。为使供应链各节点企业能够共同合作,需要采用合适的协调策略来协调供应链成员的行动。通过建立战略性合作伙伴关系、合理分配利润、共同分担风险,不仅使供应链成员能更快地响应不确定的市场需求,还使供应链各节点企业减少矛盾和内耗,从而更好地分工合作,发挥供应链的优势以获取最大的利益。只有整个供应链获得更多的利益并且这个供应链所有节点企业所获得的利益都能大于企业各自为政时获得的利益,这种合作才是一种共赢的状态。为了使供应链系统达到整体最优化而又不伤害到供应链中所有成员的利益,供应链参与各方可以达成一些激励约束机制,以使供应链参与各方的个体理性行为与集体理性行为趋于一致[14]。如何建立有效的激励约束机制协调供应链成员企业间的关系,让其统一以最优化系统整体收益为目标,彼此互利共赢,是当前供应链管理研究的热点和难点所在。

另外,供应链协调是供应链管理中一个重要的研究领域,对供应链协调的进一步研究是对供应链管理理论的必要补充和完善[15]。供应链是一个复杂的系统,在供应链中有物流、信息流和资金流。物流通常是上游企业向下游企业进行物料的移动;信息流通常是双向的,指供应链上下游企业以及与外界之间的信息传递;资金流往往是下游企业向上游企业关于资金的流动。供应链管理是指对整个供应链的物流、信息流和资金流进行计划、组织、协调、控制和优化。供应链管理的各个环节都存在供应链协调问题,例如供应链合作伙伴的选择、如何协调供应链伙伴之间的关系,生产计划、库存预测、订货计划、分销渠道的设计等等[16]。因此对于供应链协调问题的研究有助于完善供应链管理理论体系。供应链管理在我国起步不久,供应链运作、协调及管理还不尽如人意。因而,研究和实施供应链协调,提升供应链管理水平,以增强企业适应全球化竞争的能力,已成为摆在我国企业和理论界面前的一项迫在眉睫的课题[17]。

供应链契约协调机制的设计是供应链协调的一个重要手段,针对不同的供应链环境设计合适的契约机制可以极大地提高供应链的绩效水平。供应链成员企业应重视契约机制的设计,一个好的契约不仅可以实现系统绩效的改善,而且可以使供应链上的各级企业共同承担来自市场需求、销售价格、产品质量、生产提前期、运输时间和汇率等方面的不确定性,改变风险分配不公平的现象,还可以解决利润分配问题,使供应链成员承担的风险与获得的收益相匹配,实现共赢。

在理论上,这些契约机制的设计主要是通过博弈论对供应链建立数学模型,尽管在某些情况下模型与实际有一定的差距,但其思想和结论可以为管理者们提供供应链管理的重要角度和决策依据,因而具有重要的现实意义。

1.2 研究内容

本书在总结、归纳、分析前人有关供应链契约协调机制相关研究工作的基础上,根据现实供应链环境的变化通过博弈论对供应链进行数学建模,有针对性地为不同环境下的供应链系统设计契约协调机制,弥补研究中的不足,对相关理论进行必要补充和完善,为供应链企业间的协调管理提供理论依据。本书的主要内容和整体框架如图1.2所示,本书结构安排的逻辑思路是由提出问题到解决问题、完善理论,由两阶层扩展到三阶层的供应链系统。

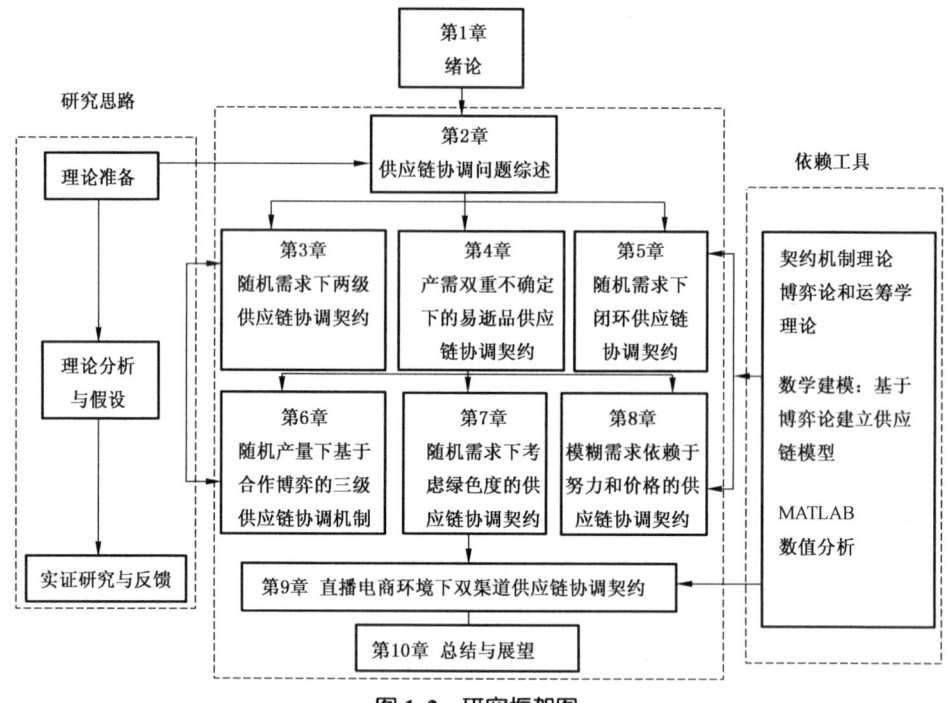

图1.2 研究框架图

本书具体的研究内容安排如下:

本书分为10章,第1章绪论是研究背景、研究意义、研究内容和研究思路。第2章是国内外研究综述和相关理论知识的介绍。第2章至第9章是专著的主体内容,基于博弈论结合实际建立不同环境下的供应链模型,分析并比较其决策和利润并设计协调机制实现供应链系统帕累托优化。第10章是对本书进行总结,并提出未来的研究方向。

第 1 章阐述研究供应链协调的背景、研究意义。确定本书的研究内容、研究思路和研究方法。

第 2 章阐明供应链、供应链管理、供应链协调等相关概念,分析供应链上的不确定因素形成原因以及对供应链的影响,然后总结以往不确定环境下供应链模型、不确定需求环境下的需求函数以及各种契约机制的研究,最后综述博弈论在供应链协调中的应用。

第 3 章主要是对随机需求下两级供应链协调契约问题进行研究,为供应链协调建立一个基准,建立集中决策模型,基于斯坦伯格博弈理论建立分散决策模型,研究供应链各个成员以及整个供应链的收益,并且采用数量折扣契约和回购契约,确定相应的契约参数,从理论上证得这两种契约都使得供应链能够达到协调。

第 4 章主要是对产需双重不确定环境下的易逝品供应链协调契约进行研究,与第 3 章研究思路一样,首先为供应链协调建立一个基准,建立集中决策模型,基于斯坦伯格博弈理论建立分散决策模型,重点研究回购契约和基于信用支付的联合契约,并结合纳什讨价还价的方法讨论供应链各成员的利润分配问题,以实现供应链各成员达到一个共赢的局面。

第 5 章研究在随机需求下,基于制造商委托零售商负责回收废旧产品的由单个制造商和单个零售商构成的两级闭环供应链,且考虑到政府激励、缺货成本和再制造率,探究闭环供应链上各节点成员以及供应链系统在分散决策、集中决策、协调契约下的不同策略。并根据协调原则,对传统供应链收益共享契约进行优化,设计收益-费用共担契约协调两级闭环供应链。与此同时,通过算例分析证实该收益-费用共担契约可以有效协调该闭环供应链。

第 6 章进行生产不确定下基于合作博弈的三级供应链协调方面的研究。尝试在供应链协调中采用夏普利值合作博弈使得各个成员的利润都比分散情况下的大,并针对传统夏普利值法的局限性,同时考虑指标实用性和简明性,采用五个指标评价联盟成员重要性,即考虑风险分担、资源投入、创新能力、规模经济、政府补贴五个因素对供应链利润的影响,采用层次分析法修正夏普利值利润分配模型。

第 7 章根据农产品生产分散化、流通链条缺乏协调、绿色研发成本高、需求不确定性大的现状,以农产品供应链为研究对象,考虑需求不确定性下的农产品供应链,通过研究农产品供应链契约协调机制和政府干预对产品绿色度的影响,促进供应链成员绿色行为选择,以期为农产品生产商和零售商发展绿色农产品生产供应链提供对策建议。

第8章根据研究需求不确定且缺乏基础数据时,模糊需求且同时依赖于零售价格和销售努力的两级供应链的协调问题。其中模糊需求与销售努力和价格相关,建立信息对称和信息不对称下两级供应链协调问题的决策模型。

第9章研究包括制造商和零售商在内的两级绿色供应链,在传统渠道之外考虑一种新型的销售渠道——直播销售。分别分析在集中决策和分散决策模式下零售商和制造商的价格、销售努力和绿色度的最优决策。通过比较这些模型的最优决策和最优利润,建立 CS-GS 协调模型,验证 CS-GS 协调契约实现双赢的可行性,并对乡村振兴背景下直播电商供应链和物流服务协同发展的问题进行了研究。

第10章对本书进行总结,并从供应链的需求和生产环境、供应链结构、销售渠道、契约机制等方面提出未来的研究方向。

1.3 研究思路和研究方法

本书的写作思路是基于参阅大量书籍和文献资料的基础上,以供应链为研究对象,将研究主题聚焦于不同环境下供应链的协调分析,综合运用契约协调机制、博弈论和运筹学等相关理论,充分考虑需求不确定、生产不确定、二级市场价格波动、政府补贴以及直播电商促销对于供应链协调运作的影响,分别构建集中决策模型和分散决策模型以及供应链协调模型,对供应链进行决策优化和协调机制的设计,以实现整个供应链的共赢,全书的写作思路如图1.3所示。

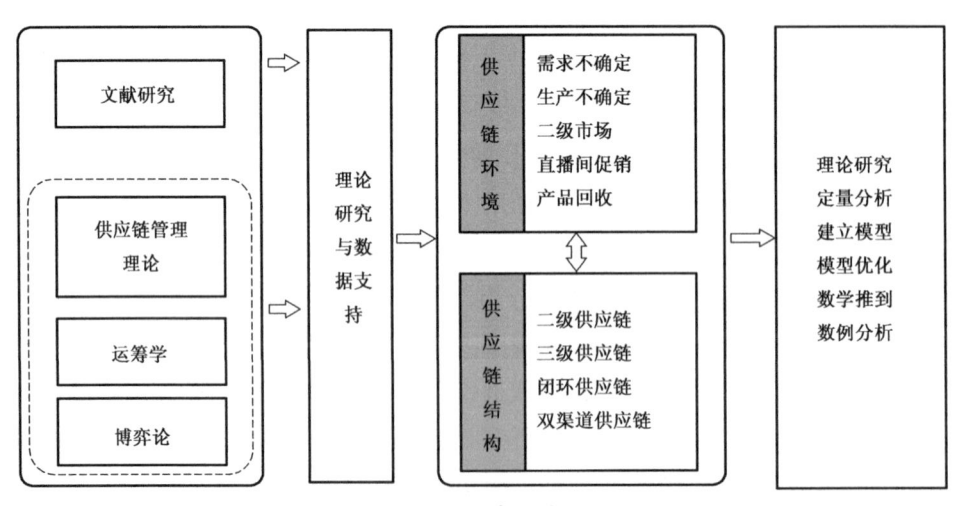

图1.3 研究思路图

整个研究主要遵循如下三个基本方法:

（1）定性分析与定量分析相结合

在研究中坚持定性分析与定量分析相结合,应用供应链物流理论对所研究的问题进行定性分析,根据运筹学和博弈论的理论建立供应链模型,进行数学推导,优化模型,对所研究问题进行定量分析。

（2）理论研究与实际相结合

本书通过阅读大量国内外关于供应链协调的文献和书籍,借鉴其中具有参考价值的理论模型和研究方法,结合实际情况建立相应的数学模型,为研究的顺利推进打下了理论基础,提供技术保障。

（3）算例仿真

在模型分析的基础上,利用模拟仿真数据对数学模型及其相关结论的适应性及科学性进行验证,并从中得到进一步的启示。

在对供应链协调契约机制的建模和优化研究中,本书采用研究供应链协调问题普遍采用的方法——三步建模法:第一步,对供应链环境和特征进行描述并提出假设,建立供应链为集中决策模型,确定最优决策量及最优供应链绩效,将其作为比较的基准;第二步,针对供应链实际运作模式和环境,对各个独立实体的决策进行建模,根据各实体的谈判能力基于博弈论建立分散决策模型,将分散模型下的决策和集中决策模式下的最优决策进行对比;第三步,设计适宜的契约协调机制,将契约下各实体的最优决策与集中模式下的最优决策相对比,使各供应链成员从个体利益出发作出符合系统利益的决策,得到实现协调的条件,进一步再对契约机制的适用条件及利润的分配进行深入的分析和讨论。

1.4 本书主要创新点

本书的理论研究建立在众学者的研究基础之上,广泛汲取了他们的研究成果,并加以创新,建立自己的数学模型,采用运筹学、博弈论和供应链管理的思想分析研究,推导出结论,最后进行数例分析,对所研究出的成果进行验证分析。主要的创新点如下:

（1）大多数文献假设需求不确定时,令需求服从一个均匀分布,本书在参阅大量文献和对市场理解的基础上,力求模型更加贴近现实情况,假设不确定的需求服从一个正态分布,并考虑了受绿色度影响的正态分布。另外在缺乏历史数据、没有足够的样本时,第8章考虑到模糊需求。

（2）本书基于经典报童模型延伸出不确定环境下的二/三级供应链模型,并进行数值对比分析,分别研究需求不确定、生产不确定和产需双重不确定环境下的供应链,考虑到绿色供应链的重要性,分别研究了需求不确定下闭环供应链下的供应链和随机需求受产品绿色度影响的供应链,并研究政府补贴对发展绿色农产品生产的影响。

(3) 本书根据不同环境下的供应链设计相应的协调机制,不仅证明了通过数量折扣契约、收益共享契约、回购契约和联合契约可以使供应链达到协调,即供应链整体利润达到最大,并且通过夏普利值或者纳什讨价还价分析确定供应链各成员的利润分配,使供应链各节点成员以及整体供应链达到一个共赢的局面。

(4) 当下直播间促销成为一种非常流行的销售模式,直播间促销可以迅速带动产品的销售量和影响力,收获大批粉丝,进而争取大量的长期客户。在前期二级供应链研究的基础上,本书研究了双渠道直播间供应链的协调契约机制,考虑直播间促销引流的方式,进一步研究了直播间折扣和市场占比对供应链的影响。

(5) 现有文献在研究供应链协调的问题时通常考虑静态博弈和动态博弈,以及合作博弈与非合作博弈的组合情形,本书在通过博弈论建立协调模型的基础上,在第6章中通过层次分析法对协调结果进行修正。结果证明,通过层次分析法对夏普利值进行修正,可以更加全面地考虑多个因素对决策结果的影响,并增强对决策过程的透明度和可解释性,促进多利益相关者之间的合理协商和沟通。

第2章 供应链协调问题综述

2.1 供应链与供应链管理

关于供应链的定义,目前没有统一的定义,比较有代表性的定义是马士华提出的:供应链是围绕核心企业,通过对信息流、物流、资金流的控制,从采购原材料开始,制成中间产品以及最终产品,最后由销售网络把产品送到消费者手中的将供应商、制造商、分销商、零售商直到最终用户连成一个整体的功能网链结构[18]。

尽管关于供应链定义的具体表述方式有所不同,但它们都有一个共同的特点,就是涉及所有直接或间接实现顾客需求的活动或功能,并把执行这些活动或功能的不同实体看成是一个有机的整体[19]。供应链模型的网络结构图如图2.1所示。

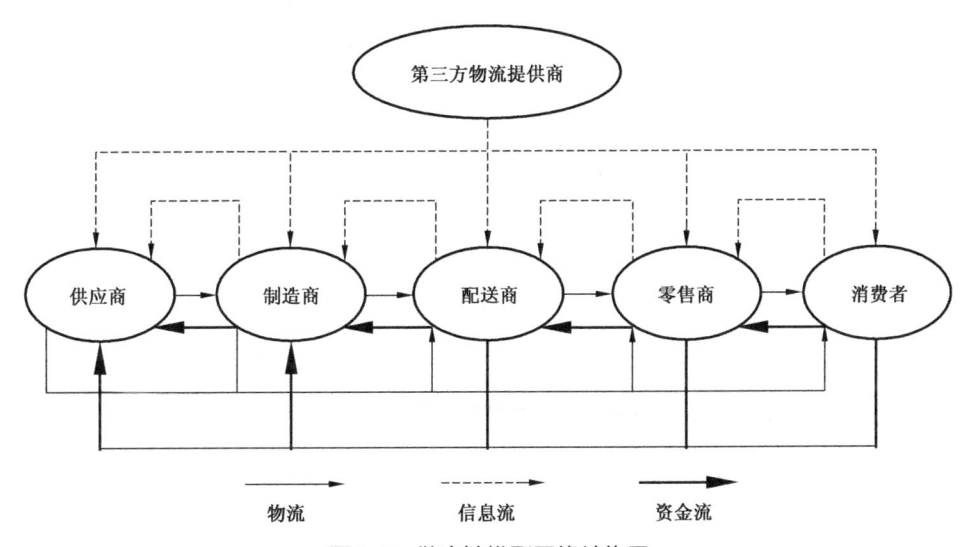

图 2.1 供应链模型网络结构图

对于供应链管理,不同的学者也有不同的定义,具有代表性的定义有:

(1)供应链管理是应用系统的方法来管理从原材料供应商通过工厂和仓库直到最终顾客的整个信息流、物流和资金流的过程[20]。

(2)供应链管理是指从最终用户到提供产品、服务、信息以及增加客户和其他利害关系者价值的原始供应商关键经营过程的集成[21]。

(3) 在满足服务水平需要的同时,为了使得系统成本最小而采用的把供应商、制造商、仓库和商店有效地结合成一体来生产商品,并把正确的商品在正确的时间配送到正确的地点的一套方法[22]。

供应链管理是基于这样的假设:单个公司没有能力高效地独自完成产品的整个生产过程,这个过程包括从原材料开始直到最终产品完工。为此,需要对供应链各成员间的合作关系进行协调,保证供应链成员间信息流、物流和资金流的有效衔接。虽然以上关于供应链管理的定义各不相同,但都有一个共同点,就是都将供应链当作一个整体,要求对供应链进行一体化管理,都要对供应链中从原材料到最终产品的信息流、物流和资金流进行管理。

2.2 供应链上的不确定因素

供应链中存在很多的不确定性因素,主要表现为衔接的不确定性和运作的不确定性。在衔接过程中,供应链各企业或者企业的各部门之间往往会存在双重边际效益,即每个成员都以自身利益最大化为出发点,在合作过程中有诸多的不确定;在供应链运作过程中,一方面产品结构会发生一定的变化,供给需求的分布特征也会发生变化;另一方面,供应链的拓扑结构也会发生变化,供应链中成员的数量也会有所增加或者减少,供应链的外围在不断地发生变化,使得供应链结构不断发生变化。从原材料开始进入供应链经过制造商、供应商、零售商逐级流动到顾客手中,供应链的不确定因素主要来源于市场需求不确定、制造商生产不确定和供应商供应不确定。

2.2.1 供应不确定性

供应不确定性是指由于供应商自身原因和不可抗拒的力量而造成的无法向制造商在事前约定的时间、地点提供指定的数量和质量的商品或服务,进而造成制造商无法正常完成客户需求。供应不确定性包括供应价格数据的不确定性、供应数量的不确定性、供应质量的不确定性以及内外环境引起的供应链中断等[23]。传统的供应链相对集中且结构简单,然而随着全球化、集中生产和集中配送、外包及供应商数量的压缩,供应不确定已成为目前供应链协调的问题之一。

供应不确定性包括供应复杂性、货物可得性、产品质量的不确定性、产品价格的波动性以及采购频率的变化。由于供应商内在的原因,原料市场价格异常波动和自然灾害的频繁发生,供应的中断问题变得日益突出,而经济全球化进一步加剧这种影响,以2008年开始的以美国次贷危机引发的全球经济大萧条为典型例证[4]。

2.2.2 生产不确定性

生产不确定性主要指的是生产制造过程本身的不确定,由于这种制造过程的不确定导致生产制造过程的延误和中断,如负责产品生产的制造商本身生产系统是否可靠,机器设备运行是否正常,生产计划的执行是否存在偏差,以及生产人员的操作是否熟练或人员流动是否可控等;其次是产品零部件本身的特性导致的供应数量不确定,例如,有些零部件对生产环境的要求非常高,需要在无尘环境中作业,由于在生产过程中没有控制好外在条件导致生产质量存在偏差。其中生产计划是否能有效执行是生产不确定最主要的原因,整个生产过程的复杂性会不可避免地造成计划与实际执行的偏差,所以,必须加强生产信息的实时采集与处理,生成准确有效的信息,最大限度地修补生产偏差[24]。

生产不确定性在石油、煤炭、钢铁、半导体等供应链中很常见,主要受生产环境、安全因素、原材料质量以及制造工艺的影响,随着机械自动化和高新技术的不断发展,这样的生产不确定性在逐渐地变小,但还是无法完全避免,生产不确定性对供应链的影响还是很大[25]。

2.2.3 需求不确定性

需求不确定性可能是产品本身需要更新换代,消费者喜好不确定,市场预测不准确,社会潮流、制造技术等因素导致的。具体而言,需求不确定性影响因素包括政策引发的不确定、广告对消费者影响的不确定、消费者的个性化需求特征引发不确定、消费者心理预期不确定、消费者价值观不确定、信息搜索准确程度不确定、销售人员的服务态度以及业务水平的不确定,等等。需求不确定性是一个动态变化的过程,企业必须对市场进行充分的调查,对需求进行有效的预测,以降低需求不确定性带来的供应链风险。

宏观环境、市场竞争和用户需求的不确定,加上技术迅速革新,使得需求不确定性大大增加,而需求的不确定性往往使得企业对市场需求的预测不准确,反过来又加重了需求不确定性,产生恶性循环;市场需求个性化和差异化以及产品不断更新换代都使得产品的生命周期越来越短,也使得需求不确定性增加。在不确定因素中,需求不确定性在供应链不确定因素中是最为明显的,对供应链运作影响也是最大的,是供应链不确定性因素的集中体现。

需求不确定性增加了生产者生产计划的制订和实施增加的难度,同时为了满足市场需求,通常企业会设定一定的安全库存以防止缺货,这样在一定程度上造成了库存的积压,使供应链产生大量的库存成本和管理成本,所以越来越多的企业寻求预测市场需求或者减少需求不确定性带来的负面影响的方法。

2.2.4 不确定环境下的供应链模型

供应链中需求和产量的不确定性在经济市场中起着重要的作用。在农业部门或化工、电子、机械制造业中,随机需求是广泛存在的,随机产量是经常发生的[26]。在过去的几十年中,需求不确定情况下的供应链协调问题得到了广泛的研究。例如,Zhao和Wei[27],Xu和Zhai[28]考虑了单周期供应链,并关注需求不确定性的模糊方面。他们用一般模糊数来描述对需求的估计。Zhang和Liu建立了市场需求与绿色度相关的三级绿色供应链系统,研究了非合作博弈下的协调机制[29]。Wang等认为供应链由两个相互竞争的供应商和一个零售商组成,面临价格依赖的随机需求。他们将顾客分为价格敏感型和品牌忠诚型两种类型,并研究了供应协调问题[30]。Wang等构建了具有价格竞争和需求不确定性的双渠道模型,研究了价格竞争和需求不确定性对供应链可持续性的影响[31]。他们假设需求与渠道价格、交叉价格参数和随机需求因子线性相关。

在产量不确定下的供应链协调问题也有很多研究。Inderfurth和Clemens研究了随机产量和确定性需求下的供应链问题[32]。Wang等研究了一个具有产量不确定性的两级供应链[33]。他们假设制造商对产量过于自信,并检查了对供应链成员绩效的影响。Bassok等假设周期性需求是已知且恒定的,他们考虑了在交货数量不确定的情况下,为采购部件设定订单数量的问题,并将其建模为随机产量问题[34]。

可见,需求和产量的不确定性都是影响供应链中模型构建、成员决策和协调方案的重要参数。目前,许多学者对供应链中的不确定需求和不确定产量进行了扩展研究。Li等提出了一种混合多阶段随机优化模型,用于解决同时存在多种原料且考虑需求和产量不确定的生物乙醇工厂的生产计划问题[35]。Shi和Wang关注农业供应链,其中产量与降水相关、需求与市场相关,解释了产量和需求的随机性如何影响供应链成员的利润和整个供应链的绩效[36]。Xie等考虑了需求和收益率不确定的供应链,研究了收益率不确定性和相对议价能力对回购契约绩效的影响[37]。Adhikari等提出了在需求和供应同时存在不确定性的情况下,由服装零售商、服装制造商、纺织企业、纤维企业和棉花企业组成的纺织供应链模型[38]。他们调查了所有中层成员的生产不确定性,并设计了一个回购双向销售回扣惩罚契约进行协调。Giri 等在分散模型中提出了价格契约和一种新的收益共享契约来减少需求和供给的不确定性,并观察到收益共享契约可以充分协调供应链[39]。

2.2.5　不确定需求环境下的需求函数

很多学者做了关于需求不确定方面的研究。现在大多数文献主要通过对需求进行预测的方法以减少需求不确定带来的负面影响,主要预测的模式有受价格和促销努力的需求函数、随机需求与模糊需求等。相关文献将需求作为确定性变量进行讨论[32,40-43]。刘永胜和李敏强从供应商的角度出发,研究的是弹性需求环境下基于共同补给期的协调策略问题,提出需求是关于价格的函数,按是否提供折扣分为两种,其核心是要证明通过共同补给期协调策略能够协调供应链[44]。Seyed Esfahani 和 Biazaran 提出价格受广告和促销努力的影响,并总结前人的成果建立了自己的需求函数,力求更加贴近现实生活[45]。

而现实生活中有许多不确定因素对需求产生影响,如消费者偏好、产品升级、市场波动等。一些研究人员在不确定的环境下研究了这个问题,如 Shen 等人,他们将需求定义为零售价格和绿色水平的线性函数,而产品的市场规模和价格/绿色敏感系数是不确定的[46]。Nematollahi 等研究了由供应商和零售商组成的两级药品供应链,其中需求是随机的[47]。随着商业环境的日益多变和复杂,不确定性理论在需求中的应用受到了广泛的关注,需求通常被设置为随机或模糊变量。

当样本量足够大时,概率论是解决问题的有效方法。Hu 等研究了一个制造商和一个供应商在产量随机和需求随机条件下的一种柔性订货策略[48]。Xiao 等研究了一个顾客退货、需求随机的两级供应链,消费者对产品评估也具有不确定性[49]。He 和 Zhao 研究需求和供应随机环境下多级供应链的库存、生产、合同的制定[50]。Ramandi 和 Bafruei 假设两级供应链中的随机需求服从正态分布,其中零售商采用定期审查库存制度,供应商决定库存补充[51]。Chen 等考虑需求和产量不确定的两阶段易腐产品供应链,需求服从正态分布[52]。除正态分布外,也有研究者考虑均匀分布,如 Chai 等假设消费者购买新产品的支付意愿为均匀分布[53]。Li 等将疫苗产品的市场需求表示为一个随机变量,服从均匀分布[54]。Gao 等认为需求函数是价格和单位保鲜努力的线性形式,其中市场潜力包括两部分,一是确定性部分,二是服从正态分布的随机部分[55]。

当统计数据缺乏或不可靠时,模糊集理论是处理这种复杂环境的合理方法。

桑圣举研究了由单个供应商和零售商组成的两级供应链的协调机制问题,将市场需求设为模糊变量,假设市场需求是模糊的,建立基于不确定环境下的集中决策模型、分散决策模型,为保证供应链成员获得利润,建立收益共享契约和回购契约模型,最终以三角模糊变量为例对模型进行优化,给出各种模型下的最优策略[56]。白世贞和徐娜针以一个由供应商、制造商、零售商构成的三层供应链为研究对象,考虑市场需求为模糊变量并服从可信度分布,并通过模糊理论分别建立集中决策模型和收益共享协调模型,证明零售商和制造商的最优决策在模糊需求中心点上下浮动[57]。Zhao 和 Wei 将供应链的需求作为模糊变量,并且模糊需求受价格和销售努力的影响,管理者根据判断、经验、才智等对不确定的参数进行估计[58]。Gao 和 Zhang 将需求定义为价格、绿色度和销售努力的线性函数,并将三者的系数和市场潜力设为模糊变量,表征需求的不确定性[59]。Malik 和 Kim 为了降低需求不确定性带来的短缺成本,研究了柔性生产系统,将不确定需求视为三角模糊数,然后用符号距离法将模糊数转化为清晰值[60]。

2.3　供应链协调概述

1960 年 Clark 等人最先展开对于供应链协调问题的研究,他们研究了一个不考虑批量的多级库存与销售系统,在对系统研究中考虑贴现罚金和存储成本,最后证明了系统最优库存决策是供应链的最大订货水平[61]。随后国内外学者对供应链协调进行了大量的研究,现有的关于供应链协调的研究主要是从市场营销的角度和库存管理运作管理的角度。在供应链内部由于构成供应链的各成员分属于不同的经济实体,分散式决策时往往他们会从自身利益最大化的角度出发,使得整体供应链绩效低下。因此,如何有效地协调供应链成员,使供应链成员朝系统最优化的方向努力,也成为供应链管理过程中的重点和难点问题。目前,关于供应链协调研究的侧重点基本上都是供应链的利润分配。

2.3.1　供应链协调定义

Malone 定义协调为:协调就是在一组成员之间当他们执行任务达到目标的过程中的决策和通信的模式[62]。

Simatupang 等定义供应链协调就是联合(结合、协调、调整、联盟)供应链成员的一系列目标(行动、目的、决策、信息、知识、资金等)使之达到供应链目标[63]。

Romano 定义协调是在供应链合作伙伴之间的决策、通信和交互的模式,可以帮助计划、控制和调整供应链中所涉及的物料、零部件、服务、信息、资金、人员和方法之间的交流，并且支持供应链网络中关键的经营过程[64]。

基于以上分析，我们可以对供应链协调做出如下定义：供应链协调是为了使供应链各成员企业能够进行良好的合作，建立一些联盟契约和机制，使供应链各成员形成资源共享、利益公平分配、风险共同承担的战略伙伴关系，从而对供应链的资金流、信息流和物流进行有效的控制和协调，使供应链达到整体最优的状态。

2.3.2 供应链协调分析

供应链是各个企业成员相互依赖、相互支持组成的一个系统，由于各个企业通常分属于不同的实体，为使个体利益之和达到总体利益最优，必须对供应链进行协调，供应链协调问题按层次划分可分为通信层、协商层和激励层三个层次[65]，如图2.2所示。

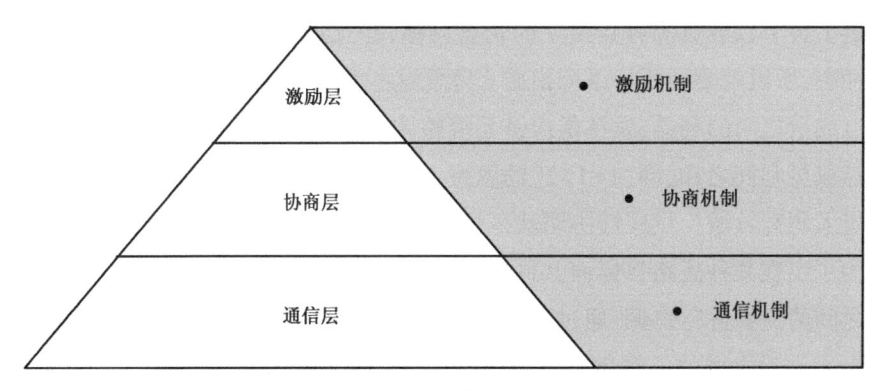

图 2.2 供应链协调层次图

通信层在供应链协调中处于较低的层次，通信层上的协调主要针对供应链成员之间的业务和通信交互上的问题，对通信相关的硬件和软件方面的支持问题和供应链各成员之间的信任方面的问题进行协调，对供应链各成员之间以及企业内部各部门之间的各种通信方面的问题进行协调[66]。通信层属于供应链承运企业之间业务集成的范畴。协商层系统讨论的供应链各实体之间决策权的分配问题，实践中的联合库存管理(Jointly Managed Inventory，JMI)和供应商库存管理(Vendor Managed Inventory，VMI)就属于这类协调机制。激励层是指在利益目标不同的实体组成的供应链中设置一个合理的机制，使供应链各成员的决策达到系统最优的状态，在实践中，可以使供应链达到协调的激励机制有很多，如特许权费、数量折扣契约、批量折扣契约、收益共享契约、价格折扣契约、数量柔性契约等。其中激励机制的协调为较高层次的协调。

供应链协调问题也可分为基于对象的供应链协调分析,基于信息结构的供应链协调分析,基于契约的供应链协调分析。现有文献通常对三级供应链或者两级供应链进行协调分析,对于三级供应链组成,学者看法不一,主要为两种:一种是认为供应链由供应商、分销商和零售商组成;另一种看法是由制造商、分销商和零售商组成。对于信息结构的分析,主要是讨论供应链成员间是否能信息共享,通常讨论分为信息对称下的供应链协调和信息不对称下的供应链协调。基于契约的协调分析是指通过提供合适的信息和激励措施,协调供应链的生产、运作和销售等方面,使供应链能够达到收益共享、风险共担的局面。

2.3.3 供应链协调机制

供应链管理作为一种管理运作模式,其最为重要的思想之一就是协调思想。供应链上各节点成员都有其独立的企业目标,并且这些目标多半之间会产生竞争或者冲突,所以就要运用一系列措施去降低这些竞争和冲突,以此来协调供应链上各节点成员之间的利益,发挥供应链系统整体优势,以达到供应链系统总利润大于各节点成员利润之和,即"1+1>2"的思想。于是,"供应链协调"这个专业术语开始渐渐走入研究领域。供应链协调就是指利用有效的方法使得供应链系统中各个决策者为了实现某种战略目标而共同协作,采用科学合理的举措对供应链上各节点成员之间的交易进行协调,通过达成契约或联合组织等方法,使得整个供应链系统利益最大化而构成的一种网络式联合[67]。由于供应链是一个多层次的系统,因此,协调便成为供应链管理的核心内容之一。供应链协调强调采用多种方式方法来降低供应链上各节点成员之间竞争和冲突,协同工作、快速应对客户的需求、保持各个节点成员的企业优势,发挥系统整体优势以获取更大利润[68]。

在1950年Spengler就发现了,如果供应链上各节点成员只是倾向于自己的利润最大化,而不考虑供应链系统的整体利润最大化,以至于零售商订货量小于供应链系统最佳订货量,就可能形成不协调系统中的一种典型情况——"双重边际化",即零售商在不考虑制造商利润的情况下妄下决定[6]。Forrester对供应链运作中的制造、存储和销售波动问题用系统动力学理论进行了研究,发现另一种情况——"牛鞭效应",即供应链上各节点成员在决策时忽略了其他成员的决策,这将会导致扭曲的需求信息不断向上游传播[69]。"双重边际化"和"牛鞭效应"的存在,表明了供应链上各节点成员的运作是亟待协调的。为此,关于供应链协调问题的研究不断丰富、全面、深入,运用了包括运筹学、博弈论、数学建模、智能优化、模拟仿真、系统动力学等多种理论和方法。

对于一般供应链而言,通常采用在供应链上各个节点成员之间构筑战略性合作伙伴关系、合理分配利润、共同分担风险、提高信息共享程度、减少库存、降低成本,来建立合理的协调机制[70]。对于供应链协调机制,其研究也是非常广泛的,它涵盖了供应链上各个节点成员之间的关系。Kanda 给出供应链协调机制分类方案[71],如图 2.3 所示。

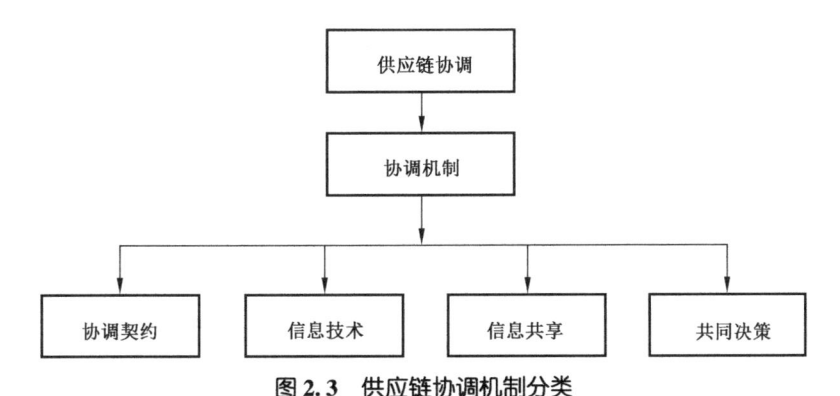

图 2.3 供应链协调机制分类

该分类表明,关于供应链协调机制的文献是从不同协调角度出发的,可以大致分为四种协调机制,即协调契约、信息技术、信息共享、共同决策。而供应链协调首先要解决的就是目标协调的问题,必须要求供应链上各个节点成员目标与供应链系统总目标相融合;其次就是运作协调问题,例如生产过程中的开发设计、产品制造,销售过程中的市场推广、文化宣传,售后过程中的回购服务、维修保养等业务运作的协调。与此同时,为了达到供应链上各个节点成员"共赢"的结果,就要在公正公平的基础上构建合理的利润分配和风险分担机制,在彼此信任的基础上达成丰富的柔性订货和新型营销合作,在互助互利的基础上进行深入的面向顾客和业务流程改造,在信息共享的基础上开展多样的技术交流和知识分享平台。

供应链协调研究始于 1960 年,Clark 和 Scarf 对多级库存销售系统进行协调研究[61]。随着时代的进步,与物流业的高速发展,供应链协调开始成为许多研究的焦点——供应链上各节点成员不是倾向于最大化自己的利润,而是倾向于达到供应链整体的最优化。通过对国内外学者对供应链协调问题的研究,田巍总结两个主要的研究方向:一是供应链协调的理论研究,主要有供应链协调模式和供应链的协调层次等;二是供应链协调的模型研究,主要有供应链协调机制和协调契约研究等[72]。Wong等通过对前人有关供应链协调的研究,从理论角度分析了供应链协调问题,指出需要协调问题的六大特点,并总结出供应链协调研究的基本框架[73],如图2.4所示。

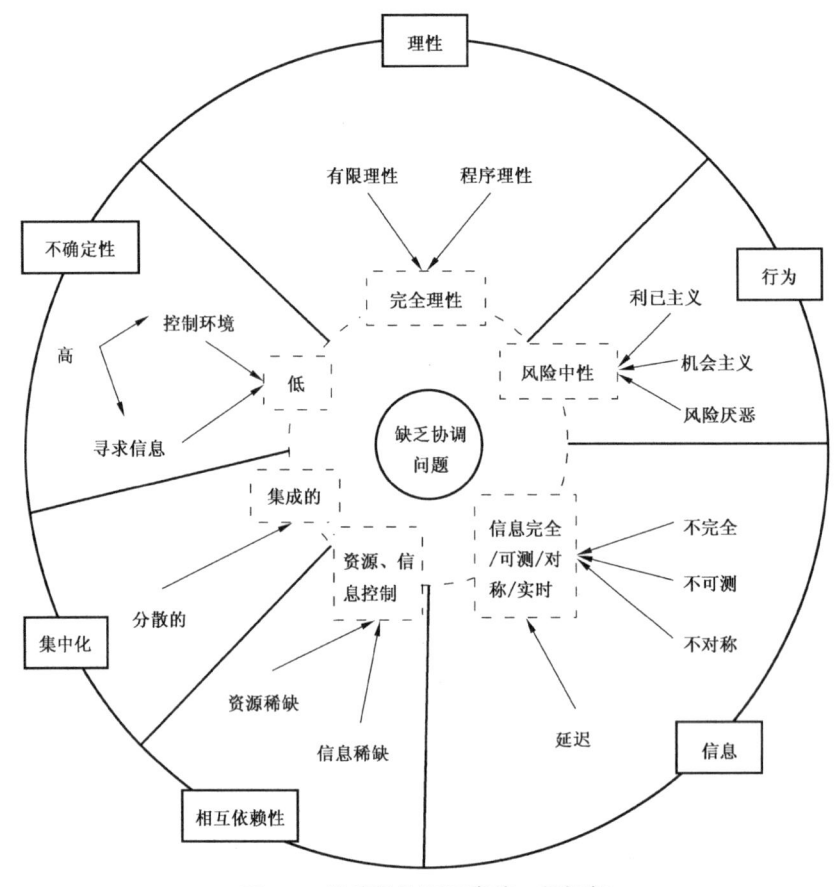

图2.4 供应链协调研究的一般框架

由图2.4可知,完全理性、风险中性、信息缺乏、高度独立性、决策分散化、确定性低下,这六个因素将引起供应链系统效率降低,因此,人们开始注意从协调供应链上各个节点成员行动的角度来研究供应链管理问题。黄小原认为供应链上彼此相邻的节点成员之间存在供需关系,供应链上各节点企业必须达到同步、协调运行,方可让供应链系统所有成员都受益,然而这种供应链上各个节点成员保持的长期关系的实质是在一条供应链中参与者的协调[74]。李赤林与罗延发给出了供应链协调的基本模型和一般模型,并把协调机制划分为四个层面,即供应链的决策目标层(包含供应链决策的各种战略目标)、供应链的管理决策层(实现供应链协调的管理途径)、供应链决策的基础机制层(构成了供应链决策的基础机制约束)和供应链企业的内部协调机制层(特指供应链企业的内部协调机制)[75]。与此同时,"供应链伙伴"也已经成为常用词语,Ellram 与 Choi 和 Hartley 都大力称赞了供应链伙伴关系带来的利益[76-77]。除此之外,黄培清在供应链库存管理协调中也提出要克服组织障碍,就得重新设计组织激励,从而提高协调能力[78]。

2.3.4 供应链契约

1985 年 Pasternack 首次提出供应链契约的概念,当时给出了以部分价格返回全部产品或以全价返回部分产品的两种退货契约策略来协调供应链[79],Pasternack 提出供应链协调契约以后,国内外学者开始针对供应链契约协调进行了大量的研究。Cachon 对供应链契约协调做了综述,他将"协调"定义为"在供应链优化行为中的纳什均衡",也就是说,没有节点企业从现有行动中偏离的利益动机[80]。Tsay 提出了供应链契约的两个非常重要目标:第一个是在保证成员企业受益不降低的情况下,提高供应链整体收益以达到集中控制情况下的效果;第二个是风险的共担,即可以通过契约的设计使得供应链成员企业可以共同承担整条供应链的风险,这可以促使各成员企业作出有益于供应链整体和自身的决策[81]。供应链的协调研究方向主要包括了构筑战略合作伙伴关系、供应链集中控制、供应链契约协调。其中,供应链契约(Supply Chain Contract)是指采用有效的信息和激励举措,确保交易双方密切合作,确定交易双方各自的权利和义务关系的相关规定。

供应链契约的研究在许多方面都得到急速的发展与深度的挖掘,许多学者研究了不同条件下的协调机制,如批发价格契约、收益分享契约、回购契约、数量折扣契约等。下面就常见的几种供应链契约的含义和研究现状进行概述。

1. 批发价格契约

批发价格契约(Wholesale Price Contract)是指制造商和零售商共同签订批发价格契约,零售商根据市场需求以及批发价格决定产品的订购量,制造商根据零售商的订购量安排生产计划,零售商季末产品未销售出去的损失[82]。该契约表明,零售商需要单独承担库存产品处理损失的风险,Lariviere 研究表明由于该契约没有进行风险分担,所以使用批发价格契约不能使供应链达到协调,但由于该契约简单方便,便于实行,因此仍是实践中运用最为广泛的一种契约形式[83]。马蓉等建立了一条由单个零售商和单个制造商组成的两级供应链模型,研究在需求不确定并且依赖于价格的环境下,如何使用批发价格契约来协调供应链[84]。He 和 Zhang 等研究当下游零售商同时面对销售努力和价格都基于随机需求时的供应链契约和协调。在这种情况下，由于所有传统契约没能协调零售商的行为，所以他们探索了其他各种各样的联合契约，并且发现只有合理的、有计划的、基于批发价格契约和惩罚契约的退货政策才能实现渠道协调，使供应链中的成员实现双赢的局面[85]。简惠云和王国顺设计了一种价格折扣契约与回购契约联合的协调契约，并得到了在该协调契约下，关于折扣价和回购参数应满足的条件。研究表明，在以制造商占主导地位的两级供应链中实行价格折扣契约时，零售商采用两阶段订购模式总是能增加其期望利润，但是如果供应链只是单纯地采用价格折扣契约并不能使供应链达到系统最优状态[86]。

由上述文献可知，虽然由于单纯使用批发价格契约没有分担供应链风险，一般不能实现供应链协调，但是可以将批发价格契约与其他契约结合使用，来使供应链进行风险分担从而使供应链达到协调，批发价格契约由于其便于管理、使用方便，在现在的供应链中已经广泛使用，所以可以将批发价格契约与其他契约结合使用以充分发挥批发价格契约的作用。

2. 收益共享契约

收益共享契约(Revenue Sharing Contract)指制造商给零售商以一个较低的批发价格，并且从零售商那里获得一部分收入。由该契约可知，零售商的一部分需求不确定性风险实际上转移给了供应商承担，也即相当于零售商获得了增加订购产品数量的激励。Gerchak等研究发现收益共享契约对影碟租赁业中产品的购买量和库存时间之间的矛盾可以起到协调作用[87]；Gerchak进而研究了基于随机需求的多个供应商与一个制造商组成，将收益共享契约和批发价契约协调的状况进行了比较分析[88]。Cachon和Lariviere基于报童模型对收益共享契约进行了分析，比较了集中决策与分散决策的结果，研究同时分析了收益共享契约与其他有关契约之间的异同[89]。Rhee等提出一个新的跨越收益共享契约机制，最下游实体发起一个涉及多级供应链中所有上游实体的契约，并分析了在具有随机需求的线性供应链中的新收益共享契约[90]。Peng等分析了由多个供应商和多个零售商组成的两级供应链系统，提出了一种收益共享契约来协调成员，并推导出该契约实现双赢的条件[91]。Avinadav等考虑了一个制造商通过在线零售商向消费者发布其应用程序，并签订了收入分成契约，其中接收信号与不确定需求有关，需求是受销售价格和质量改进影响的随机变量[92]。

在国内,徐广业和但斌构建了能够实现双渠道供应链协调的收益共享契约模型,给出了实现双渠道供应链协调时,契约参数取值范围的计算公式,并进一步探讨了双渠道供应链完美共赢协调存在的条件[93]。李绩才和周永务等以一个两阶段的供应链系统为研究背景,建立了下游损失厌恶型零售商之间存在竞争的收益共享契约协调模型[94]。葛静燕和黄培清设计了一个 RAESC 模型(销售收入及回收费用共享契约)改进了斯坦伯格均衡的结果,协调了该闭环供应链系统成员的定价策略[95]。张晓林通过引入新鲜度因子和风险规避系数,研究了由专业合作社和超市构成的鲜活农产品供应链协调问题,分析了收益共享契约机制下供应链成员的最优定价策略及供应链成员风险规避行为对批发价和零售价的影响[96]。

3. 回购契约

回购契约(Buy Back Contract)针对需求不确定性导致的订货量与实际需求不匹配问题,允许下游成员以低于批发价的返销价格将剩余订货退售给上游成员,从而达到双方共担风险的协调目的,理论证明能消除双重边际化[97]。Pasternack 第一个指出退货契约可以协调零售价格固定下的供应链,Pasternack 分析了易逝产品的退货问题:一次购买机会和一次期末退货机会,并通过批发价格和退货实现协调[79]。Taylor 的研究表明销售回扣契约和回购契约的组合可以实现渠道协调[98]。宋华明和杨慧针对斯坦伯格博弈中出现的双重边际效应,结合回购与风险分担两种策略,提出了一种两参数契约,提出了实现供应链协调的契约形式,并论证了实现供应链协调的条件[99]。刘家国和吴冲研究报童模型下的两级供应链系统回购契约协调机制,讨论了如何通过回购契约来消除"双边际化效应",采用回购契约使订货量增加,从而使供应链的总利润增加,并且减少了缺货带来的损失,同时更好地满足了顾客需要[100]。代建生和孟卫东运用 CVaR 方法,考察了风险中性的供应商和风险规避的销售商联合促销报童类商品的供应链的回购契约协调问题[101]。张新鑫依据条件风险值 CVaR 度量准则,建立了顾客策略行为下基于回购契约的供应链决策模型,进一步探讨了顾客策略行为、成员风险规避性和供应链回购契约的交互影响[102]。

为了在越来越复杂的情况下协调供应链,回购契约得到了扩展。He 和 Zhao 考虑了一个集中模型,并设计了制造商和零售商之间的弹性退货政策,以创造双方双赢的局面[50]。Wang 等提出了一种带退货成本的回购契约,以协调由品牌自营渠道和零售外包渠道组成的双渠道体系。然后研究了供应链的可持续性,并考察了两个关键影响因素(价格竞争和需求不确定性)的影响[31]。Momeni等开发了一种回购协调机制,用于协调由一个零售商和一个制造商组成的供应链,与传统的回购契约不同,该供应链涉及的是过期物品而不是未售出的产品,并证明了当每个重复使用产品的收益(除去其处理成本的节省)大于其再加工成本时,所提出的策略在经济上是可行的[103]。Lee和Rhee通过使用五种常用的契约(收入分享、回购、数量灵活性、数量折扣和两部分关税)来激励零售商为整个系统的利益作出决策,并提出了协调供应链的策略,在该供应链中,零售商允许买家在检查后退货,并在部分消费后转售[104]。

4. 数量折扣契约

数量折扣契约(Quantity Discount Contract),是指供应商提供的批发价格随零售商订货量的增加而降低的一种契约,包括全单位数量折扣策略(All-unit Quantity Discount)和增量数量折扣策略(Incremental Quantity Discount)两种。数量折扣契约由于其简单的可操作性而成为实践中最常用的供应链的协调与激励机制。Monahan最早对供应链的数量折扣问题进行了研究,在基于批量对批量的假设下,在由单个卖方企业和买方企业构成的供应链中,提出了系统最优及卖方企业最优的数量折扣契约[105]。Lee等扩展了上述模型,通过增加数量折扣的限制条件,同时取消批量对批量的假设,因此使得模型的结论更具有一般意义[106]。Weng在价格影响最终需求的情况下,提出了面对同质零售商时,供应商的最优定价及数量折扣政策[107]。Munson等研究了包括供应商、制造商和零售商的三级供应链系统,提出了三级供应链的数量折扣政策[108]。曹宗宏等研究了受库存水平影响需求的变质品的供应链,给出了可以协调供应链的数量折扣策略[109]。吴忠和等研究了由一个制造商、两个竞争零售商组成的供应链在伯川德博弈下,生产成本、市场需求和价格敏感系数同时扰动的协调机制,考虑了线性数量折扣契约对供应链的协调作用[110]。王勇以改良品供应链为研究对象,采用数量折扣作为激励机制研究了一个供应商和一个零售商构成的改良品两级供应链在批量对批量供应模式假设下的协调问题,以达到协调改良品供应链的目的[111]。

以上几种经典供应链协调契约的比较见表2.1。

除以上几种比较典型的协调模式之外,还有风险共担契约[112]、数量柔性契约[113]、销售折扣契约[114],还有一些机制涉及决策权的分配、竞争配给、交货期调整、订货期权等模式,它们针对具体环境协调供应链成员的决策行为,改进个体成员利益的同时,提高系统整体性能水平。

表2.1 经典供应链协调契约的比较

契约	类别	本质	实现协调的情况	
			完全竞争	非完全竞争
批发价格	定价决策	激励与风险共担	依赖成本结构	特定条件可实现
收益共享	定价决策	激励与风险共担	依赖成本结构	可实现
回购契约	定价决策	激励与风险共担	依赖成本结构	可实现
数量折扣	定价决策与订货量决策	激励	可实现	取决价格弹性

近年来,许多研究进一步拓展了几种传统典型的契约,在不同情况下来实现供应链协调。Granot 和 Yin 调查了在价格依赖的报童模型中协议顺序的影响,供应商和零售商按顺序提交价格和数量[114]。Ding 和 Chen 研究如何在提交最终契约价格决定时通过制定价格标准,用一个柔性退货政策来完全协调一个三级供应链[115]。Wu 考虑了一个基于贝叶斯更新的数量柔性契约的分散控制系统,即零售商给制造商一个初始预测,然后厂家根据零售商的预测安排生产[116]。Tsao 研究了一个多阶层多通道供应链,这种供应链取决于供应商的信用度和零售商的促销努力。为协调供应链中的合作伙伴的行为,他们分析了两个贸易补贴,促销成本分担和现金折扣[117]。Zhong 等提出了一种基于收益共享契约的补贴机制,以改善供应链绩效并证明帕累托改进集的存在[118]。Lee 和 Rhee 修改了五种常见的契约类型,即收入分享、回购、数量灵活性、数量折扣和两部分关税,在零售商经营的转售市场中实现供应链协调[104]。Gao 等建立了由终端制造商和电信运营商组成的两级供应链。为鼓励双方有效合作,设计了"双向成本分摊和利益补偿"的组合契约,协调供应链,实现共同发展[119]。张骥骥和朱晨分析政府多政策情形下第三方回收模式闭环供应链的协调问题,考虑政府多政策以及零售商主导,建立三种不同情形的供应链模型,并比较分析各情形下的供应链最优定价决策和利润[120]。Ji 和 Liu 研究了在产量和需求不确定的情况下,建立易逝产品的三阶段供应链,采用ZRS(零批发价、收入分成、补偿性支付)契约对供应链进行协调[121]。

另一项研究集中在一些新的契约协调机制上。Yang 等比较了库存依赖需求率情况下确定利润最大化的三种协调政策,分别是信贷期政策、数量折扣政策和集中式供应链政策[122]。Hosseini-Motlagh 等提出了一种利润盈余分配(PSD)机制来协调两阶段供应链,其中包括零售商投资于销售努力和制造商投资于创新努力[123]。Tsou试图找出库存管理策略决策的准则,以降低库存风险和提高盈利能力,并使用三种检验,即序列概率比检验、累积和图检验、自回归检验,探索最佳决策[124]。Wang等建立了一个两级供应链,包括一个供应商和一个对产量过于自信的制造商,研究了完全理性批发价格契约、过度自信批发价格契约、完全理性期权契约和过度自信期权契约四种契约模型下的最优生产与订货决策[33]。

2.4 博弈论与供应链协调

2.4.1 博弈论相关概念

博弈即一些个人、队组或其他组织,面对一定的环境条件,在一定的规则下,同时或先后,一次或多次,从各自允许选择的行为或策略中进行选择并加以实施,各自取得相应结果的过程[125]。

供应链协调的主要对象为供应链中分属于不同经济实体的上下游节点企业,其中存在供需关系和买卖关系,在供应链进行决策时,供应链的各节点企业往往以自身利益最大化为目标,这样往往造成一种双重边际效应,供应链系统总利润大大降低,所以供应链各节点企业有时会寻求一种合作,但是各自为政的决策模式往往造成企业之间存在竞争关系。博弈论对于这种复杂的交互关系非常适用。博弈论是一种专门分析博弈各方的决策结果往往与其他参与者的决策相关、博弈各方相互依存的理论,作为一种研究方法。博弈论还具有一个鲜明的特点,即假设博弈参与者都是经济理性的。博弈论的研究对象与假设条件决定了供应链管理是博弈论应用的理想场所。

博弈论在供应链中的应用,主要是研究决策主体的行为的决策以及这种决策的均衡问题。不同的博弈方法能够从不同角度和立场去剖析问题,从而对供应链的决策分析给出指导意义。博弈论的内容非常丰富和庞大,根据博弈方的理性和行为逻辑的不同,可分为合作博弈(Cooperative Game)和非合作博弈(Non-cooperative Game),在非合作博弈中,根据博弈过程的不同分为静态博弈、动态博弈和重复博弈;根据博弈方对信息的掌握程度可分为完全信息博弈和不完全信息博弈[125]。无论采用何种博弈去分析问题,最终的结论都能够通过现实生活的观察得以验证。在近年来的关于供应链管理的文献中,合作博弈、动态博弈以及不对称信息博弈成为研究的热点。

2.4.2 博弈论的分类

传统意义上,博弈论可分为非合作博弈与合作博弈两种。但是非合作博弈并不是说参与者拒绝与其他人合作,而是在非合作博弈中,参与者只根据自己"可察觉的自我利益"来决策,参与者之间的协议、威胁、许诺等,并不是有约束力的、必定自动实施的,反之,如果参与者能够达成一个具有约束力的协议,即合作是外生的,那么就成为一个合作博弈[126]。在非合作博弈当中,强调的重点主要在于个人行为:每个理性的参与者(决策者)会作出什么样的决策、理性的参与者实际上是怎样选择行动的、博弈可能会出现的结果,等等。在合作博弈当中,强调的重点则在于参与者集体会形成什么样的联盟、参与者之间如何分配合作的收益等[127]。

然而,经济学家一般使用较多的是非合作博弈,这是因为合作博弈论与非合作博弈论相比更为复杂,与此同时,从理论角度来说合作博弈论的成熟度不如非合作博弈论。而非合作博弈通常可分为完全信息静态博弈、完全信息动态博弈、不完全信息静态博弈以及不完全信息动态博弈。同以上四种博弈对应的均衡依次为:纳什均衡(Nash Equilibrium),子博弈精炼纳什均衡(Subgame Perfect Nash Equilibrium),贝叶斯纳什均衡(Bayesian Nash Equilibrium),精炼贝叶斯纳什均衡(Perfect Bayesian Nash Equilibrium),如表2.2所示。

表2.2 博弈的分类及其对应的均衡

信息	静态博弈	动态博弈
不完全信息	不完全信息静态博弈	不完全信息动态博弈
	贝叶斯纳什均衡	精炼贝叶斯纳什均衡
完全信息	完全信息静态博弈	完全信息动态博弈
	纳什均衡	子博弈精炼纳什均衡

其中,纳什均衡(Nash Equilibrium)和斯坦伯格均衡(Stackelberg Equilibrium),常常被广泛应用于解决非合作问题;而夏普利值(Shapley Value)、帕累托效率(Pareto Efficiency),较多地运用于解决供应链上各节点成员间的合作问题,演化博弈则是广泛应用于供应链创新技术建设协调;动态博弈常用于供应链系统实际运作过程中,供应链上各节点成员需要根据时间的推移、市场的变化、竞争对手或者合作伙伴的改变,适时更换自己的决策。

然而,针对应用于供应链管理中的博弈论方法,Leng等认为其应用主要有五种类型:固定单位采购成本与库存博弈、数量折扣下的库存博弈、产量和价格竞争博弈、其他属性的博弈(能力决策、服务质量、产品质量等)及联合决策博弈(能力、服务/产品质量、产量/定价、广告/新产品开发等决策内容的组合博弈)[128]。

目前,无论是在传统供应链协调问题中,还是在供应链网络均衡问题中,博弈论的应用范围都较为广泛。特别是纳什均衡和斯坦伯格均衡,通常被作为解决非合作博弈的主要方法。

2.4.3 斯坦伯格博弈

德国经济学家 Heinrich Von Stackelberg 于1934年提出了一种最简单的动态博弈,即斯坦伯格博弈。在斯坦伯格博弈中,将市场结构设置为两个厂商,每个厂商作决策时都要先考虑对方的决策。这个博弈的参与者为领导者和追随者,由领导者根据追随者的反应函数先行决策,追随者根据领导者的决策再作选择。在这种斯坦伯格博弈中,博弈的参与者存在决策地位上的不等。在此类决策问题中,领导者可以预测到追随者的反应函数,作出使自己的利益最优化的决策。这种主从对策的思想方法在供应链管理中同样适用,具有斯坦伯格博弈特征的供应链在现实中也是非常常见的,在具有此特征的供应链中,存在一个核心企业作为供应链的领导者,其他企业成员作为供应链的跟随者,居于主导地位的核心企业在对整个供应链具有较高的控制权和决策权,是典型的分布控制型供应链。大多文献通过斯坦伯格博弈来分析制造商和零售商处于不同的谈判地位时的动态定价决策等问题。

徐广业和但斌等使用斯坦伯格博弈模型分析制造商和零售商组成的双渠道供应链定价问题时,当制造商和零售商采用分散决策时,制造商是价格的领导者,零售商是价格的追随者[93]。李绩才和周永务等在非一体化决策时,考虑供应商与多个零售商之间的斯坦伯格主从对策问题,零售商彼此间是纳什博弈问题,供应商和零售商均从各自的角度采取优化决策。研究发现,竞争性的多零售商之间存在唯一的纳什均衡,总订货量使其期望效用实现最大化,且总订货量随零售商数目的增加而增加、随零售商风险厌恶程度的增加而减少[94]。葛静燕和黄培清利用博弈论来研究双边垄断下单一制造商和单一零售商对于成品销售和废弃品回收的定价问题,试图站在企业的角度,以闭环供应链的全局视野,考查分散决策下闭环供应链中零售商和制造商的斯坦伯格均衡,然后确定集中决策时的定价问题作为衡量分散决策的闭环供应链协调的标准[95]。包裕玲考虑单个供应商,多个不同成本结构的订货商供应链协调系统,建立了供应商通过价格折扣策略的斯坦伯格博弈模型,给出双方博弈的均衡点,使得供应链整体运作得以改善,从而激励供应链双方协调合作,最后给出实例分析[129]。简惠云和王国顺等研究了具有快、慢两种生产模式和需求信息更新的供应链契约,基于斯坦伯格博弈的批发价契约分析价格折扣与零售商最优提前订购量的关系,及其对契约双方期望收益的影响[86]。宋华明和杨慧等建立了制造商为主方、零售商为从方的供需斯坦伯格博弈模型,其中制造商在低价多量与高价少量之间权衡,零售商在低成本低预测精度与高成本高预测精度之间进行权衡[99]。Zhao和Wei基于斯坦伯格博弈讨论分散决策中供应商和零售商的定价策略,并从信息对称和信息不对称两种角度制定协调策略,最终发现采用他们制定的协调策略,供应链的利润总是达到帕累托最优状态[58]。肖剑等在对称信息的框架下,建立了双渠道供应链中制造商电子渠道与零售商服务合作的斯坦伯格博弈和伯特兰德博弈模型,指出制造商和零售商的地位不等或相等时的博弈决策。研究表明,与伯特兰德博弈模型相比,在斯坦伯格竞争下双渠道供应链的渠道价格较低[130]。制造商总是偏好做价格的领导者,而零售商在市场批发价格较低时,会选择独立定价,而在市场批发价格较高时,愿意做制造商定价的跟随者。

2.4.4 纳什博弈

纳什均衡(Nash Equilibrium),又称为非合作博弈均衡,是博弈论的一个重要术语,以约翰·纳什命名。纳什均衡是一种策略组合,使得同一时间内每个参与人的策略是对其他参与人策略的最优反应。

假设有 n 个局中人参与博弈,每个人可选的策略的集合我们称为"策略空间",分别用 $S_1, S_2, \cdots, S_n$ 表示; $s_{ij} \in S_i$ 表示博弈方 i 的第 j 个策略,其中 j 可以取有限个值(有限策略博弈),也可以取无限个值(无限策略博弈);博弈方 i 的得益则用 u_i 表示,u_i 是各博弈策略的多元函数。n 个博弈方的博弈 G 常写成 $G = \{S_1, \cdots, S_n; u_1, \cdots, u_n\}$。在博弈 $G = \{S_1, \cdots, S_n; u_1, \cdots, u_n\}$ 中,如果由各个博弈方的各一个策略组成的某个策略组合 $(s_1^*, \cdots, s_n^*)$ 中,任一博弈方 i 的策略 s_i^* 都是对其余博弈方策略的组合 $(s_1^*, \cdots, s_{i-1}^*, s_{i+1}^*, \cdots, s_n^*)$ 的最佳对策,也即 $u_i(s_1^*, \cdots, s_{i-1}^*, s_i^*, s_{i+1}^*, \cdots, s_n^*) \geqslant u_i(s_1^*, \cdots, s_{i-1}^*, s_{ij}, s_{i+1}^*, \cdots, s_n^*)$ 对任意 $s_{ij} \in S_i$ 都成立,则称 $(s_1^*, \cdots, s_n^*)$ 为 G 的一个"纳什均衡"。

纳什均衡,从实质上说,是一种非合作博弈状态。纳什均衡达成时,并不意味着博弈双方都处于不动的状态,在顺序博弈中这个均衡是在博弈者连续的动作与反应中达成的。纳什均衡也不意味着博弈双方达到了一个整体的最优状态,只有最优策略才可以达成纳什均衡,严格劣势策略不可能成为最佳对策,而弱优势和弱劣势策略是有可能达成纳什均衡的。

当今社会呈现出多元化的供应链主导模式,既存在着像上汽、一汽等大规模制造商主导市场的制造商主导模式,也存在沃尔玛、家乐福、国美等大型零售商主导市场的零售商主导模式,此外,还存在电子设备制造商与京东、苏宁等零售商同时主导市场的模式,也就是所谓的势均力敌模式。目前,国内外一些学者对在不同主导模式下闭环供应链的决策问题进行了深入的研究,并且也取得了较为丰富的研究成果。李新然等研究了政府设置的奖惩力度和废旧产品的最低回收率对闭环供应链的集中式决策、制造商和零售商分别领导斯坦伯格博弈决策以及制造商和零售商垂直纳什均衡博弈这三种模式下的决策结果和成员利润的影响[131]。结果表明供应链中的成员在其自身领导的斯坦伯格博弈下获得的自身利润最大,并且政府必须设置合理的奖惩力度和废旧产品回收率来使得供应链中各成员企业获得最大利润。Maiti 和 Giri 探讨了五种不同的决策模式——集中式决策、纳什博弈,以及由制造商、零售商和第三方分别作为市场领导者的三种不同的斯坦伯格博弈,结果表明除了集中式决策是最优决策的情形下,以零售商为主导的分散式决策更容易创造双赢的局面[132]。

2.4.5 合作博弈

与非合作博弈相对应的是合作博弈,主要区别依据是局中人是否愿意合作。在应用方面,两者之间的区别在于合作博弈主要研究共赢情况下的利润分配问题,即合作博弈在本书中的应用;而非合作博弈则主要研究非合作情况下的均衡解问题,即更好地追求局中人自身最大化的效益。合作博弈研究的是利益分配,它的研究重点是当合作的参与者进入合作中时,针对合作产生的庞大利益进行合理的、恰当的分配,从而保证每个参与者的利益;对于非合作博弈来说,其更侧重的是对利益分配策略的选择,有利己的思想。

常用的利益分配模型有:两阶段动态博弈模型、纳什谈判模型、基于综合模糊评价法的评判模型等。对于用以解决合作博弈的利益分配问题的模型主要有夏普利值和纳什讨价还价等。

1. 夏普利值

夏普利(Shapley)首先给出了作为夏普利值基础的三个公理。第一个公理是对称公理,含义是博弈的夏普利值(对应分配)与博弈方的排列次序无关,或者说博弈方排列次序的改变不影响博弈得到的值。第二个公理是有效公理,含义是全体博弈方的夏普利值之和分割完相应联盟的价值,也即特征函数值。第三个公理是加法公理,含义是两个独立的博弈合并时,合并博弈的夏普利值是两个独立博弈夏普利值之和。

夏普利证明了同时符合上述三个公理,描述联盟博弈 $B(N,v)$ 各个博弈方价值的唯一指标是向量 $(\varPhi_1,\cdots,\varPhi_n)$,其中

$$\varPhi_i = \sum_{S \in N} \frac{(n-k)!\,(k-1)!}{n!} [v(S) - v(S\setminus\{i\})]$$

式中,n 是联盟博弈的总人数;$k=|S|$ 为联盟 S 的规模,即 S 包含的博弈方数量。向量 $(\varPhi_1,\cdots,\varPhi_n)$ 称为联盟博弈 $B(N,v)$ 的"夏普利值",$\varPhi_i$ 是博弈方 i 的夏普利值。

注意上述公式中 $v(S)-v(S\setminus\{i\})$,代表博弈方 i 参与或不参与联盟对联盟 S 特征函数值的影响,正好反映博弈方 i 对联盟 S 的贡献。$\dfrac{(k-1)!\,(n-k)!}{n!}$ 就是博弈方 i 以随机方式结盟时参与联盟 S 的概率。因此各个博弈方的夏普利值就是它们参与联盟博弈的期望贡献,正是衡量联盟博弈中每个博弈方价值的最好指标。

夏普利值成功地兼顾了合作群体中个人理性与集体最优的需求,通过根据计算协同合作联盟的成员边际效用来分配供应链企业协同后产生的额外利益,这与供应链协同的实际问题很符合,可以更加贴近实际地解决供应链中利益分配问题。

Seyed Esfahani 等研究纵向合作广告的供应链问题,从纳什博弈、斯坦伯格-制造商博弈、斯坦伯格-零售商博弈和基于夏普利值的合作博弈四个角度分析,最终得出结论是当双方采用合作博弈时的零售价格是最低的[45]。文科和朱延平[133]、庆艳华[134]等学者考察了供应链成员相关利益分配问题。何立华等将合同能源管理模式应用于绿色建筑,并引用夏普利值法对利益相关方进行收益分配[135]。余振养采用夏普利值法分析服装全产业链的利益分配问题,并将风险、技术创新、成员投入作为修正因子引入到夏普利模型中[136]。姚冠新等将夏普利值法用于配送中心动态联盟的利益分配,并基于投入成本和风险分别得到了利益分配值,最终利益分配值是考虑了贡献、投入成本和风险三个因素权重的加权利益分配值[137]。胡盛强等应用夏普利值法研究了由供应商、制造商、批发商与零售商组成的四级供应链利润分配问题[138]。戴建华和薛恒新[139]、李靓等[140]将夏普利值法用于联盟企业的利润分配,并引入风险因子进行夏普利值的修正算法。从应用情况看,主要采用了联盟博弈的夏普利值法,但是忽略了夏普利值法的缺陷。

2. 纳什讨价还价

两人讨价还价问题的合作博弈理论的基本问题,也是博弈论最早研究的问题

之一。两人讨价还价的例子包括交易双方的价格谈判、劳资双方的工资争端、合作者的利润奖金分配,以及各种资源权益分割等,实质都是两个经济主体之间对特定利益的分割分配。由于合作博弈可以利用有约束力的协议,因此合作博弈的结果由博弈方的联合理性行为决定,合作博弈分析应该关注博弈方可能选择的联合理性行为和结果,而不是个体理性决策。在分析两人讨价还价问题时就是要关注双方可能形成、接受的分配和相应的效用配置。为此首先要考虑的是,什么样的分配和效用配置是最有可能被双方接受采用的。我们根据现实经验知道,容易被讨价还价双方接受的分配需要满足效率和公平两方面的基本要求。效率要求可以包含帕累托效率和总体利益(效用)最大化两个层次的要求。由于总体利益(效用)最大化可能与个体理性相矛盾,因此不一定被讨价还价双方接受,因此必须满足的基本效率要求是与个体理性没有矛盾的帕累托效率。同时满足帕累托效率、对称性、线性变换不变性、独立于无关选择四个公理的,两人讨价还价问题的唯一解,就是下列约束最优化问题的解:

$$\max_{s_1,s_2}[(u_1(s)-u_1(d))(u_2(s)-u_2(d))]$$

$$\text{s.t. } (s_1,s_2) \in S(s_1,s_2) \geq (d_1,d_2)$$

这个解被称为讨价还价问题的"纳什解",或者"纳什讨价还价解"。

纳什首先研究了多人协商模型,并得到了纳什协商解,海萨尼与泽尔腾在纳什研究的基础上,进一步提出了不对称纳什协商模型。令 $N=\{1,2,\cdots,n\}$ 为参与者的集合,每个参与人提出一个利益分配方案,用 $x(i)=\{x_{i1},x_{i2},\cdots,x_{in}\}$ 表示由参与人提出的利润分配方案,x_{ij} 代表由成员 i 提出的利益分配系数,因此,$0<x_{ij}<1$,且 $\sum x_{ij}=1$。

令 $x^+(i)=\max\{x_{i1},x_{i2},\cdots,x_{in}\}$ 为理想利益分配方案,但是由于 $\sum x^+(i) \geq 1$,所以需要参与人之间谈判,使得最后的分配系数之和满足1。假设协商后第 i 个成员企业的折扣系数为 x_i,则第 i 个参与人最终的利益分配系数为 $\tau_i = x^+(i) - x_i$,显然应有 $x^+(i) - x_i \geq x^-(i)$,$x^-(i)=\min\{x_{i1},x_{i2},\cdots,x_{in}\}$ 为负理想分配方案。显然,对于第 i 个参与人而言,最终的分配系数 τ_i 必须大于等于 $x^-(i)$,否则第 i 个参与人将不愿意参与到此绿色供应链中,也就意味着谈判失败。令 $x^-(i)$ 为各参与人的谈判起点,则不对称的纳什谈判模型为

$$\max \sum_{i=1}^{n} [x^+(i) - x_i - x^-(i)]^{\Phi_i}$$

式中，Φ_i 表示第 i 个参与人的讨价还价能力或者说它在合作中的重要性；$x^+(i)-x_i-x^-(i)$ 表示第 i 个参与人最终分配系数与负理想分配方案分配系数之间的差距，很明显差距越大则第 i 个参与人越感觉满意，所以此方法是想得到一个使每个参与人都比较满意的利益分配系数。

Feng 和 Lu 应用双边讨价还价框架研究较低成本的生产外包对两个竞争供应链的影响，这两个供应链拥有相同或不同的供应商[141]。研究发现，制造商在讨价还价能力较小时可能会面临囚徒困境，更具体来说，尽管同时选择自产会使制造商的利润更高，但他们又不得不同时选择外包。Nagarajan 和 Bassok 应用讨价还价理论对多供应商装配系统中供应商结盟对系统影响进行分析[142]。Li 和 Hua 将纳什讨价还价引入并构建相应的合作博弈模型，研究发现当对需求进行非常小的限制且企业属于风险中性时，该模型存在唯一的均衡解；此时，在收益共享契约下，供应链可以被完美协调[143]。叶磊磊构建一个两级供应链模型，分析公平性对风险厌恶型农民在合同农业供应链中最优决策的影响。通过应用纳什讨价还价博弈实现了系统的帕累托最优[144]。

2.4.6 基于博弈论的供应链决策模型

报童(Newsvendor)模型是运筹学领域研究的重要内容之一，也是随机市场需求下研究的典型单阶段模型，还是供应链订货与契约协调研究的基础模型，主要是基于随机市场需求情况下，判断产品的最优订货量，从而使得供应链上各节点成员和供应链系统总利润均最大化。该模型通常只研究单个供应商和单个或多个零售商所组成的两级供应链。由于供应链上各节点成员都属于独立的组织，它们都是根据自身局部目标进行决策，为了使各节点成员的局部行为与供应链系统的最佳决策相符合，要采用有效的激励制度来约束和协调各节点成员，使得彼此都能够基于供应链协调契约达到目标一致、意见统一，并且进行最终的收益分配。采用有效的激励制度来约束和协调供应链上各节点成员，提升供应链系统的效益，已经逐步发展成供应链管理的又一个新的研究内容。

近年来基于博弈论的供应链协调模型研究越来越多，不仅仅包含正向物流，同时还包含逆向物流以及闭环供应链。总结以前大量学者的研究可以得出，针对供应链协调问题的探究与挖掘，研究内容大致可以涵盖如下三点：一是，通过对不同模式或者结构的供应链模型特征的判断，确定既定协调契约的契约参数；二是，探究某种协调契约的绩效作用，包括对供应链上各节点成员绩效的作用、对供应链系统整体绩效的作用等;三是,研究如何根据不同的需求模式、不同的供应链类型、不同的市场制度等,综合分析选择合适的供应链协调契约。

在相关文献中通常对一些决策进行研究,如价格、生产、订货、库存等。大多数文献通过具有不同权力结构的博弈模型来分析决策问题。Seyed Esfahani 等考虑了垂直合作广告和供应链中的定价决策,并建立了纳什、斯坦伯格-制造商和斯坦伯格-零售商三种非合作博弈和一种合作博弈[145]。Zhai 和 Cheng 构建了一个模型来研究 PTH(生产时间套期保值)如何影响零售商的 QDLT(报价交货提前期)决策和供应链绩效。通过建立四个模型,即集中式模型、纳什模型、制造商主导的斯坦伯格模型和零售商主导的斯坦伯格模型,以得出最优套期保值和 QDLT 决策的封闭形式结果[146]。Zhong 等分析了需求和收益都不确定的两阶段斯坦伯格博弈模型。他们研究并比较了两种不同模型下的生产和订货决策,并提出了实现帕累托改进的补贴机制[147]。

一些学者考虑较多的供应链成员和参与方。Zhao 和 Wang 建立了三种不同的博弈结构,即制造商领导的斯坦伯格博弈、零售商领导的斯坦伯格和垂直纳什博弈。在一个制造商和两个零售商的供应链中,建立了期望值模型来确定最优定价和零售服务策略[148]。Hanh 等研究了包括多个供应商、多个制造商和多个零售商在内的三阶段供应链中的价格和生产决策,其中供应商是领导者,零售商是追随者,需求对价格敏感[149]。通过 Salop 空间模型和纳什博弈方法最小化双重边缘化效应。Zhao 和 Ma 建立了一个涉及电池制造商、汽车制造商和第三方回收商的三方博弈供应链模型[150],分析了不同决策模型下新能源汽车、新电池和第三方回收商的零售价格决策。在分散模式下,电池制造商和第三方回收商的利润受到废旧电池零售价格的影响,而汽车制造商则不受影响。

与我们的研究相关的另一组文献通过扩大销售渠道来建立供应链。Wang 等建立了 OTA(在线旅行社)渠道参与的双渠道旅游供应链模型,并提供了 TPP(旅游产品供应商)主导斯坦伯格博弈对服务质量影响的定价决策模型[151]。Wang 等通过斯坦伯格博弈模型研究了双渠道供应链中最优零售商价格、配送距离和允许退货期,其中制造商通过线上和线下渠道向消费者销售产品,需求是两个销售渠道价格的线性形式[152]。

第3章 随机需求下两级供应链协调契约

3.1 问题描述

本章的研究对象是由单一制造商、单一零售商组成的直链式两级供应链,供应链包括一个制造商和一个零售商,零售商根据对市场需求的预测向制造商订货,制造商按订单生产,向零售商提供单一产品,以一定的批发价给零售商,零售商最终将产品出售给顾客。在生产过程中,制造商采用JIT(准时制生产方式),即只在需要的时候,按需要的量,生产所需要的产品。理论上,JIT应该完全根据市场的真实需求来组织生产,物料实行无间隙流动,最终达到零库存的目标。采用JIT的生产方式可以有效地制订生产的计划并控制管理库存,这种均衡化的生产方式可以使库存达到最小,从而减少库存成本。这种反应型供应链的优点在于能减少不必要的物料存储、处理和生产能力的闲置而造成的浪费,避免因制造市场不需要的产品带来的资本损失,从而可提高生产率和资本的有效利用率。

为研究方便,本章只考虑单周期的供应链协调问题,在周期初制造商决定原材料的订购量,这一周期的需求是随机的,不失一般性,周期末当市场需求大于供应量时,产生缺货成本,当市场需求小于供应量时,零售商可以将多余的产品折算成残值。由于供应链处于一个动态的环境中,面对诸多的不确定性,供应链的协调变得十分复杂,本章主要研究需求不确定时供应链的协调。

3.2 基本模型假设与符号

图3.1为本章研究的由单一制造商、单一零售商组成的直链式两级供应链结构,面对需求不确定的情况,制造商和供应商如何进行决策,以及如何对供应链各成员进行协调,以使供应链达到一个共赢的局面,相应的参数和假设如下:

参数:

p:单位产品在市场上的销售价格;

s:制造商从二级市场补货的成本;

c_m:制造商生产单位产品的成本;

c_s:制造商采购单位原材料的成本;

g:零售商由于缺货造成的单位缺货成本;

v:未销售的产品在销售季节末的单位净残值;

X:在市场上的销售价格为 p 时,市场对该产品的需求量,是一个随机变量;

$F(x)$:关于 x 的累积分布函数;

$f(x)$:关于 x 的概率密度分布函数。

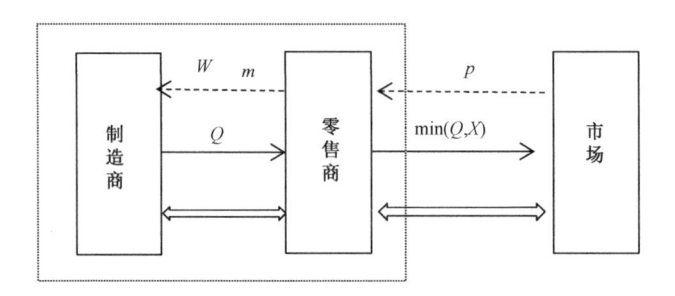

图 3.1 需求不确定的两级供应链结构

决策变量:

w:制造商将产品出售给零售商的批发价,由制造商决定;

Q:零售商向制造商订购的产品数量,由零售商决定。

其他符号:

$\prod_m$:制造商所获得的利润;

$\prod_r$:零售商所获得的利润;

$\prod_t$:整个供应链获得的总利润;

c:上标,表示集中决策;

u:上标,表示分散且无协调的决策;

d:上标,表示分散下采用数量折扣契约协调的决策;

b:上标,表示分散下采用回购契约协调的决策;

i:下标,表示产量确定、需求不确定下的供应链协调模型;

j:下标,表示产量和需求都不确定下的供应链协调模型。

假设:

(1) 市场的需求是随机的,假设市场需求服从一个正态分布,市场需求的期望值为 $E(x)=\mu$,方差为 $D(x)=\sigma^2$。令 $g(x)=\dfrac{xf(x)}{F(x)}$,L&P 定义 IGFR(Increasing Gen-

eralized Failure Rate)条件，$g'(x)>0$[83]。常见的需求分布诸如：均匀分布、指数分布、正态分布、Weibull 分布与 Gamma 分布等都满足递增广义失败率的条件。当需求分布满足递增广义失败率 IGFR 时，制造商的期望利润函数 $\prod_m$ 为批发价 w 的凹函数[153]。

（2）基于"经济人"假设，供应链各成员在经济活动中的唯一目标就是追求利益最大化，不会感情用事，即 $p>w$，零售商所制定的零售价大于制造商给零售商的批发价；$w>c_m+c_s$，制造商所制定的批发价大于制造商的生产成本和原材料成本，从而保证供应链每一级成员都能获得利润；$c_m>v$，未销售产品的季末残值小于该产品的生产成本，确保有企业愿意回收这些产品。

（3）假设零售商最少需要获得一定程度的边际利润，不然不会出售产品，零售商的边际利润可以表示为 $\tau_r=p-w$，制造商的边际利润可以表示为 $\tau_m=w-c_s-c_m$，在此假设零售商的最小边际利润为 τ_m，即 $p-w \geqslant w-c_s-c_m$，则 $w \leqslant \frac{1}{2}(p+c_s+c_m)$ [154]。

（4）制造商为追求无库存或者说库存很小的生产管理模式，采用 JIT 的供货方式，即以零售商的订单驱动生产。假设一单位的原材料产出一单位的产品，如果原材料对产成品投入产出率不是 1∶1，也可以通过在模型中进行调整，因此为不失一般性，直接假设投入产出率为 1∶1。

（5）假设供应链中的信息是对称的，即各供应链成员都了解产品成本、市场需求分布以及市场价格，本书假设市场的单位销售价格是固定的或者是外界条件决定的，不考虑市场价格的变动情况。

（6）假设制造商的产能是无限的，制造商可以满足零售商所有的订单要求；供应链各成员有良好的合作关系，一旦共同制定契约，供应链各成员都严格履行契约中规定的订购数量、批发价格等。

3.3 随机需求下两级供应链决策分析

3.3.1 集中式决策模式下的最优决策

在集中决策模式下，零售商和制造商是一个整体，将整个供应链考虑成一个集成的公司或者考虑制造商和零售商进行合作。在集中式供应链中，零售商和制造商的决策都服从整个供应链总收益最大化这一目标，而零售商从制造商进货的过程都看成是供应链内部利润的转移，它只影响供应链各个成员的收益而不影响整

个供应链的利润。整体供应链的期望收益函数为

$$\prod_{it}^{c}(Q) = pE[\min(Q,X)] + vE[(Q-X)^{+}] - gE[(X-Q)^{+}] - (c_s + c_m)Q \quad (3.1)$$

$$x^{+} = \max(0,x), E[\min(y,x)] = \int_{0}^{y} xf(x)\mathrm{d}x + y\bar{F}(y), (x-y)^{+} = x - \min(x,y)$$

公式(3.1)中的第一部分表示销售收入,第二部分表示未销售出去的产品在季末的残值,第三部分表示未满足市场需求造成的缺货损失,第四部分表示制造商购买原材料的成本和制造商的生产成本。可以将公式(3.1)转化为

$$\prod_{it}^{c}(Q) = (p-v+g)E[\min(Q,X)] - (c_s + c_m - v)Q - g\mu \quad (3.2)$$

对公式(3.2)分别求一阶导数和二阶导数为

$$\frac{\mathrm{d}\prod_{it}^{c}}{\mathrm{d}Q} = (p-c_m-c_s+g) - (p-v+g)F(Q) \quad (3.3)$$

$$\frac{\mathrm{d}^2\prod_{it}^{c}}{\mathrm{d}Q^2} = -(p-v+g)f(Q) < 0 \quad (3.4)$$

由公式(3.3)和(3.4)可知$\prod_{it}^{c}(Q)$是一个凹函数,且最优解满足$(p-c_m-c_s+g) - (p-v+g)F(Q) = 0$,即$Q_i^{c*} = F^{-1}\left(\dfrac{p-c_m-c_s+g}{p-v+g}\right)$。

此时供应链的最优解为

$$\prod_{it}^{c*} = \prod_{it}^{c}(Q_i^{c*}) = (p-v+g)\int_{0}^{Q_i^{c*}} xf(x)\mathrm{d}x - g\mu \quad (3.5)$$

3.3.2 分散式决策模式下的最优决策

在分散式决策模式下,没有协调机制的情形下,制造商与零售商之间仅通过批发价格契约进行交易,制造商以批发价格 w 向零售商供货。供应链上由制造商决定 w,零售商决定 Q,各个成员仅考虑自身的利润,而忽视整个供应链的利润。此时制造商和零售商的期望利润分别为

$$\prod_{im}^{u}(w) = (w-c_s-c_m)Q \quad (3.6)$$

$$\prod_{ir}^{u}(Q) = pE[\min(Q,X)] + vE[(Q-X)^{+}] - gE[(X-Q)^{+}] - wQ \quad (3.7)$$

这里将分散问题表示为一种斯坦伯格博弈,斯坦伯格博弈方法是研究分散式供应链成员间的博弈关系的极为有效的方法,它能很好地模拟实际供应链所具备的递阶性和层次性。本节研究完全信息下具有斯坦伯格博弈特征的制造商和零售商之间的动态博弈过程,制造商是领头企业,零售商是跟随企业。由零售商先决定对产品的订购量,制造商根据零售商的决策制定给零售商批发价。本节采用逆推

归纳法,求得该博弈的子博弈完美纳什均衡。

(1) 零售商的决策

在公式(3.7)中第一部分表示为销售利润,第二部分表示为从制造商批发产品的费用,第三部分表示为未销售产品在季末的残值,第四部分表示为未满足市场需求造成的缺货损失。

对公式(3.7)分别求一阶导数和二阶导数得

$$\frac{d\prod_{ir}^{u}(Q)}{dQ}=(p-w+g)-(p-v+g)F(Q) \qquad (3.8)$$

$$\frac{d^{2}\prod_{ir}^{u}(Q)}{dQ^{2}}=-(p-v+g)f(Q)<0 \qquad (3.9)$$

由公式(3.8)和(3.9)可知,公式(3.7)存在唯一最优解

$$Q_{i}^{u*}(w)=F^{-1}\left(\frac{p-w+g}{p-v+g}\right) \qquad (3.10)$$

(2) 制造商的决策

在公式(3.6)中第一部分表示为制造商的销售利润,第二部分表示为原材料进货的费用和生产产品的费用。将公式(3.10)代入(3.6),并对 w 进行求导,可得

$$\prod_{im}^{u}(w)=(w-c_{s}-c_{m})F^{-1}\left(\frac{p-w+g}{p-v+g}\right)$$

$$\frac{d\prod_{im}^{u}(w)}{dw}=F^{-1}\left(\frac{p-w+g}{p-v+g}\right)-\frac{w-c_{s}-c_{m}}{(p-v+g)f\left(\frac{p-w+g}{p-v+g}\right)}$$

由假设(1)知 $\prod_{im}^{u}(w)$ 是凹函数,所以存在唯一的 w_{i}^{u*} 使得 $\frac{d\prod_{im}^{u}(w)}{dw}=0$,将 w_{i}^{u*} 代入公式(3.10),取得这个博弈的唯一的子博弈完美纳什均衡解 (w_{i}^{u*}, Q_{i}^{u*})。此时制造商和零售商取得的最优解分别为

$$\prod_{ir}^{u*}=\prod_{ir}^{u}(Q_{i}^{u*})=(p-v+g)\int_{0}^{Q_{i}^{u*}}xf(x)dx-g\mu \qquad (3.11)$$

$$\prod_{im}^{u*}=\prod_{im}^{u}(w_{i}^{u*})=(w_{i}^{u*}-c_{s}-c_{m})Q_{i}^{u*} \qquad (3.12)$$

3.3.3 供应链协调契约分析

由前面分析,在集中决策模式下,订货量的最优解为 $Q_{i}^{c*}=F^{-1}\left(\frac{p-c_{m}-c_{s}+g}{p-v+g}\right)$;在

分散决策模式下，订货量的最优解为 $Q_i^{u*} = F^{-1}\left(\dfrac{p-w_i^{u*}+g}{p-v+g}\right)$。

由 $w>c_m+c_s$，得 $\dfrac{p-c_m-c_s+g}{p-v+g} > \dfrac{p-w_i^{u*}+g}{p-v+g}$，又因为 F 是增函数，所以 $Q_i^{c*} > Q_i^{u*}$。也就是说，在分散决策时，制造商的最优订货量小于使供应链合作时的最优订货量。在这种情况下供应链的利润达不到最优，所以必须对供应链进行协调，根据搜集的大量文献进行总结，需求不确定下的供应链协调模式分类如表3.1所示。

表3.1 需求不确定下的供应链协调模式分类[155]

大类	小类	特点及适用行业
供应商主导	批发价格契约	在产品残值很小、退货成本较高的情况下，简单的批发价格模式可能比其他协调模式更有效
	收益共享契约	在录像带出租行业得到成功的运用
	回馈与惩罚契约	在硬件、软件和汽车行业得到了广泛的运用
零售商主导	回购契约	大量地运用于对时间性要求较严的时尚产品
	数量折扣契约	在电子和计算机产业中得到了广泛的运用

批发价格契约是市面上常见的契约形式，和其他契约相比，批发价格契约更易于描述，企业间的管理成本也较低，以往的研究和以上的讨论发现，在标准的单制造商、单零售商批发价格契约下，批发价格契约机制并不能有效地协调供应链各个成员，必须有结合其他契约机制来激励零售商，才能使零售商的最优订货量恰是使供应链利润最大的订货量，这样供应链才能达到顺利合作。本节假设零售商主导，零售商主导中广泛运用的有数量折扣契约和回购契约，接下来分别从数量折扣契约和回购契约对供应链进行协调。

3.4 基于数量折扣契约的供应链协调

数量折扣契约由于操作简单成为实践中最常用的供应链协调机制。为了使供应链达到协调，制造商将给予零售商合适的数量折扣，激励零售商增加订货量，数量折扣契约的目标是将零售商的最优订货量提升至系统最优的订货量[113]。传统的数量折扣模型是站在买方的角度出发，当卖方给定数量折扣后，研究买方如何确定其最优订货量使其利润达到最大。Monahan是第一个从卖方的立场出发展开研究的,其研究建立了卖方决策模型,研究卖方如何使用数量折扣契约进行决策分析,通过提供给买方一定的折扣来吸引买方提高订货量[105]。通过分析得出结论,只要根据买方的订货数量提供适当的价格折扣,卖方就可以增加自己的利润。数量折扣契约意味着制造商给零售商的批发价是关于零售商订货量的一个减函数,这个机制可以鼓励零售商增加订货量,达到系统最优的水平,即供应链整体利润达到最优,利用这种数量折扣契约协调供应链,制造商的期望函数为

$$\prod_{ir}^{d}(Q) = (p-v+g)E[\min(Q,X)] - [w(Q)-v]Q - g\mu \qquad (3.13)$$

设 θ 是制造商的利润占整个供应链利润的比例,θ 是根据制造商和零售商的市场能力来决定的。令批发价关于订购量 Q 的函数为

$$w(Q) = (1-\theta)(p-v+g)\frac{E[\min(Q,X)]}{Q} + \theta(c_s + c_m - v) + v \qquad (3.14)$$

由于 $\frac{E[\min(Q,X)]}{Q}$ 是一个减函数,因而 $w(Q)$ 是关于订购量 Q 的减函数。这时零售商的期望函数为

$$\prod_{ir}^{d}(Q) = \theta[\prod_{ir}^{c}(Q) + g\mu] - g\mu \qquad (3.15)$$

由此可知 Q_i^{c*} 是零售商的最优订货量,说明零售商在数量折扣契约下的订货决策与在集体决策模式下的最优订货量相同,也就是通过数量折扣契约,系统利润达到最大。由于 $\theta \in (0,1)$ 是任意的,这个契约能将供应链的利润在制造商和零售商之间任意分配。

3.5 基于回购契约的供应链协调

因为市场的需求是不确定的,所以通常情况下,零售商无法完全了解市场的实际需求,这样会使零售商产生缺货或者产品在季末还未销售出去的风险。为了分担零售商这方面的风险,制造商有时为了鼓励零售商多订货,允许零售商退还季末未销售的产品,或对其给予一定的补偿。回购契约也称为退货策略,是供应链协调里应用较为广泛的一种契约机制,采用回购契约的制造商可以通过调整回收比例和回收价格来实现与零售商间的利润与分担风险[156]。为了研究方便,本节假设制造商完全回购,仅通过回收价格调控风险,而事实上实行回购契约时,零售商季末未销售的货物不会真的返回制造商,这里的回购契约是指制造商对零售商未销售的货物给予一定的补贴,为保证零售商不出现套利的行为,满足 $0 < v + \varepsilon < w$。通过协调,制造商和零售商的利润分别如下:

$$\Pi_{im}^b(w) = (w-c_s-c_m)Q - \varepsilon E[(Q-X)^+] \tag{3.16}$$

$$\Pi_{ir}^b(Q) = pE[[\min(Q,X)](v+\varepsilon)[(Q-X)^+][(X-Q)^+]] \tag{3.17}$$

将公式(3.17)转化为

$$\Pi_{ir}^b(Q) = (p-v-\varepsilon+g)E[[\min(Q,X)](w-v-\varepsilon)]$$

假设回购契约参数为(ε,w)

$$p-v-\varepsilon+g = \lambda(p-v+g) \tag{3.18}$$

$$w-v-\varepsilon = \lambda(c_s+c_m-v) \tag{3.19}$$

由公式(3.18)、(3.19)得

$$\begin{cases} w = p+g-\lambda(p-c_s-c_m+g) \\ \varepsilon = (1-\lambda)(p-v+g) \end{cases}$$

其中$0<\lambda<1$,与数量折扣中的θ一样,使供应链的利润在制造商和零售商之间任意分配。又因为$p>c_s+c_m$,所以可以证明$\varepsilon>0$。此时零售商的利润为

$$\Pi_{ir}^b(Q) = \lambda[\Pi_{it}^c(Q) - g\mu] + g\mu$$

由此可知Q_i^{c*}是零售商的最优订货量,供应链同样达到合作。通过回购契约,在销售周期初,制造商提供一个批发价格和一个回购价格给零售商,到销售周期末,对于未销售产品,零售商除了获得相应的残值之外,制造商还给予零售商一定的补偿,这样使供应链和零售商共同承担市场的风险,大大地降低了零售商的经营风险,从而有效地刺激了零售商订货的积极性;从另一个方面来看,供应链的这种做法,也可以防止零售商在销售季节要结束的时候疯狂降价贱卖产品,损害品牌形象,对供应商的产品的名誉造成负面的影响,回购策略也可以增强零售商在市场中的竞争力,还可以平衡整条供应链的库存分布情况[5]。

3.6 数值仿真

为进一步了解不确定环境下的供应链协调,本节采用数值算例来表现前面的模型。假设需求服从一个正态分布,$X \sim N(\mu, \sigma^2)$,制造商的产能是无限的,能够充分满足市场需求,并且生产是确定的。给定有关基础参数值如下:$p=16, c_m=2, c_s=4, g=0.5, v=1.5, \mu=1\,200$。

假设需求标准差在300到700之间,表3.2为不同需求标准差下,分别在集中和分散模式下关于订购量的决策,以及制造商、零售商以及供应链的总利润。

表3.2 需求标准差变化对供应链系统的影响

σ	集中决策		分散决策			
	订购量	供应链总利润	订购量	制造商利润	零售商利润	供应链总利润
300	1 357.320	10 434.288	1 097.792	5 488.958	4 304.845	9 793.803
350	1 383.540	10 164.032	1 080.757	5 403.784	4 012.642	9 416.426
400	1 409.760	9 866.242	1 063.722	5 318.610	3 691.781	9 010.392
450	1 435.980	9 516.120	1 046.687	5 233.437	3 316.396	8 549.833
500	1 462.200	9 094.181	1 029.653	5 148.263	2 866.062	8 014.325
550	1 488.420	8 591.326	1 012.618	5 063.089	2 331.093	7 394.183
600	1 514.640	8 007.774	995.583	4 977.916	1 711.469	6 689.384
650	1 540.860	7 349.767	978.548	4 892.742	1 013.459	5 906.201
700	1 567.080	6 626.547	961.514	4 807.568	246.509	5 054.077

通过表3.2可以看出,当需求波动增大时,集中决策模式下关于订购量的决策量也增大,而分散决策模式下关于订购量的决策量却减小,说明集体决策模式下,供应链为一个整体,为了共同抵抗需求不确定带来的风险,加大产品的生产量和订购量,以避免产生缺货的风险;零售商在分散决策模式下为了减小需求不确定带来的风险,降低了订购量,以避免产品过剩带来的风险,与此同时供应链整体的利益受到了影响。

图3.2为根据表3.2的数据模拟的关于需求不确定性对供应链总利润、制造商利润、零售商利润以及分散总利润的影响图。由图3.2可以看出,集中决策的供应链总利润比分散模式下多,并且随着需求不确定性增大,集中决策的供应链总利润、制造商利润、零售商利润以及分散总利润都减小。由于分散决策模式下的制造商并没有承担很多需求不确定性带来的风险,所以制造商的利润随需求不确定性增大而减少的幅度并不是很大。

图3.3为需求标准差对协调前后利润增长百分比,其中利润增长百分比= $\left(\dfrac{\text{分散协调模式下供应链总利润}}{\text{分散无协调模式下供应链总利润}}-1\right)\times 100\%$,由图3.3可以看出,随着需求不确定性增大,因为协调而使供应链的利润也增大。说明需求不确定性越大,供应链越需要协调。

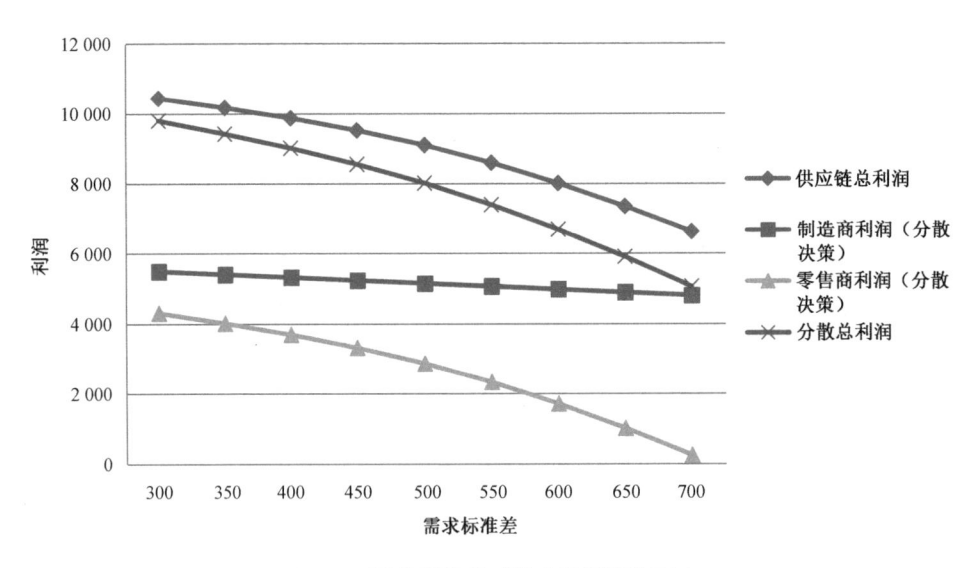

图 3.2 需求标准差对供应链利润的影响

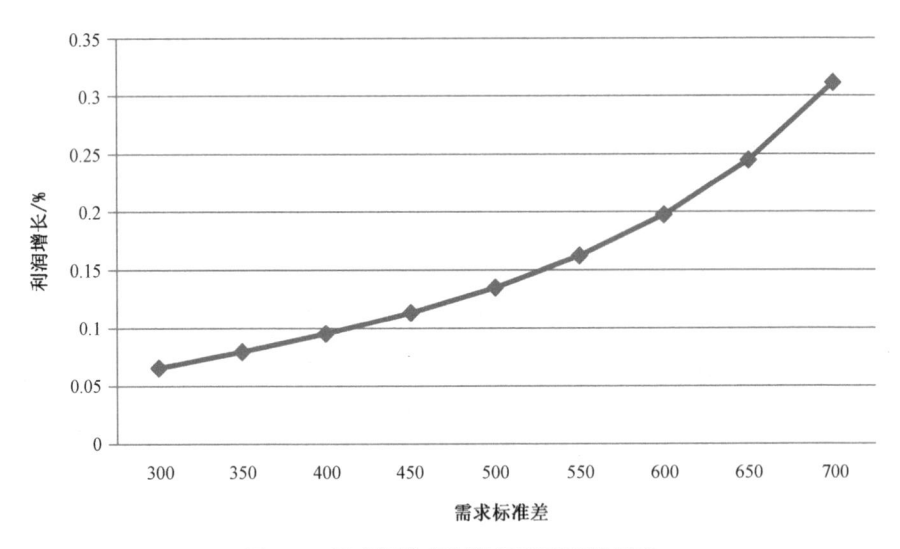

图 3.3 需求标准差对协调后利润的影响

在任意标准差值下,都可以通过数量折扣协调对供应链各成员利润进行分配,以标准差为 500 为例,得到在协调参数为 0.2~0.7 之间时分散协调模式上制造商和零售商的利润,并与集中决策和分散无协调模式下所得到的利润进行对比,见表 3.3。

表 3.3　协调参数对利润的影响

协调参数	集中模式 总利润	分散模式 制造商利润	分散模式 零售商利润	分散模式 总利润	分散协调模式 制造商利润	分散协调模式 零售商利润	分散协调模式 总利润
0.20	9 094.18	5 148.26	2 866.06	8 014.32	7 755.34	1 338.84	9 094.18
0.25	9 094.18	5 148.26	2 866.06	8 014.32	7 270.64	1 823.55	9 094.18
0.30	9 094.18	5 148.26	2 866.06	8 014.32	6 785.93	2 308.25	9 094.18
0.35	9 094.18	5 148.26	2 866.06	8 014.32	6 301.22	2 792.96	9 094.18
0.40	9 094.18	5 148.26	2 866.06	8 014.32	5 816.51	3 277.67	9 094.18
0.45	9 094.18	5 148.26	2 866.06	8 014.32	5 331.80	3 762.38	9 094.18
0.50	9 094.18	5 148.26	2 866.06	8 014.32	4 847.09	4 247.09	9 094.18
0.55	9 094.18	5 148.26	2 866.06	8 014.32	4 362.38	4 731.80	9 094.18
0.60	9 094.18	5 148.26	2 866.06	8 014.32	3 877.67	5 216.51	9 094.18
0.65	9 094.18	5 148.26	2 866.06	8 014.32	3 392.96	5 701.22	9 094.18
0.70	9 094.18	5 148.26	2 866.06	8 014.32	2 908.25	6 185.93	9 094.18

通过表 3.3 可以发现,经过分散模式下的总利润比集中决策时的少,而通过协调,分散模式下供应链的总利润可以达到集中模式的利润水平。随着协调参数的变化,制造商和零售商的利润会发生变化,具体走势见图 3.4。

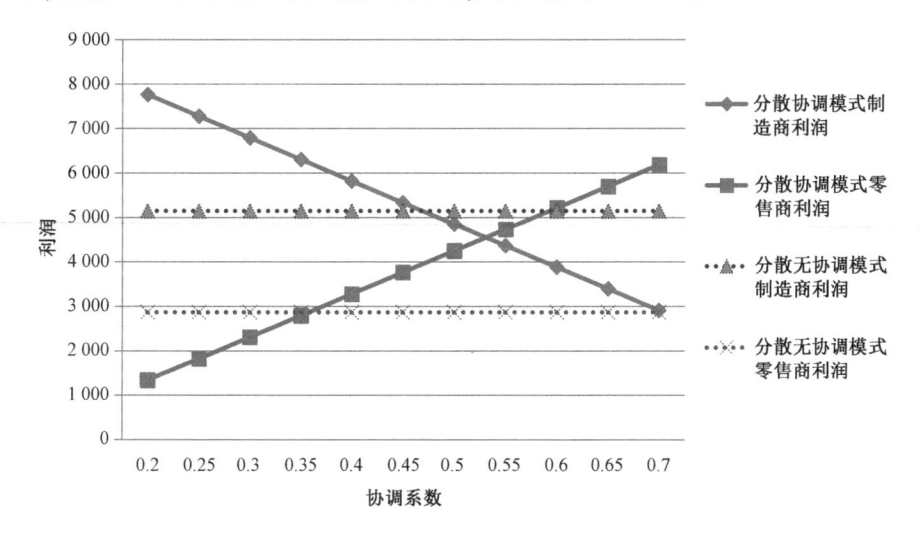

图 3.4　契约参数对供应链成员的影响

图 3.5 为以标准差为 500 为例,在回购协调契约下,制造商和零售商的利润与分散无协调模式下的对比图。

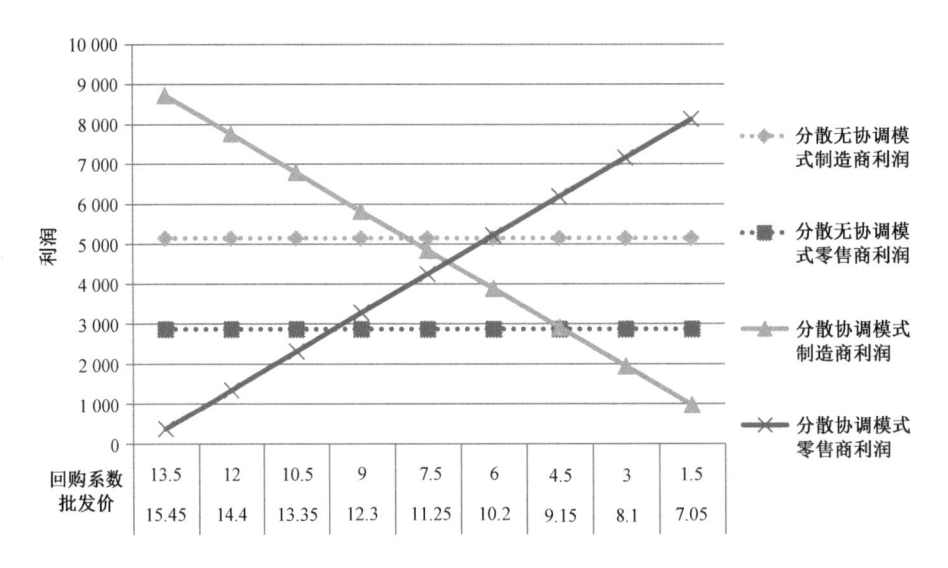

回购系数	13.5	12	10.5	9	7.5	6	4.5	3	1.5
批发价	15.45	14.4	13.35	12.3	11.25	10.2	9.15	8.1	7.05

图 3.5 契约参数对供应链成员的影响

通过图 3.4 和图 3.5 可以看出经过数量折扣契约或回购契约,制造商和零售商的利润都随着协调参数发生变化,理论上可以证明这种变化是线性的。分散模式下制造商和零售商的利润如图中的两条水平线。我们知道,只有当制造商和零售商协调后的利润都大于分散模式下所得到的利润,制造商和零售商才愿意接受契约机制的协调,从图中可以看出可实施的协调参数的变化范围。从图 3.4 可以得出当数量折扣契约参数 $\theta \in (0.358, 0.469)$ 时,制造商和零售商的利润都大于分散模式下的利润,同理从图 3.5 也可以得出在回购契约协调下,相应的协调参数取值范围,$w \in (11.576, 12.741)$,$\varepsilon \in (7.965, 9.63)$;而参数的取值取决于制造商和零售商的谈判。

3.7 本章小结

本章讨论了需求不确定下供应链协调的问题,基于报童模型建立了一个单周期的二级供应链模型,研究在需求不确定时零售商的订单数量决策、原材料投入决策和制造商的批发价格决策。首先为确定一个决策的基准,建立集中决策模型,确定集中决策模式下订购的产品数量和投入的原材料数量的最优值,以最大化供应链的预期利润。然后,对比分散决策模型下制造商和零售商的决策,证实在分散决策模式下,供应链能够获得的总利润不能达到整体最优值。

为协调供应链,通过回购契约和数量折扣契约对供应链进行协调,证明使用回购契约和数量折扣契约都可以使供应链在分散决策模式下达到系统最优的状态。本章作为第4章至第7章的基础,在第3章的基础上,本章进一步讨论了在产需同时不确定下供应链的协调问题、需求不确定时闭环供应链的协调问题、产量不确定时供应链的协调问题,以及需求不确定且与产品绿色度相关时供应链的协调问题。

第4章 产需双重不确定下的易逝品供应链协调契约

4.1 问题描述

近年来,随着生活水平的提高,人们对易逝产品的需求越来越高。易逝产品长期以来深受消费者欢迎,如水果、鲜花、报纸、电子产品等。由于这些产品的特点和目标消费者群体的偏好,此类产品的生产周期长、寿命短、需求不确定性大,期末未售出产品的剩余价值低。由于这种易逝产品的需求通常是不确定的,因此在订购前通常先对需求进行预测,常见的方法是使用影响参数,如价格、销售努力、质量努力等[123,157]。然而易逝产品需求的影响参数和系数通常也是不确定的,易逝产品的产量也受到许多因素的影响。例如,天气可能会给农业种植者带来产量不确定性,不可控天气因素导致的产量不确定性也可能影响农业供应链下游的零售商[36]。流感疫苗供应链中的供应不确定性主要来源于生产周期长、生产过程复杂且高度不确定、免疫季节短以及疫苗成分频繁变化[158]。由于易逝产品的产量和需求不确定的特征,本章将易逝产品需求量和产量都视为随机变量。现有文献的研究集中于供应链中一个或多个成员作出的不同决策,如价格、订单数量、生产数量、库存成本等[159-161]。在销售期结束时,易逝产品的库存成本通常高于其残值。因此本章将考虑需求和产量不确定性下的单周期易逝品供应链模型,研究零售商的订单数量决策、制造商的原材料投入和批发价格决策。

随着经济快速发展,传统产品更新换代越来越快,生命周期越来越短。易逝产品需求的增加导致了更高的利润,随着需求的不确定性和较长的交付周期,很难同时管理易逝产品供应链[162]。由于供应链成员都是独立的实体,他们往往从自己的利益出发作出决定。如果供应链中的每一个成员都只倾向于赚取自己的最大利润而不考虑整个供应链系统的利润最大化,那么零售商作出的最优订单数量决策将小于使整个供应链的利润最大化的数量,然后可能形成一种不协调系统的典型现象——"双重边缘化"[6]。供应链中的每个成员在决策时都忽略了其他成员的决策,这会导致扭曲的需求信息不断向上游扩散,进而形成另一种情况——"牛鞭效应"[69]。契约协调机制是减少"双重边缘化"和"牛鞭效应"影响的最有效方法之一。供应链契约有两个非常重要的目标：一是在成员企业利益不降低的情况下，提高供应链的整体效益，达到集中控制的效果；二是风险分担，供应链成员可以通过设计契约共同承担整个供应链的风险，这促使实体作出有利于整个供应链和自身的决策。目前学者们已经探索了许多契约来研究这一问题，如批发价格契约[163]、收益共享契约[36]、回购契约[164]、数量折扣契约[165]、销售回扣契约[166]等。回购和收入共享契约是协调供应链最常用的两种契约，回购契约广泛应用于短生命周期产品供应链。然而，单一的收益共享契约总是导致批发价格低于制造商成本，这意味着制造商将在订购过程中亏损。当制造商对消费者近期的销售前景稍有犹豫时，契约将失去对他们的吸引力。针对以上讨论，本章分析了两级供应链的联合协调契约机制。

4.2 生产与需求不确定的两级供应链分析

在第3章中说明了在市场需求不确定性条件下供应链的协调问题，供应链环境中除了需求是不确定的，通常制造商的产量也存在不确定性，在供应链管理过程中，我们面对更多的是需求和生产都不确定的情况。当制造商的产量不能满足订单需求量时，如果存在二级市场，制造商可以到二级市场进行补货从而满足零售商的需求。本章将分析研究在二级市场存在的情况下，如何对生产不确定性和需求不确定性环境下的供应链进行协调，以及二级市场的价格对供应链各方面的影响。与上一章形成对比，这章研究的供应链仍然由一个制造商和一个零售商组成，并且二级市场只有制造商能够进入。为了建立模型和讨论问题的方便，作如下模型和假设[167]。

4.2.1 模型假设与符号

图4.1为本章研究的由单一制造商、单一零售商组成的直链式两级供应链结构，面对产量和需求都不确定的情况下，制造商和供应商如何进行决策，以及如何对供应链各成员进行协调，以使供应链达到一个共赢的局面，相应的参数和假设如下：

参数：

p：产品的零售价格；

c：单位产品的原材料成本；

g：单位缺货成本；

v:未售出产品的剩余价值;

s:二级市场的单价;

x:随机需求;

$f(x)$:随机需求的概率密度函数;

$F(x)$:随机需求的分布函数;

μ_1:随机需求的均值,$\mu_1 = E(x) = \int_0^\infty xf(x)\mathrm{d}x$;

σ_1:随机需求的标准差;

y:随机生产率;

$g(y)$:生产率的概率密度分布函数;

$G(y)$:生产率的分布函数;

μ_2:随机生产率的平均值,$\mu_2 = E(y) = \int_0^\infty yg(y)\mathrm{d}y$;

σ_2:随机生产率的标准差。

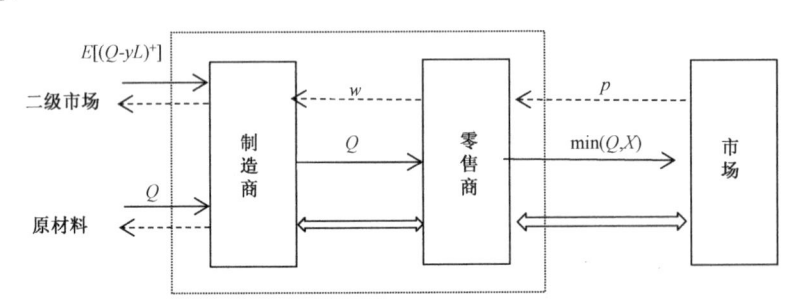

图 4.1 两级生产与需求不确定的供应链结构

决策变量:

w:制造商将产品出售给零售商的批发价,由制造商决定;

Q:零售商向制造商订购的产品数量,由零售商决定;

L:制造商采购原材料的数量,由制造商决定。

假设:

(1) 制造商的产量是随机的,实际产量为 yL,生产率服从均匀分布 $0 \leq A \leq y \leq B \leq 1$,$E(y) = \mu_2 = (A+B)/2$,$D(y) = \sigma_2 = (B-A)^2/12$。

(2) 基于"经济人"假设,$p > w > c/y > 0$,制造商所制定的批发价大于制造商的生产成本,从而保证供应链每一级成员都能获得利润,把整个供应链当作一个集体,确保供应链是盈利的。

（3）制造商在零售商的订货量大于自己的生产量时，制造商从二级市场中补货，二级市场只有制造商可以进入，零售商只能从制造商进货，为方便讨论问题，假设二级市场能满足制造商的所有需求。

（4）为了避免制造商不生产，假设 $s>c/y$，即从二级市场补货的价格大于制造商自己的生产成本；为确保制造商愿意从二级市场中补货从而达到零售商的订单量，假设 $w>s$，即制造商给零售商的批发价仍然要大于在二级市场中补货的价格。

4.2.2 集中式决策模式下的最优决策

在有二级市场的情况下，为建立一个基准，将整个供应链考虑成一个集成的公司或者考虑制造商和零售商进行合作。在集中式供应链中，零售商和制造商的决策都服从整个供应链总收益最大化这一目标，而零售商从制造商进货的过程被看成是供应链内部利润的转移，它只影响供应链各个成员的收益而不影响整个供应链的利润。整体供应链的期望收益函数为

$$\Pi_{sc}(Q,L)=pE[\min(Q,x)]+vE[(Q-x)^+]-sE[(Q-yL)^+]-gE[(x-Q)^+]-cL \quad (4.1)$$

式中，$pE[\min(Q,x)]$ 是销售收入；$vE[(Q-x)^+]$ 是销售期结束时未售出产品的剩余价值；$sE[(Q-yL)^+]$ 为制造商从二级市场重新进货以满足零售商订单的成本；$E[(x-Q)^+]$ 为由未满足的市场需求造成的损失；cL 为制造商的生产成本。当销售数量 $S(Q)$ 表示为 $S(Q)=\left[\int_0^Q xf(x)\mathrm{d}x+\int_Q^{+\infty}Qf(x)\mathrm{d}x\right]$，公式（4.1）可以表示为

$$\Pi_{sc}(Q,L)=(p-v+g)S(Q)-s\int_A^{\frac{Q}{L}}(Q-yL)g(y)\mathrm{d}y+vQ-g\mu_1-cL \quad (4.2)$$

关于 Q 和 L 的一次和二次求导分别如下：

$$\frac{\partial \Pi_{sc}(Q,L)}{\partial Q}=(p-g)-(p-v+g)F(Q)-s\int_A^{\frac{Q}{L}}g(y)\mathrm{d}y$$

$$\frac{\partial \Pi_{sc}(Q,L)}{\partial L}=-c+s\int_A^{\frac{Q}{L}}yg(y)\mathrm{d}y$$

$$\frac{\partial^2 \Pi_{sc}(Q,L)}{\partial Q^2}=-(p-v+g)f(Q)-\frac{s}{L}g\left(\frac{Q}{L}\right)$$

$$\frac{\partial^2 \Pi_{sc}(Q,L)}{\partial L^2}=-s\frac{Q^2}{L^3}g\left(\frac{Q}{L}\right)$$

$$\frac{\partial^2 \Pi_{sc}(Q,L)}{\partial L\partial Q}=\frac{\partial^2 \Pi_{sc}(Q,L)}{\partial Q\partial L}=s\frac{Q}{L^2}g\left(\frac{Q}{L}\right)$$

然后我们可以得到 Hessian 矩阵：

$$H(Q,L) = \begin{pmatrix} \dfrac{\partial^2 \Pi_{sc}(Q,L)}{\partial Q^2} & \dfrac{\partial^2 \Pi_{sc}(Q,L)}{\partial Q \partial L} \\ \dfrac{\partial^2 \Pi_{sc}(Q,L)}{\partial L \partial Q} & \dfrac{\partial^2 \Pi_{sc}(Q,L)}{\partial L^2} \end{pmatrix} \begin{pmatrix} -(p-v+g)f(Q) - \dfrac{s}{L}g\left(\dfrac{Q}{L}\right) & s\dfrac{Q}{L^2}g\left(\dfrac{Q}{L}\right) \\ s\dfrac{Q}{L^2}g\left(\dfrac{Q}{L}\right) & -s\dfrac{Q^2}{L^3}g\left(\dfrac{Q}{L}\right) \end{pmatrix}$$

可以看出：

$$|H_1(Q,L)| < 0, |H_3(Q,L)| < 0, |H_2(Q,L)| = \dfrac{(p-v+g)sQ^2}{L^3}f(Q)g\left(\dfrac{Q}{L}\right) > 0$$

容易证得 Hessian 矩阵负正定，所以证得 $\Pi_{sc}(Q,L)$ 是一个凹函数，且存在唯一的最优解 (Q_{sc}^*, L_{sc}^*)。所以在集中式决策模型中，供应链的利润函数是关于制造商订购原材料数量和零售商订货量的凹函数，存在唯一的最优解使得供应链的整体利润达到最大，且当 Q 和 L 满足以下条件时，供应链的收益最大：

$$(p-g) - (p-v+g)F(Q) - s\int_A^{\frac{Q}{L}} g(y)\mathrm{d}y = 0 \tag{4.3}$$

$$c - s\int_A^{\frac{Q}{L}} yg(y)\mathrm{d}y = 0 \tag{4.4}$$

由公式(4.3)可得

$$\begin{cases} Q_{sc}^* = F^{-1}\left(\dfrac{p + g - s\int_A^{\varepsilon_{sc}^*} g(y)\mathrm{d}y}{p - v + g}\right) \\ L_{sc}^* = \dfrac{Q_{sc}^*}{\varepsilon_{sc}^*} \end{cases}$$

令 $\varepsilon = \dfrac{Q}{L}, H(\varepsilon) = \int_A^\varepsilon yg(y)\mathrm{d}y$，显然 $H(\varepsilon)$ 是一个递增函数，因此，必定存在唯一的 ε_{sc}^*，使得 $H(\varepsilon) = \dfrac{c}{s}$，我们可以得到 L_{sc}^*, Q_{sc}^*。将 L_{sc}^*, Q_{sc}^* 代入公式(4.2)，可获得集中供应链中的最大总利润，如下所示：

$$\Pi_{sc}^*(Q,L) = \Pi_{sc}^*(Q_{sc}^*, L_{sc}^*) = (p-v+g)\int_0^{Q_{sc}^*} xf(x)\mathrm{d}x - g\mu_1 \tag{4.5}$$

4.2.3 分散式决策模式下的最优决策

在分散决策系统状态下，制造商与零售商之间仅仅通过批发价格契约进行交易，即制造商以 w 的价格将产品批发给零售商，此时制造商和零售商都考虑自己利

益的最大化,不考虑供应链整体的经济效益,基于以上分析,我们可以得出制造商和零售商的期望利润分别为

$$\prod_m(L,w) = wQ - sE[(Q-yL)^+] - cL \qquad (4.6)$$

$$\prod_r(Q) = pE[\min(Q,x)] - wQ + vE[(Q-x)^+] - gE[(x-Q)^+] \qquad (4.7)$$

这里将分散的问题表示为一种斯坦伯格博弈,制造商是领头企业,零售商是跟随企业。由零售商先决定对产品的订购量,制造商根据零售商的决策决定对原材料的投入和批售产品给零售商的价格。同理采用逆推归纳法,求得该博弈的子博弈完美纳什均衡。

(1) 零售商的决策

在公式(4.7)中第一部分表示销售利润,第二部分表示从制造商批发产品的费用,第三部分表示未销售产品在季末的残值,第四部分表示未满足市场需求造成的缺货损失。

将公式(4.7)转化为

$$\prod_m(Q) = (p-v+g)S(Q) - (w-v)Q - g\mu \qquad (4.8)$$

对公式(4.8)求一阶导数和二阶导数得

$$\frac{d\prod_m(Q)}{dQ} = (p-w+g) - (p-v+g)F(Q)$$

$$\frac{d^2\prod_m(Q)}{dQ^2} = -(p-v+g)f(Q) < 0$$

因此,公式(4.8)存在唯一最优解

$$Q_r(w) = F^{-1}\left(\frac{p-w+g}{p-v+g}\right) \qquad (4.9)$$

(2) 制造商的决策

在公式(4.6)中第一部分表示制造商的销售利润,第二部分表示制造商从第二市场补货的费用,第三部分表示原材料进货的费用,第四部分表示产品的生产成本。将公式(4.6)转化为

$$\prod_m(w,L) = wQ - s\int_A^{\frac{Q}{L}}(Q-yL)g(y)dy - cL \qquad (4.10)$$

其中 w 和 L 导出为

$$\frac{\partial \prod_m(w,L)}{\partial L} = s\int_A^\varepsilon yg(y)dy - c \qquad (4.11)$$

$$\frac{\partial \Pi_m(w,L)}{\partial w} = Q_r(w) - \frac{w - sG(\varepsilon)}{(p-v+g)f(Q_r(w))} \quad (4.12)$$

令 $\varepsilon = \varepsilon_{sc}^*$，可得到 $s\int_A^{L_m^*} yg(y)\mathrm{d}y - c = 0$，$\varepsilon_{sc}^*$ 依赖于 c 和 s。由于 $H(\varepsilon) = \int_A^{\varepsilon} yg(y)\mathrm{d}y$ 是一个递增函数，有一个特定值 L_m^* 使得 Π_m 最大。

令 $g(x) = xf(x)/\overline{F}(x)$ 为需求分布的普通失效率，L&P 定义 IGFR（Increasing Generalized Failure Rate）条件，$g'(x) > 0^{[83]}$。在 IGFR 条件下，系统有唯一 w_m^*，可以使得供应链利润达到最大。

将 w_m^* 代入公式(4.9)可得出

$$Q_r^* = F^{-1}\left(\frac{p - w_m^* + g}{p - v + g}\right) \quad (4.13)$$

可以求得分散决策模式下零售商的最大利润为

$$\Pi_r^* = \Pi_r^*(Q_r^*) = (p-v+g)\int_0^{Q_r^*} xf(x)\mathrm{d}x - g\mu_1 \quad (4.14)$$

将 w_m^* 和 L_m^* 代入公式(4.10)得出分散决策模式下制造商的最大利润为

$$\Pi_m^* = \Pi_m^*(w_m^*, L_m^*) = \left[w_m^* - s\int_A^{\varepsilon_{sc}^*} g(y)\mathrm{d}y\right]Q_r^* \quad (4.15)$$

4.2.4 分散与集中模式的供应链利润及决策比较

由以上分析可知，在集中决策模式下，订购量为

$$Q_{sc}^* = F^{-1}\left(\frac{p + g - s\int_A^{\varepsilon_{sc}^*} g(y)\mathrm{d}y}{p - v + g}\right)$$

在分散决策模式下，零售商的订购量为

$$Q_r^* = F^{-1}\left(\frac{p - w_m^* + g}{p - v + g}\right)$$

由公式(4.15)可知 $w_m^* > s\int_A^{\varepsilon_{sc}^*} g(y)\mathrm{d}y$，所以

$$F^{-1}\left(\frac{p + g - s\int_A^{\varepsilon_{sc}^*} g(y)\mathrm{d}y}{p - v + g}\right) > F^{-1}\left(\frac{p - w_m^* + g}{p - v + g}\right)$$

即 $Q_{sc}^* > Q_r^*$，又由 $\varepsilon_m^* = \varepsilon_{sc}^*$ 可知 $L_{sc}^* > L_m^*$。

显然分散决策模式下,零售商和制造商在作决策时都只考虑自己的利益,零售商所订货的量少于实际使供应链利润最大的订货量,与此同时制造商批量订购的原材料的量也少于实际使供应链利润最大的订货量,也就是说供应链分散决策情况下,供应链的整体利润下降。这种情况就是一种双重边际效应[6]。

在集中决策模式下,零售商的订货量比在分散决策模式下多,说明在没有协调的分散决策模式下,零售商为了减少不确定的市场需求的影响倾向于订购较少的产品,以降低市场需求低于预测值造成大量产品积压的风险;制造商相应地为了满足零售商的订单要求,由于自身产量也是不确定的,所以倾向订购的原材料也比在集中决策模式下的少。制造商的订货量是根据零售商发出的订单决定的,并不是根据市场需求决定的,其生产决策与最终的需求量没有直接的关系,在一定程度上也不利于产品的生产供应。

综上所述,集中决策模式下供应链能实现更高的利润水平,而制造商和零售商都是独立的个体,为了使他们在分散决策模式下得到的总利润达到与在集中决策模式下一样的水平,有必要设定一定的协调机制,以提高在生产和需求都不确定情况下的供应链整体效益,与此同时制造商和供应商都应该得到比在分散模式下更多的利润,这样的协调机制才能激励制造商和零售商都遵守契约,形成良好的合作关系。

4.3 基于回购契约的供应链协调

这里的回购契约与上一章一样,制造商提供给零售商一定的批发价,为鼓励零售商多订货,制造商对零售商季末未销售的货物进行一定的补偿,回购契约的形式与上一章相同,下面讨论在生产和需求都不确定下的回购契约参数,假设回收的价格为 η,满足 $0<v+\eta<w$,此时制造商和零售商的期望利润分别为

$$\Pi_m^b(L) = wQ - sE[(Q-yL)^+] - cL - \eta E[(Q-x)^+] \quad (4.16)$$

$$\Pi_r^b(Q) = pE[\min(Q,x)] - wQ + (v+\eta)E[(Q-x)^+] - gE[(x-Q)^+] \quad (4.17)$$

$$\Pi_m^b(L) + \Pi_r^b(Q) = \Pi_{sc}(Q,L)$$

为求得在回购契约下关于 Q 的最优解,对 Q 进行求导如下

$$\frac{\partial \Pi_r^b(Q)}{\partial Q} = p - w + g - (p - \eta - v + g)F(Q)$$

$$\frac{d^2 \Pi_r^b(Q)}{dQ^2} = -(p - \eta - v + g)f(Q) < 0$$

所以可知 $\prod_r^b(Q)$ 存在唯一的最优解 $Q_r^{b*} = F^{-1}\left(\dfrac{p-w+g}{p-\eta-v+g}\right)$ 使得 $\prod_r^b(Q)$ 最大。为了实现整个供应链的全局最优化，制造商的订购量应该与集中决策下的供应链系统最优订购量一致，即 $Q_{sc}^* = Q_r^{b*}$。所以有

$$F^{-1}\left(\frac{p+g-s\int_A^{\varepsilon_{sc}^*} g(y)\mathrm{d}y}{p-v+g}\right) = F^{-1}\left(\frac{p-w+g}{p-\eta-v+g}\right) \qquad (4.18)$$

又因为 $F(x)$ 是一个单调递增的函数，所以

$$\frac{p+g-s\int_A^{\varepsilon_{sc}^*} g(y)\mathrm{d}y}{p-v+g} = \frac{p-w+g}{p-\eta-v+g}$$

得出

$$\eta = \frac{(p-v+g)\left[w-s\int_A^{\varepsilon_{sc}^*} g(y)\mathrm{d}y\right]}{p+g-s\int_A^{\varepsilon_{sc}^*} g(y)\mathrm{d}y}$$

由 $v<w<p$ 和 $w>s\int_A^{\varepsilon_{sc}^*} g(y)$ 可证 $\eta>0$。

根据斯坦伯格博弈模型，制造商是领导者，零售商是跟随者，将 Q_r^{b*} 代入公式 (4.16) 并对 L 求导得

$$\frac{\mathrm{d}\prod_m^b(L)}{\mathrm{d}L} = s\int_A^{Q_r^{b*}/L} yg(y)\mathrm{d}y - c$$

$$\frac{\mathrm{d}^2\prod_m^b(L)}{\mathrm{d}L^2} = -Q_r^{b*2}\frac{s}{L^3}g\left(\frac{Q_r^{b*}}{L}\right)<0$$

同理可证，存在唯一的 L_m^{b*}，当 L_m^{b*} 满足 $\dfrac{Q_{sc}^*}{L_{sc}^*} = \dfrac{Q_r^{b*}}{L_m^{b*}} = \varepsilon_{sc}^*$ 时，$s\int_A^{Q_r^{b*}/L_m^{b*}} yg(y)\mathrm{d}y - c$，此时 $\prod_m^b(L)$ 最大。根据 Q_r^{b*} 和 L_m^{b*} 可得制造商和零售商的最大利润分别为

$$\prod_m^{b*} = \prod_m^b(L_m^{b*}) = (p-v-\eta+g)\int_0^{Q_{sc}^*} xf(x)\mathrm{d}x - g\mu \qquad (4.19)$$

$$\prod_r^{b*} = \prod_r^b(Q_r^{b*}) = \eta\int_0^{Q_{sc}^*} xf(x)\mathrm{d}x \qquad (4.20)$$

通过公式 (4.19) 和 (4.20) 可以证得 $\prod_m^{b*} + \prod_r^{b*} = \prod_{sc}^*$。所以回购契约能使制

造商和零售商作出符合供应链整体利益最大化的决策,并获取相应的利润,但此时制造商和零售商未必能够遵守契约,只有当制造商和零售商在实行回购契约的基础上都能够获得比在分散决策时的利润多的情况下,他们才愿意按照契约实行相应的回购政策。

4.4 基于信用支付的联合契约协调

传统的收益共享契约通常规定零售商将在销售期结束时给予制造商一定比例的销售收入,制造商承诺给予零售商较低的批发价格,以激励零售商订购更多商品。因此,批发价格往往会低于生产成本。当制造商对未来销售的期望值较低时,他们通常不愿意低于生产成本销售。因此,本章建立了考虑制造商和零售商长期合作的联合契约机制。零售商可以在订购时向制造商支付部分货款。然后,零售商将以数量折扣支付剩余款项,并最终将一定比例的收入分享给制造商。

假设制造商和零售商之间 $R(F,r,\phi)$ 基于信用支付的联合契约结合了收益共享契约和数量折扣契约。假设单个时期的数量折扣率为 r,r 为一个常数,由制造商确定。

基于以上假设,当零售商订货量为 Q 时,市场期望销售量 $S(Q)$、期望缺货量 $L(Q)$、期望剩余量 $I(Q)$ 分别为

期望销售量:$S(Q) = E\min(x,Q) = \int_0^\infty (x \wedge Q)f(x)\mathrm{d}x = Q - \int_0^Q F(x)\mathrm{d}x$

期望缺货量:$L(Q) = E(x-Q)^+ = \mu - S(Q)$

期望剩余量:$I(Q) = E(Q-x)^+ = Q - S(Q)$

零售商和制造商的利润函数表示为

$$\prod_r^{RS}(Q) = (1-\phi)[pS(Q) + vI(Q) - gL(Q)] - \frac{wQ-F}{1+r} - F \tag{4.21}$$

$$\prod_m^{RS}(Q) = \phi[pS(Q) + vI(Q) - gL(Q)] + \frac{wQ-F}{1+r} + F - sE[(Q-yL)^+] - cL \tag{4.22}$$

供应链系统的总利润函数保持不变,我们可以得到

$$\prod_{sc}(Q,L) = \prod_r^{RS}(Q) + \prod_m^{RS}(L)$$

为了在协调机制下获得供应链的最优订单数量,对 $\prod_r^{RS}(Q)$ 进行求导:

$$\frac{\mathrm{d}\prod_r^{RS}(Q)}{\mathrm{d}Q} = (1-\phi)(p-v+g)[1-F(Q)] + (1-\phi)v - \frac{w}{1+r}$$

$$\frac{\mathrm{d}^2 \prod_r^{RS}(Q)}{\mathrm{d}^2 Q} = -(1-\phi)(p-v+g)f(Q) < 0$$

因此,有一个特定值的 Q_r^{RS} 使得 $\frac{\mathrm{d}\prod_r^{RS}(Q)}{\mathrm{d}Q} = 0$。零售商在联合契约下的最优决策如下:

$$Q_r^{RS*} = F^{-1}\left[\frac{(1-\phi)(p+g) - \frac{w}{1+r}}{(1-\phi)(p-v+g)}\right] \tag{4.23}$$

联合契约必须满足下的以下关系:

$$\frac{(1-\phi)(p+g) - \frac{w}{1+r}}{(1-\phi)(p-v+g)} = \frac{p+g - s\int_A^{\varepsilon_{sc}^*} g(y)\mathrm{d}y}{p-v+g}$$

将 Q_r^{RS*} 代入公式 $\prod_m^{RS}(L)$,我们可以得到

$$\frac{\mathrm{d}\prod_m^{RS}(L)}{\mathrm{d}L} = s\int_A^{\varepsilon} yg(y)\mathrm{d}y - c = 0$$

公式可推导为 $w = (1-\phi)(1+r)s\int_A^{\varepsilon_{sc}^*} g(y)\mathrm{d}y$ 和 $\varepsilon = \varepsilon_{sc}^* = \frac{Q_{sc}^*}{L_{sc}^*}$,可以得到

$$\prod_r^{RS*} = (1-\phi)\prod_{sc}^* + R(F, r, \phi)$$
$$\prod_m^{RS*} = \phi\prod_{sc}^* - R(F, r, \phi)$$

$R(\phi, r) = (1-\phi)\left[c - s\int_A^{\varepsilon_{sc}^*} yg(y)\mathrm{d}y\right]L_{sc}^* - Fr/(1+r)$ 作为常数,此时 $\prod_r^{RS*} + \prod_m^{RS*} = \prod_{sc}^*$。因此,联合契约可以协调供应链,制造商和零售商通过协调作出生产和订购的最优决策,以使整个供应链的利润最大化。如今,随着电子商务的发展,信用支付日益成熟,其中大量的无息贷款和小额贷款屡见不鲜。付款方式逐渐从原来的全额付款转变为分期付款。当前经济中的许多行业对受疫情影响的未来销售前景和预期变得非常谨慎。制造商被大量库存占据,零售商的资本周转效率低下。面对这样的困境,本章提出了联合契约 $R(F, r, \phi)$ 来解决这一问题。零售商使用少量资金来获得充足的商品供应,以解决资金周转的困境。零售商支付商品,并在销售结束时与制造商分享一定比例的销售利润,从而与制造商分享风险和利润。当市场销售预期不好时,制造商可以通过提高数量折扣比率来提高批发价格,以确保合作,相反,制造商可以提高收益共享比率来降低批发价格,从而鼓励零售商订购更多商品。

4.5 二级市场对生产不确定的供应链的影响

4.5.1 二级市场对生产决策的影响

根据之前的分析,制造商的最优生产决策和零售商的最优订货决策的比值与制造商的生产成本、二级市场的价格之间的关系如下:

$$\frac{Q_{sc}^*}{L_{sc}^*}=\frac{Q_r^*}{L_m^*}=\varepsilon^*$$

$$\int_A^{\varepsilon^*} yg(y)\mathrm{d}y = \frac{c}{s}$$

可以看出,零售商的最优订货决策 Q 和制造商的最优生产决策 L 的比值只与 c 和 s 有关,为了研究它们的比值与 c 和 s 之间的关系,分别求出 ε 对 c 和 s 的一阶偏导函数:

$$\frac{\partial \varepsilon}{\partial c}=\frac{\varepsilon g(\varepsilon)}{s} \quad (4.24)$$

$$\frac{\partial \varepsilon}{\partial s}=-\frac{c}{s^2 \varepsilon g(\varepsilon)} \quad (4.25)$$

由公式(4.24)可知 $\frac{\partial \varepsilon}{\partial c}>0$,即零售商的最优订货决策 Q 和制造商的最优生产决策 L 的比值 ε 随着制造商生产成本 c 增大而增大。由公式(4.25)可知 $\frac{\partial \varepsilon}{\partial s}<0$,即零售商的最优订货决策 Q 和制造商的最优生产决策 L 的比值 ε 随着二级市场价格 s 增大而减少。零售商的订货决策是根据对市场需求的预测决定的,并且在本章假设中提到只有制造商才能进入二级市场,并且保证给零售商提供足够多的货源。所以零售商的订货决策与二级市场的价格无关,当二级市场价格不变,而制造商的生产成本增加时,制造商对原材料的订货量减少;当制造商的生产成本不变,在二级市场的价格增大时,制造商对原材料的订货量也增大。这结论也是符合现实情况的,在现实生活中,制造商自己的生产成本增加时,为了减少生产不确定性造成的风险,制造商将通过减少原材料的订货量来减少一定的生产量,确保自己的利润最大化;当制造商进入二级市场进行采购的价格增大时,为了减少在二级市场的采购量并且保证满足零售商的订货量,制造商会尽量多生产,进而订购更多的原材料,以降低因生产不确定要从二级市场补货的潜在风险损失。

4.5.2 二级市场对利润的影响

由公式(4.15)可知,在分散决策模式下,制造商所得到的最大利润值为 $\left[w_m^* - s\int_A^{\varepsilon_{sc}^*} g(y)\mathrm{d}y\right]Q_r^*$,可以发现制造商得到的批发利润除了减去制造成本之外,还减去了一个与制造商从二级市场进行补货的价格有关的成本,这里称之为 L_ε 成本,令 $L_\varepsilon = sG(\varepsilon)$,其中 ε 只与 c 和 s 有关,笔者接下来研究 L_ε 成本与二级市场价格 s 之间的关系,说明二级市场价格 s 对于制造商利润的影响,进而对整个供应链的影响。

$$L_\varepsilon = sG(\varepsilon) = s\int_A^\varepsilon g(y)\mathrm{d}y \tag{4.26}$$

对公式(4.26)求导得

$$\frac{\mathrm{d}L_\varepsilon}{\mathrm{d}s} = G(\varepsilon) + sg(\varepsilon)\frac{\mathrm{d}\varepsilon}{\mathrm{d}s} = G(\varepsilon) + sg(\varepsilon)\left[-\frac{c}{s^2\varepsilon g(\varepsilon)}\right] \tag{4.27}$$

通过 $\int_A^{\varepsilon_{sc}^*} g(y)\mathrm{d}y = \frac{c}{s}$,可以推导出

$$\frac{\mathrm{d}L_\varepsilon}{\mathrm{d}s} = \frac{1}{\varepsilon}\left[\varepsilon G(\varepsilon) - \frac{c}{s}\right] = \frac{1}{\varepsilon}s\int_A^\varepsilon (\varepsilon-y)g(y)\mathrm{d}y \tag{4.28}$$

因为 $\varepsilon > y$,所以 $\frac{\mathrm{d}L_\varepsilon}{\mathrm{d}s} > 0$,由此可知随着二级市场价格 s 增加,制造商的 L_ε 成本也增加,制造商的利润降低,又因为零售商的订购决策与 s 无关,所以随着二级市场价格 s 增加,整个供应链的利润下降。

因为制造商的产量不确定,当制造商产量不能达到零售商的订单时,制造商为了满足零售商的需求从第二市场进行补货,如果制造商的产量是确定的,制造商完全可以按照零售商的订单直接生产定量的产品,从而避免从第二市场补货,所以从二级市场补货实际上造成了一定的潜在损失,可以说这种潜在损失是由于生产不确定造成的,并且二级市场的价格越大,生产不确定带来的潜在损失越大,即生产不确定的风险增加。

4.5.3 二级市场对回购契约协调的影响

上文确定了回购契约参数 $\eta = \dfrac{(p-v+g)\left[w - s\int_A^{\varepsilon_{sc}^*} g(y)\mathrm{d}y\right]}{p+g-s\int_A^{\varepsilon_{sc}^*} g(y)\mathrm{d}y}$,前面设定制造

商从二级市场订货的潜在损失为 L_ε，为研究二级市场对回购契约协调的影响，令 $\eta = \dfrac{(p-v+g)(w-L_\varepsilon)}{p+g-L_\varepsilon}$，对 η 进行求导，可以得出

$$\frac{\mathrm{d}\eta}{\mathrm{d}s} = -\frac{(p-v+g)(p-w+g)}{(p+g-L_\varepsilon)^2}\frac{\mathrm{d}L_\varepsilon}{\mathrm{d}s}$$

由公式(4.27)可知 $\dfrac{\mathrm{d}L_\varepsilon}{\mathrm{d}s}>0$，又 $p>w>v$，所以 $\dfrac{\mathrm{d}\eta}{\mathrm{d}s}<0$，说明回购契约参数随着二级市场的价格增大而减小。前面证明当二级市场的价格增大时，生产不确定的风险增加。也就是说，当制造商生产不确定的风险增大时，将会降低回购契约参数，这样将生产不确定的风险转移一部分给零售商，最终整个供应链仍能达到系统最优。这个结论进一步证明了供应链协调实际上是供应链各节点成员进行风险重新分担的过程，二级市场价格的增大对于供应链来说是外来风险，对供应链的协调起到一定的影响作用，但是本章的回购契约对于这种风险具有一定的适应性，制造商通过调整回购契约参数，仍能使整个供应链得到最大利润。

4.6 纳什讨价还价分析

前文采用回购契约制定回收价格的契约参数，使得经过回购契约协调后分散决策模式下整个供应链的利润仍能达到系统最优的水平。现在以回购契约为例，通过纳什讨价还价分析讨论制造商和零售商的利益分配问题，在本章建立的分散决策模型中，制造商和零售商只通过批发进行利润的转移，所以供应链利润如何在制造商和零售商之间进行分配只与 w 有关，在这里，批发价 w 将不再只是由制造商决定，而是通过制造商和零售商进行讨价还价决定。

由以上可知这条供应链能够实现与集体决策模式下一样的效益，在此基础上我们只需讨论制造商和零售商如何分配供应链利润的问题，通过图 4.1 可以看出，制造商和零售商之间利润的分配决定于批售价格，即 w，我们接下来讨论如何设定 w 使制造商和零售商都获益，达到一个双赢的局面，制造商和零售商由于合作获得的额外利润可以表示为

$$\Delta\Pi_m = \Pi_m^{b*} - \Pi_m^* = (p-v-\eta+g)\int_0^{Q_{sc}^*} xf(x)\mathrm{d}x - g\mu - \Pi_m^* = -\eta A + D \quad (4.29)$$

$$\Delta\Pi_r = \Pi_r^{b*} - \Pi_r^* = \eta\int_0^{Q_{sc}^*} xf(x)\mathrm{d}x - \Pi_r^* = \eta A - B \quad (4.30)$$

$$\Delta\Pi = \Delta\Pi_m + \Delta\Pi_r = \Pi_{sc}^* - (\Pi_m^* + \Pi_r^*) = D - B$$

式中，$A = \int_0^{Q_{sc}^*} xf(x)\mathrm{d}x > 0, D = (p-v+g)\int_0^{Q_{sc}^*} xf(x)\mathrm{d}x - g\mu - \Pi_m^* = \Pi_{sc}^* - \Pi_m^* > 0, B = (p-v+g)\int_0^{Q_{sc}^*} xf(x)\mathrm{d}x - g\mu = \Pi_r^* > 0$。

通过公式(4.29)、(4.30)可以看出当 $\eta = \dfrac{D}{A}$ 时，$\Delta\Pi_m = 0$，此时制造商可以获得的额外利润最大，当 $\eta = \dfrac{B}{A}$ 时，$\Delta\Pi_r = 0$，此时零售商可以获得的额外利润最大。因为 $\eta = \dfrac{(p-v+g)[w-sG(\varepsilon)]}{p+g-sG(\varepsilon)}$，所以对 w 的取值决定 η 到 $\dfrac{D}{A}$ 和 $\dfrac{B}{A}$ 的距离，当 η 越接近 $\dfrac{D}{A}$，制造商获得的额外利润越大，当 η 越接近 $\dfrac{B}{A}$，零售商获得的额外利润越大。本章采用纳什讨价还价的方法设定 w 值，根据纳什讨价还价理论求得 w 的可行解。假设制造商和零售商的效用函数为

$$u_m(w) = \Delta\Pi_m^{\lambda_m}, u_r(w) = \Delta\Pi_r^{\lambda_r}$$

式中，λ_m 和 λ_r 代表制造商和零售商对于风险的态度。为求得纳什讨价还价解，使制造商和零售商，以及整个供应链的效益达到最大，求 w 使得

$$\max N(w) = (\Pi_m^{b*} - \Pi_m^*)^{\lambda_m}(\Pi_r^{b*} - \Pi_r^*)^{\lambda_r} = [-\eta A + D]^{\lambda_m}[\eta A - B]^{\lambda_r}$$

通过 $\dfrac{\mathrm{d}N(w)}{\mathrm{d}w} = 0$ 可以求得

$$w = \dfrac{(\lambda_m B + \lambda_r D)[p+g-sG(\varepsilon)]}{A(\lambda_m + \lambda_r)(p-v+g)} + sG(\varepsilon), \eta = \dfrac{\lambda_m B + \lambda_r D}{A(\lambda_m + \lambda_r)}$$

此时 $\Delta\Pi_m = D - \dfrac{\lambda_m B + \lambda_r D}{\lambda_m + \lambda_r}, \Delta\Pi_r = \dfrac{\lambda_m B + \lambda_r D}{\lambda_m + \lambda_r} - B$。

4.7 数值仿真

本节将引入算例，为数学模型的参数设置特定的数值，为制造商和零售商的决策建立特定的经济环境，从而更直观地展现研究问题及其结论。假设生产不确定系数服从一个均匀分布，给定相应的参数，基本参数值如表 4.1 所示。在协调过程中，假设制造商和供应商都是风险中性的，即 $\lambda_m = \lambda_r = 1$，即期望效用等于利益。根据前文的数学推导进行计算得到在生产和需求都不确定的环境下，集中模式、分散

无协调模式、分散协调模式下,供应链的生产决策、订购决策、协调参数以及相应的利润。

表4.1 数值假设

参数	p	s	c	g	v	μ_1	σ_1	μ_2	σ_2
数值	18	12	3	1	2	10 000	10 000	0.5	0.083

1. 需求不确定性对供应链的影响

表4.2和图4.2为集中模式、分散无协调模式、分散协调模型下相应的供应链及供应链各成员的利润,可以看出随着需求不确定性增大,所有的利润值都会下降,因为零售商和制造商都没有从整体利益的角度出发,所以供应链得到的总利润比分散模式下的少,这就是前文所讲的双重边际效应。为此本章进行了供应链协调,从图中可以看到协调之后的利润走势,可以发现经过协调之后的分散模式所得到的整体利润达到集中决策模式下的效益,并且制造商和零售商所得到的利润都比分散没有协调情况下的多,制造商和零售商为了多得的那部分利益会进行合作,这种协调机制使供应链产生一个共赢的局面。

表4.2 需求标准差变化对供应链系统的影响

需求标准差	集中模式			分散无协调模式				
	订购量	原材料进购量	供应链总利润	订购量	原材料进购量	制造商利润	零售商利润	供应链总利润
5 000	11 508	16 275	63 466	6 335	8 960	41 649	4 206	45 855
5 500	11 659	16 488	60 779	6 320	8 938	39 408	4 246	43 654
6 000	11 809	16 701	58 286	6 322	8 941	37 463	4 190	41 653
6 500	11 960	16 914	55 989	6 336	8 960	35 764	4 059	39 823
7 000	12 111	17 128	53 880	6 361	8 996	34 272	3 892	38 164
7 500	12 262	17 341	51 949	6 393	9 041	32 955	3 695	36 650
8 000	12 413	17 554	50 183	6 433	9 097	31 788	3 489	35 277
8 500	12 563	17 767	48 569	6 477	9 160	30 748	3 279	34 026
9 000	12 714	17 981	47 093	6 526	9 229	29 817	3 070	32 887
9 500	12 865	18 194	45 742	6 578	9 303	28 982	2 868	31 849
10 000	13 016	18 407	44 506	6 633	9 381	28 229	2 671	30 900

续表4.2

需求标准差	集中模式			分散无协调模式				
	订购量	原材料进购量	供应链总利润	订购量	原材料进购量	制造商利润	零售商利润	供应链总利润
10 500	13 167	18 620	43 372	6 691	9 463	27 548	2 485	30 033
11 000	13 317	18 834	42 331	6 751	9 547	26 931	2 307	29 238
11 500	13 468	19 047	41 375	6 812	9 634	26 369	2 139	28 508
12 000	13 619	19 260	40 495	6 875	9 723	25 858	1 981	27 838
12 500	13 770	19 473	39 685	6 940	9 814	25 390	1 832	27 222
13 000	13 921	19 687	38 937	7 005	9 906	24 962	1 692	26 654
13 500	14 071	19 900	38 248	7 071	10 000	24 570	1 561	26 131
14 000	14 222	20 113	37 610	7 139	10 095	24 209	1 439	25 648

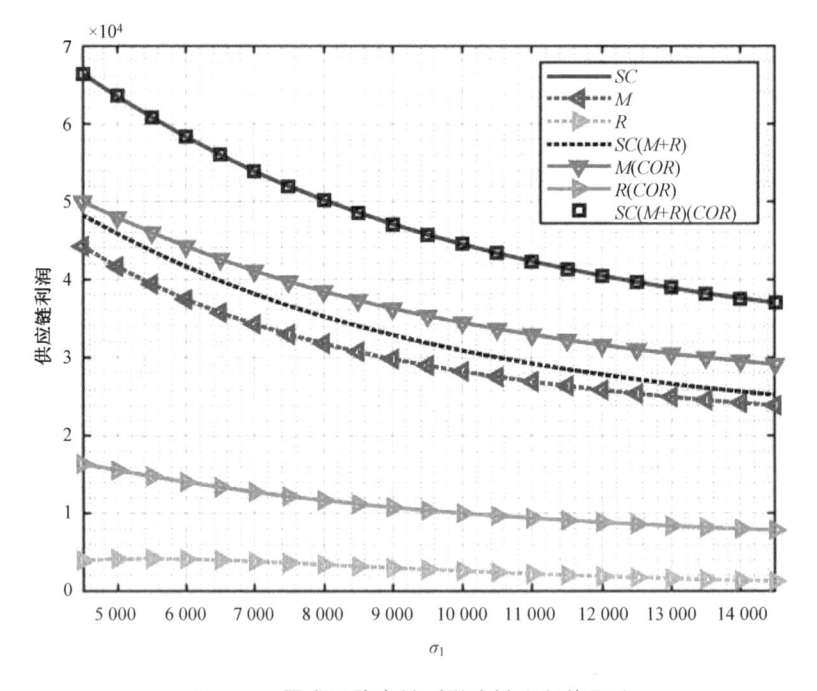

图 4.2 需求不确定性对供应链利润的影响

图 4.2 为需求标准差对供应链利润的影响。可以看出,在分散模式下,对于制造商而言,生产不确定环境使其损失更大,对于零售商而言,生产不确定性对其利润几乎没有影响,与之前理论证明符合,即制造商承担生产不确定性带来的风险,

零售商几乎没有分担生产不确定性带来的风险。

图 4.3 为需求标准差对制造商生产决策和零售商订购决策的影响。可以看出，在集中决策模式下，需求不确定性增加，零售商的订购量和制造商的原材料进购量都增加，在分散决策模式下，零售商的订购量和制造商的原材料进购量却随着需求不确定性增加而减少。说明在分散模式下，制造商和零售商都不愿意承担需求不确定性的风险，即使有可能销售期末会产生缺货，零售商衡量缺货损失和未销售产品残值的关系之后还是会降低订购量以确保自己的风险损失降到最低。制造商的原材料进购量是根据零售商的订购量决定的，所以随着需求不确定性增加，制造商的生产决策也与集中决策模式下相差得越来越大。

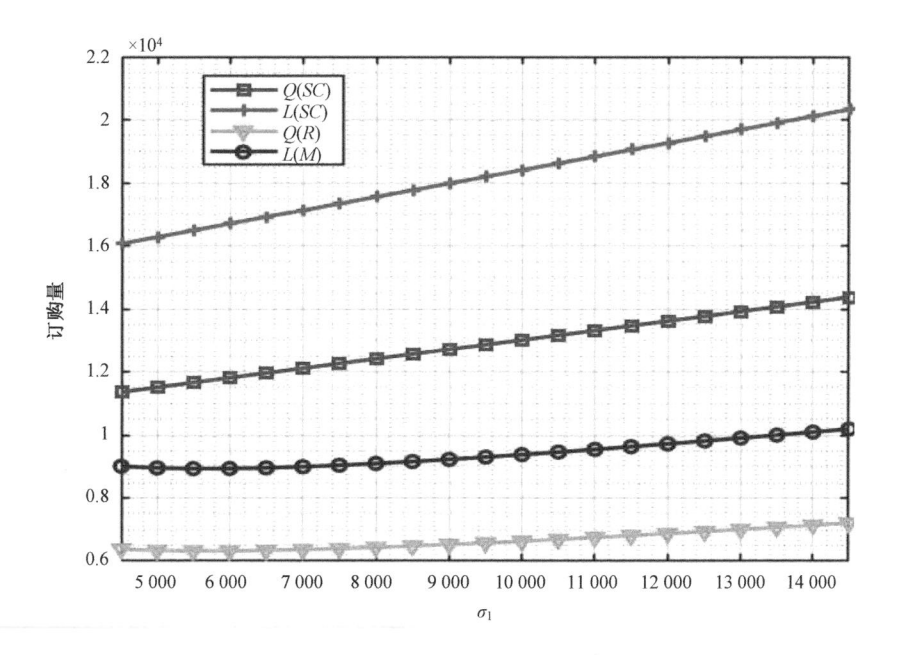

图 4.3 需求不确定性对订购量的影响

最优批发价格决策总是由制造商作出，显然批发价格无法协调供应链中的成员。通过观察图 4.4，在没有协调的分散模型中，随着需求不确定性的增加，最优批发价格首先快速下降，然后缓慢下降。其随着产量不确定性的增加而快速增加，然后缓慢增加。

需求不确定

生产不确定

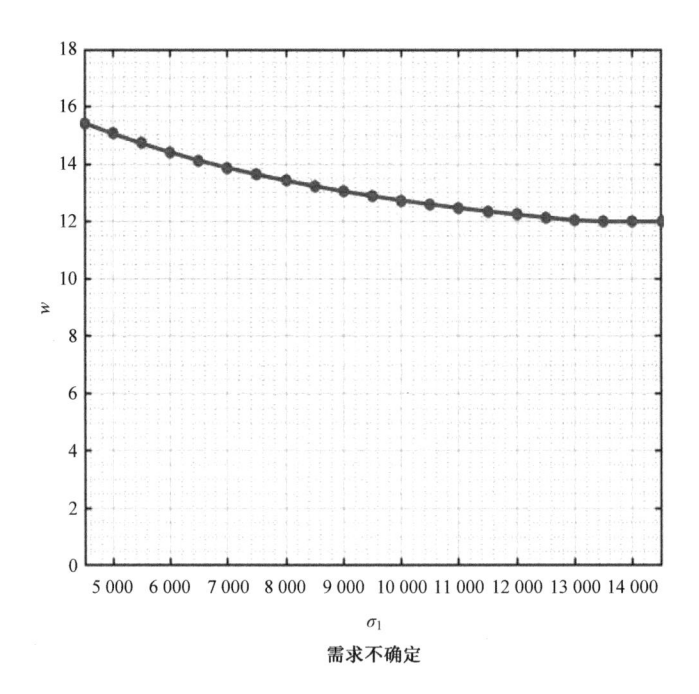

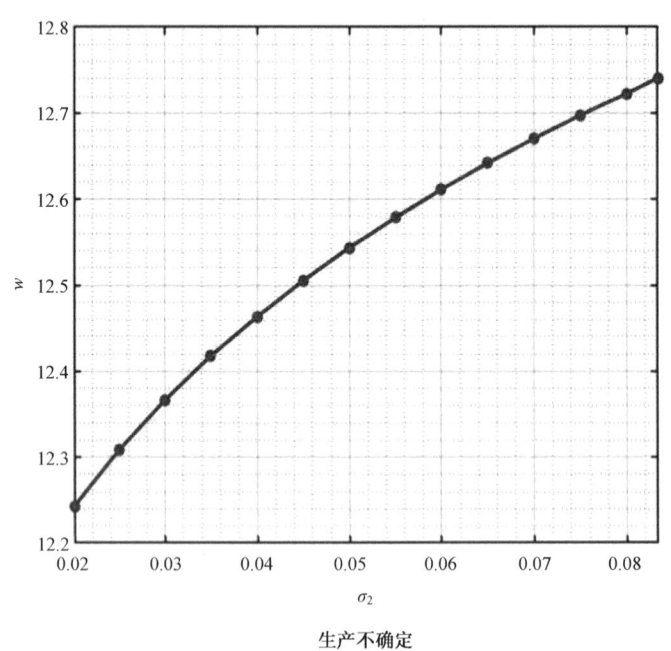

图 4.4　不确定性对批发价格决策的影响

图 4.5 为需求标准差对回购协调参数的影响。可以看出需求不确定性增大，

制造商给零售商的批发价和回购补贴都减小,说明制造商为了使零售商增加订货量(达到和集中模式下一样的订货水平),制造商愿意提供较小的批发价给零售商,与此同时为了防止零售商套现,回购系数也相应降低,说明通过回购契约制造商承担了部分需求不确定的风险。

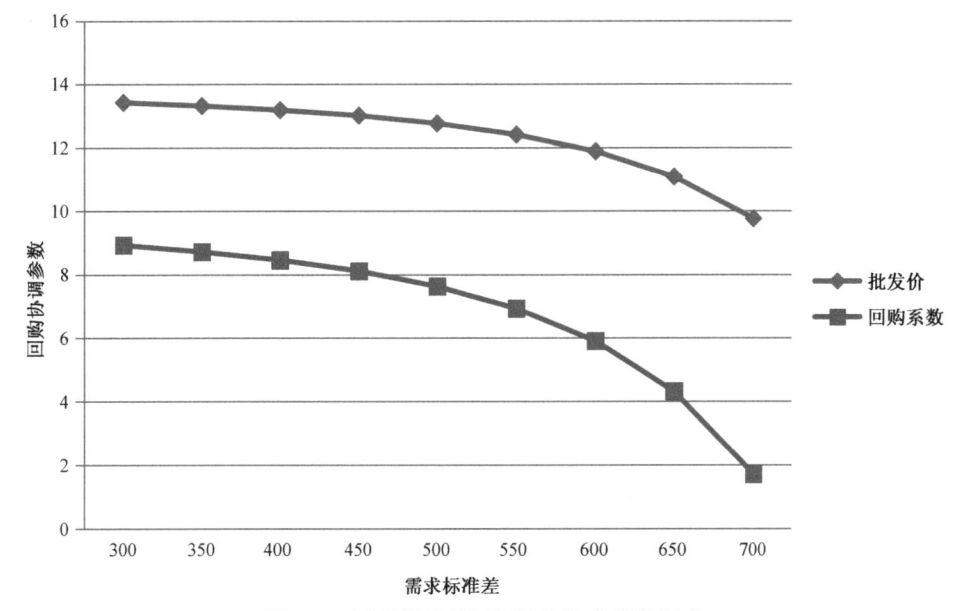

图 4.5 需求标准差对回购协调参数的影响

图 4.6 为生产和需求都不确定的环境下,需求不确定性增大对协调后利润增长百分比,其中利润增长百分比与上一节一样。可以看出产量不确定性不变而需求不确定性增大时,因为协调而使供应链增加的利润也增大。说明需求不确定性越大,供应链越需要协调。

2. 生产不确定性对供应链的影响

下面研究生产不确定性的大小对供应链的影响。假设需求期望和标准差分别为 $\mu_1 = 10\,000$,$\sigma_1 = 10\,000$,二级市场价格不变可以得到在生产和需求都不确定的环境下,集中模式、分散无协调模式、分散协调模式下,供应链的生产决策、订购决策以及相应的利润。

图 4.7、图 4.8、图 4.9 为生产不确定性大小对于供应链各方面的影响。图 4.7 为生产标准差对制造商生产决策和零售商订购决策的影响。可以看出,在集中决策模式下,生产不确定性增加,零售商的订购量和制造商的原材料进购量都减少,在分散决策模式下,制造商的原材料进购量随着需求不确定增加而减少,零售商的

订购量却不变。说明在集中模式下,制造商和零售商作为一个整体,为了共同抵御生产不确定性带来的风险,会降低订购量和原材料进购量。在分散模式下,制造商为了降低生产不确定性的风险,选择减少原材料进购量,货源不足可以去二级市场补货;因为制造商一定会满足零售商的订货要求,所以零售商的订购决策不会因为产量不确定性增大而改变。

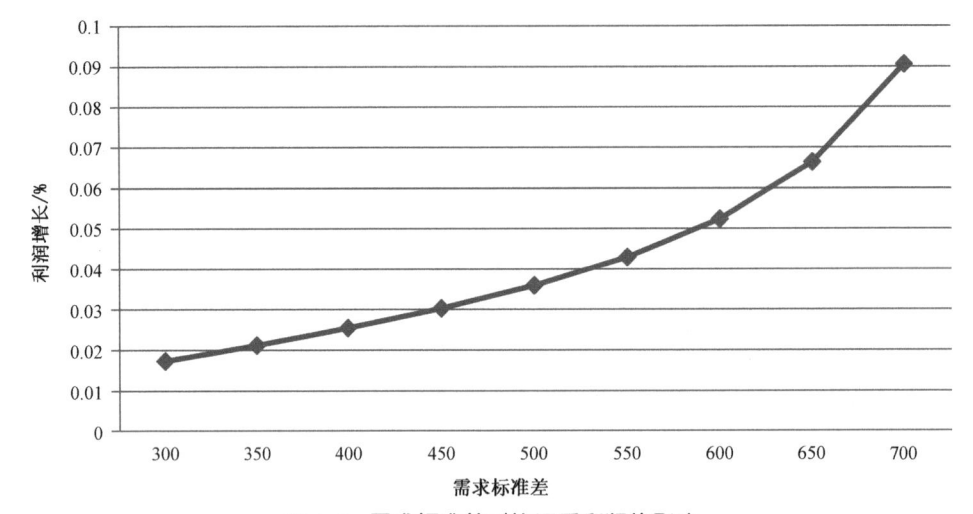

图 4.6 需求标准差对协调后利润的影响

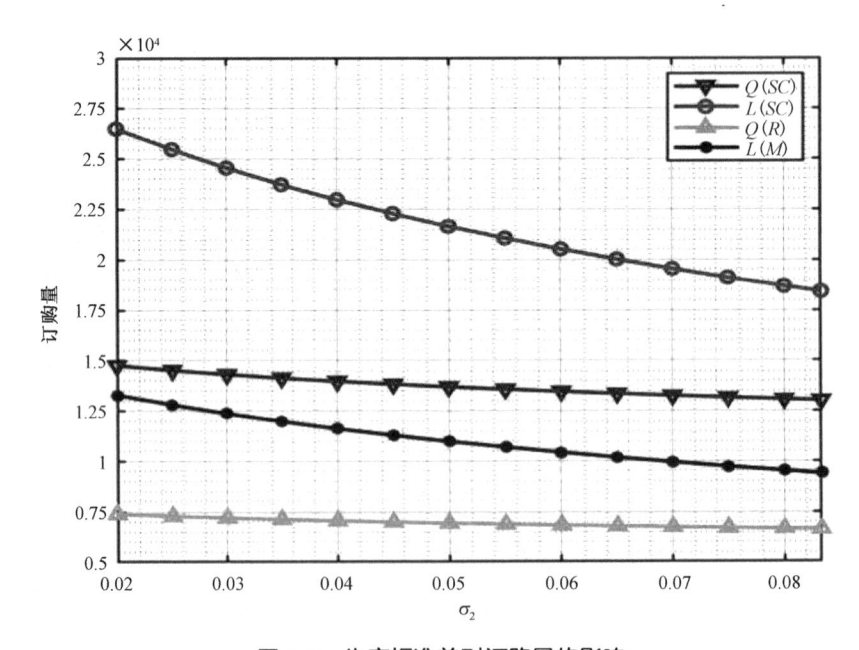

图 4.7 生产标准差对订购量的影响

图 4.8 为集中模式、分散无协调模式、分散协调模型下相应的供应链及供应链各成员的利润。与图 4.4 相似,可以看出随着生产不确定性增大,所有的利润值都会下降,经过协调之后的分散模式所得到的整体利润达到集中决策模式下的效益,并且制造商和零售商所得到的利润都比分散没有协调情况下的多,契约协调机制使供应链产生一个共赢的局面。另外可以发现生产不确定性增大,在分散决策模式下,不管有没有协调,零售商的利润几乎没有变化,说明制造商承担了所有生产不确定性的风险。

图 4.9 为分散协调模型下相应的协调参数随生产不确定增大而发生的变化。可以看出随着生产不确定性增大,制造商给零售商的批发价和回购补贴都会上升。说明制造商为了降低生产不确定性带来的风险,提高了批发价,将部分生产不确定性的风险转移给零售商,为了使零售商能够接受这个批发价,制造商承诺给零售商更高的回购补贴,也就是承担了零售商相应的需求不确定性的风险。

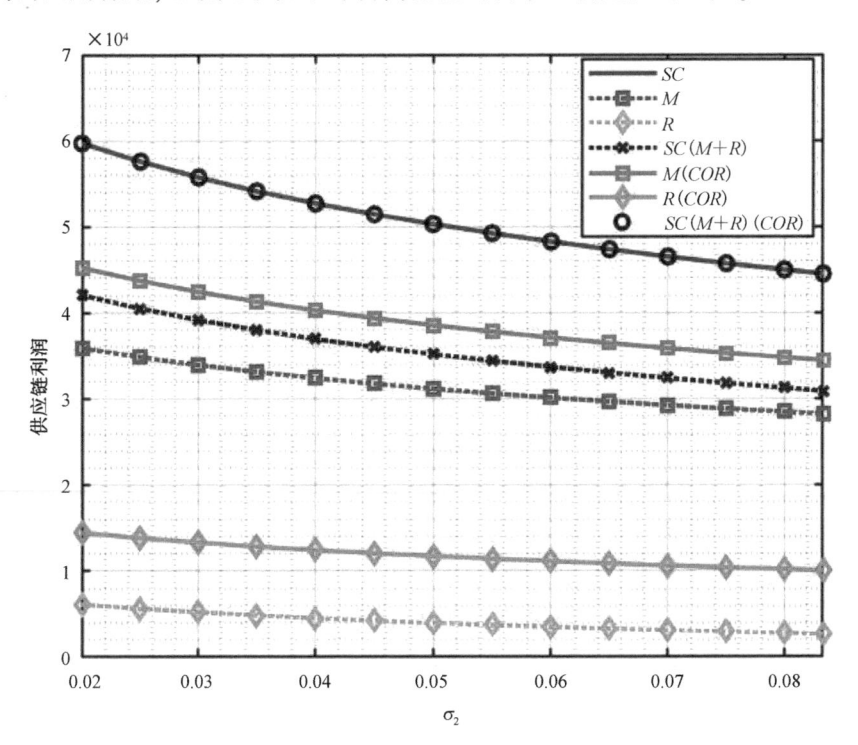

图 4.8　生产标准差对供应链利润的影响

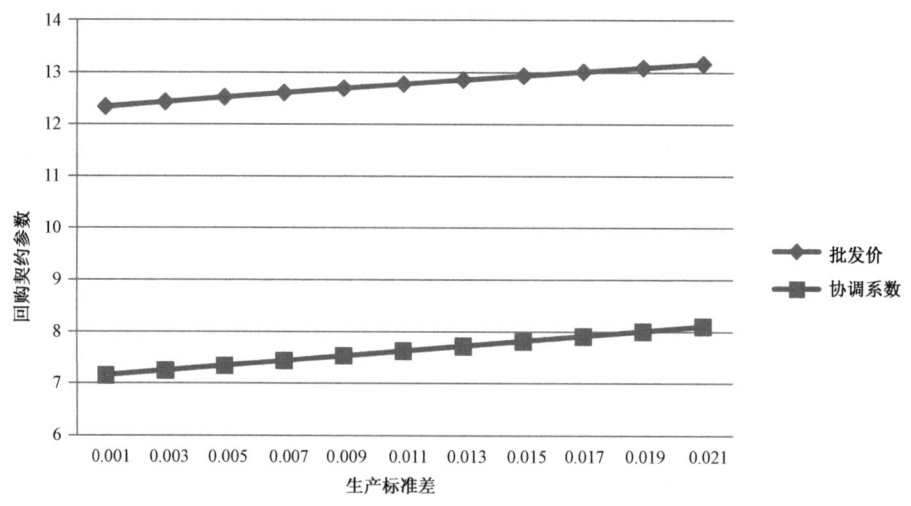

图4.9 生产标准差对回购契约参数的影响

3. 二级市场对供应链的影响

下面研究二级市场变动对供应链决策、利润以及协调的影响。假设需求期望和标准差分别为 $\mu=1\,200, \sigma=500$；生产不确定系数的期望值和标准差分别为 $\mu_1=0.65, \sigma_1=0.13$；二级市场价格在 9~14 之间，可以得到在生产和需求都不确定的环境下，集中模式、分散无协调模式、分散协调模式下，供应链的生产决策、订购决策以及相应的利润。

表4.3 二级市场价格对供应链系统的影响

s	集中决策			分散决策				
	订购量	原材料进购量	集中决策利润	订购量	原材料进购量	制造商利润	零售商利润	供应链总利润
9.0	1 221.72	1 603.12	5 402.45	1 029.65	1 351.09	2 326.89	2 866.06	5 192.95
9.4	1 216.32	1 619.97	5 323.70	1 029.65	1 371.35	2 260.43	2 866.06	5 126.49
10.0	1 208.74	1 643.74	5 213.59	1 029.65	1 400.21	2 166.99	2 866.06	5 033.05
10.5	1 202.84	1 662.30	5 128.44	1 029.65	1 422.96	2 094.29	2 866.06	4 960.35
11.0	1 197.28	1 679.83	5 048.65	1 029.65	1 444.64	2 025.83	2 866.06	4 891.89
11.5	1 192.04	1 696.42	4 973.70	1 029.65	1 465.32	1 961.22	2 866.06	4 827.28
12.0	1 187.08	1 712.15	4 903.16	1 029.65	1 485.08	1 900.13	2 866.06	4 766.19
12.5	1 182.38	1 727.08	4 836.62	1 029.65	1 503.99	1 842.26	2 866.06	4 708.32

续表4.3

s	集中决策			分散决策				
	订购量	原材料进购量	集中决策利润	订购量	原材料进购量	制造商利润	零售商利润	供应链总利润
13.0	1 177.92	1 741.28	4 773.75	1 029.65	1 522.10	1 787.35	2 866.06	4 653.41
13.5	1 173.69	1 754.81	4 714.24	1 029.65	1 539.46	1 735.18	2 866.06	4 601.24
14.0	1 169.65	1 767.70	4 657.81	1 029.65	1 556.13	1 685.52	2 866.06	4 551.58

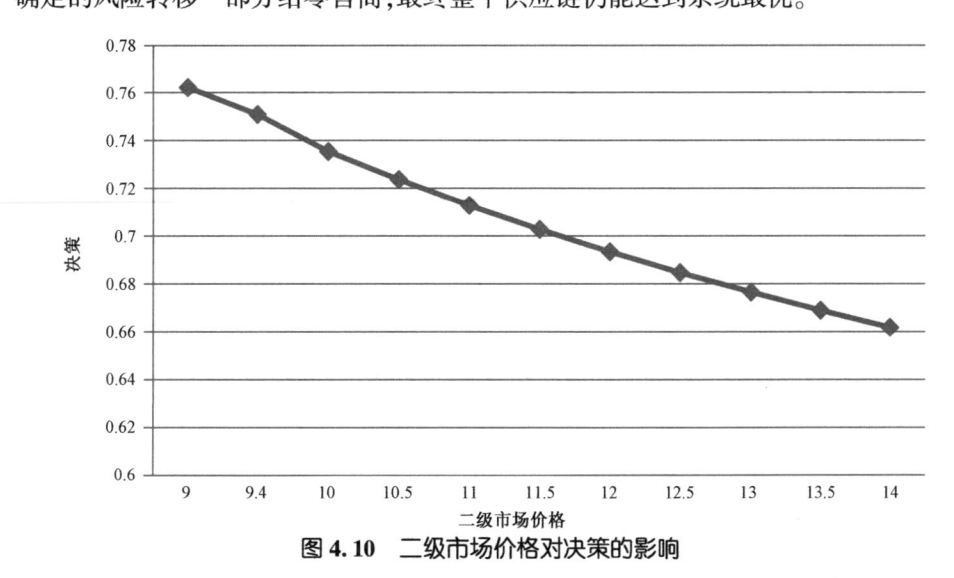

图4.10、图4.11、图4.12为二级市场价格对于供应链决策、利润和协调参数的影响，通过图4.10可以发现零售商的最优订货决策 Q 和制造商的最优生产决策 L 的比值 α 随着二级市场价格 s 增大而减少，这个结论与第4章模型推导的结论是相符合的。通过图4.11可以看出随着二级市场价格 s 增加，制造商利润和整个供应链的利润下降，零售商的利润不变，由上一节可知，分散无协调模式下零售商不承担生产不确定的风险，所以二级市场价格上升造成的潜在损失也完全由制造商承担，所以制造商的利润下降，供应链整体效益也随之下降。图4.12与4.3节对应，在未进行纳什讨价还价分析之前，w 为定值，协调参数随二级市场价格增大而变化的趋势如图所示，与前面理论证明结果一样，回购契约参数随着二级市场的价格增大而减小，也就是说当制造商自己生产不确定的风险增大时，将会降低回购契约参数，这样将生产不确定的风险转移一部分给零售商，最终整个供应链仍能达到系统最优。

图4.10 二级市场价格对决策的影响

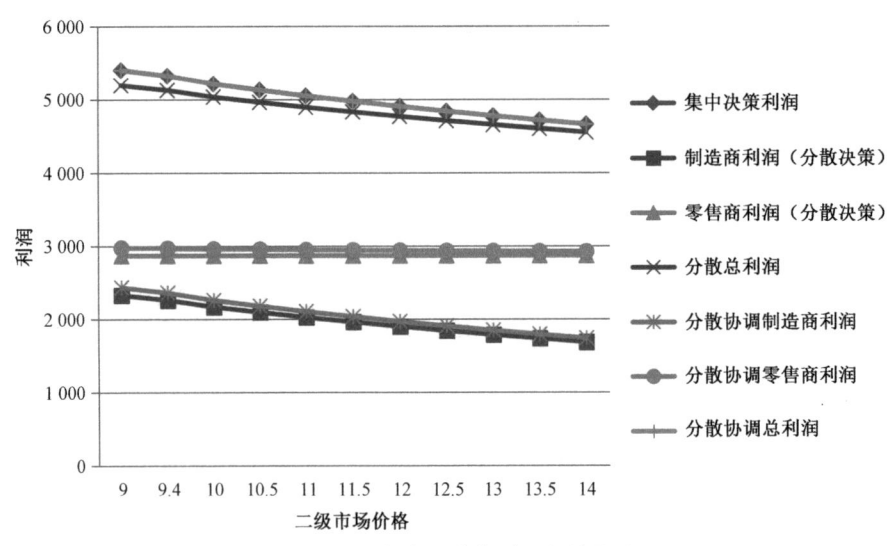

图 4.11 二级市场价格对利润的影响

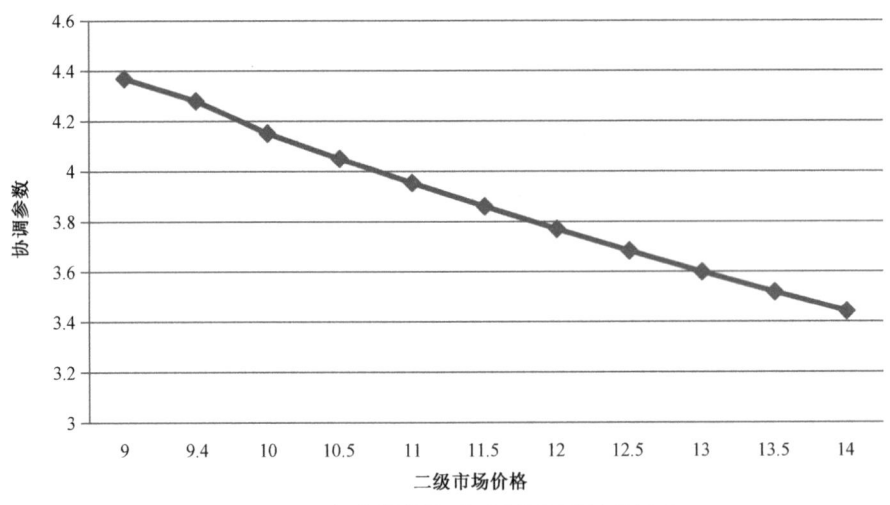

图 4.12 二级市场价格对回购协调参数的影响

4. 联合契约对供应链的影响

假设 $\sigma_1 = 10\,000, \sigma_2 = 0.083\,333$，通过观察图 4.13，在集中式模型中，在订单量 (Q) 和原材料投入量 (L) 的决定下，供应链的预期利润是一个光滑的曲面，因此存在一个唯一的 (Q, L) 来最大化供应链的期望利润。计算结果表明，当决策 ($Q = 13\,015, L = 18\,407$) 时，供应链的预期利润为 44 505，达到最大值。

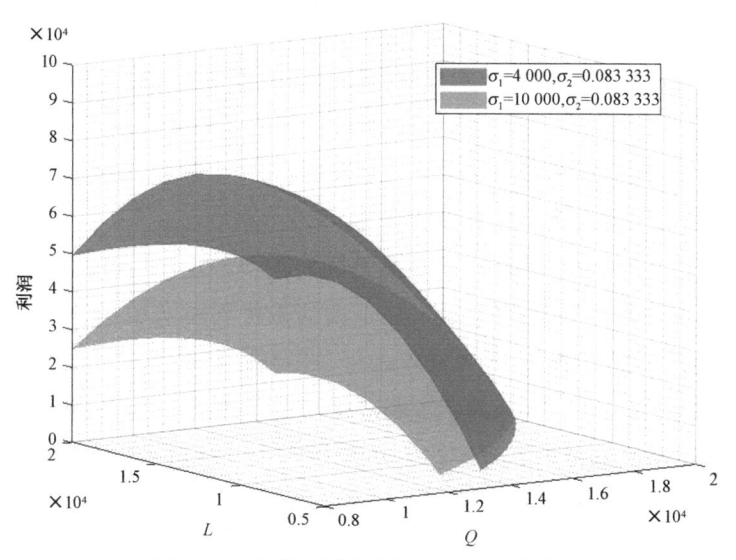

图 4.13 订购和投入决策下供应链的利润

通过联合契约 $R(F,r,\phi)$ ($F=10\,000$; $r=0.4$; $\phi=0.71$) 的协调,在分散模型中,制造商和零售商在订单数量(Q)和原材料投入数量(L)的决策下,制造商和零售商的预期利润都是光滑曲面(见图4.14),这表明它们都可以最大化自己的预期利润。当订单量(Q)和原材料投入量(L)的决策满足($Q=13\,015$, $L=18\,407$)时,制造商和零售商的预期利润同时达到最大,证明了联合契约能够确保制造商和零售商作出相同决策的可行性。

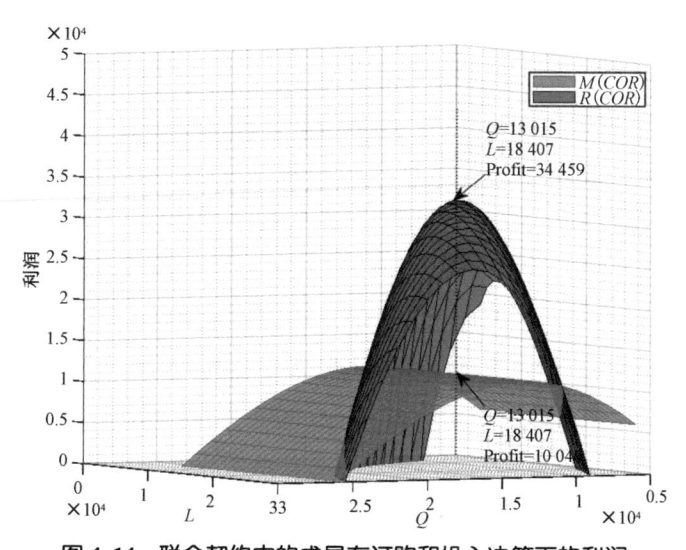

图 4.14 联合契约中的成员在订购和投入决策下的利润

考虑到零售商的资金有限,零售商一开始只需支付预付款。假设零售商的存款 $F=10\,000$。在收入分配系数和数量折扣系数的影响下,制造商和零售商获得的最佳利润如图4.15所示。为了建立一个基准,制造商和零售商在没有协调契约的情况下的最优利润在该基准内显示。可以发现,在一个领域,制造商和零售商在协调契约之后都比之前具有更高的最优利润。

假设数量折扣系数和零售商的存款是固定的,$r=0.4$,$F=10\,000$。从图4.16可以看出,随着收入分配系数的增加,制造商的最优利润增加,零售商的最优利润减少。它揭示了收入分配系数对制造商和零售商在联合契约下的最优利润的影响。为了便于研究,图4.16还显示了制造商和零售商在无协调的分散模型中的最优利润。如上所示,在具有联合契约的分散模型中,供应链可以实现与集中模型相同的最大利润。计算结果表明,当 $\phi \in (0.570\,076, 0.875\,779)$ 时,制造商和零售商都可以获得比以前更高的最优利润,这鼓励它们采用协调机制,ϕ 的值进一步取决于它们的议价能力。

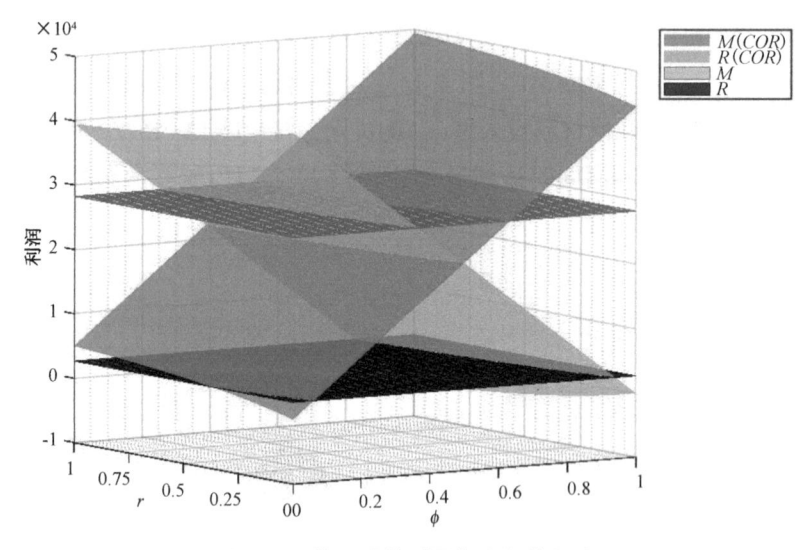

图4.15　协调系数对最优利润的影响

为了进一步研究,当 $r=0.4$,$F=10\,000$,$\phi \in (0.570\,076, 0.875\,779)$ 时,表4.4收集了不同条件下批发价格和相关利润的最优决策,结果表明,无协调的分散模型下的批发价格远高于联合契约中的批发价格。这是因为联合契约通过零售商的收入分成来换取制造商的低批发价格,以鼓励零售商订购更多的产品,从而实现供应链的最优订购量。在协调契约中,随着收入分配系数的降低,批发价格增加,但所有成员的利润都高于以前。当制造商的销售前景非常糟糕时,制造商可以与零售商协商,以获得高于成本的批发价格。

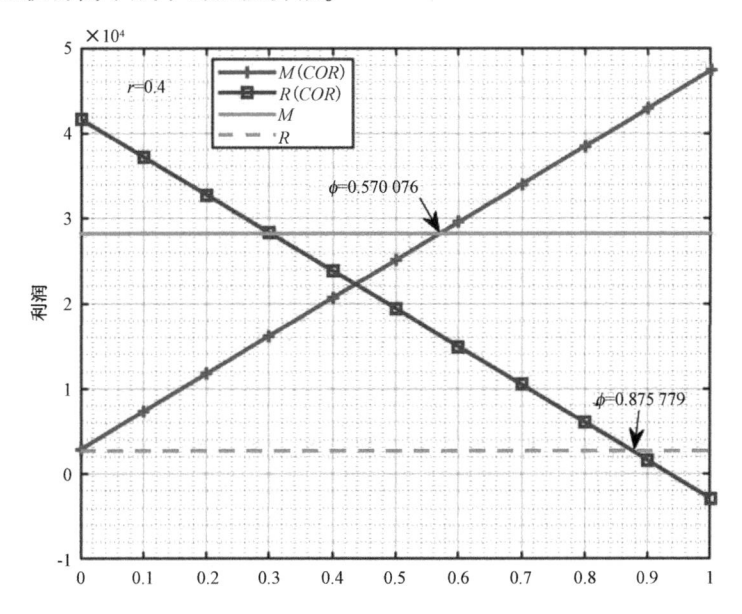

图4.16 收入分配系数对最优利润的影响

表4.4 不同条件下的利润和批发价格

利润/决策	ϕ	w	$R(COR)$	$M(COR)$	$R(COR)+M(COR)$
集中决策: $SC=44\,505.64$	0.57	5.11	16 276.90	28 228.74	44 505.64
	0.59	4.87	15 386.79	29 118.85	44 505.64
	0.61	4.63	14 496.68	30 008.97	44 505.64
	0.63	4.39	13 606.56	30 899.08	44 505.64
	0.65	4.16	12 716.45	31 789.19	44 505.64
分散决策: $R=2\,671.38$ $M=28\,228.74$ $w=12.740\,87$	0.67	3.92	11 826.34	32 679.30	44 505.64
	0.69	3.68	10 936.22	33 569.42	44 505.64
	0.71	3.44	10 046.11	34 459.53	44 505.64
	0.73	3.21	9 156.00	35 349.64	44 505.64
	0.75	2.97	8 265.89	36 239.76	44 505.64
	0.77	2.73	7 375.77	37 129.87	44 505.64
	0.79	2.49	6 485.66	38 019.98	44 505.64

75

续表4.4

利润/决策	ϕ	w	$R(COR)$	$M(COR)$	$R(COR)+M(COR)$
分散决策:	0.81	2.26	5 595.55	38 910.09	44 505.64
$R=2\,671.38$	0.83	2.02	4 705.43	39 800.21	44 505.64
$M=28\,228.74$	0.85	1.78	3 815.32	40 690.32	44 505.64
$w=12.740\,87$	0.87	1.54	2 925.21	41 580.43	44 505.64

为了研究协调契约中数量折扣系数对最优利润的影响,对制造商和零售商在两个不同的收益分配系数下的最优利润进行比较,并得出图4.17。为了便于研究,图4.17还显示了它们在无协调的分散模型中的最优利润。数量折扣系数的值与收入分配系数有关,只有当制造商和零售商实现帕累托改进时,它们才会接受协调契约。图4.17说明了当$\phi=0.71$时,$r\in[0,1]$,当$\phi=0.6$时,$r\in[0.18,1]$,制造商和零售商的利润值可以实现帕累托改进。此外,当数量折扣增加时,制造商的最佳利润在一定范围内逐渐增加,而零售商的最佳利润则在一定范围中逐渐减少。这意味着制造商可以通过讨价还价获得更高的数量折扣系数来提高批发价格,如图4.19所示,这不会对零售商的利润产生太大影响,并确保制造商最初不会亏损。

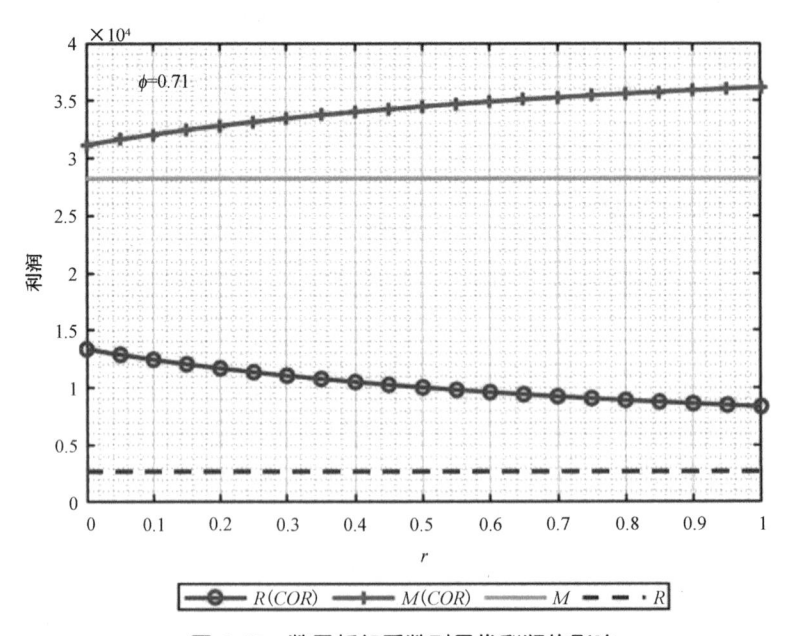

图4.17 数量折扣系数对最优利润的影响

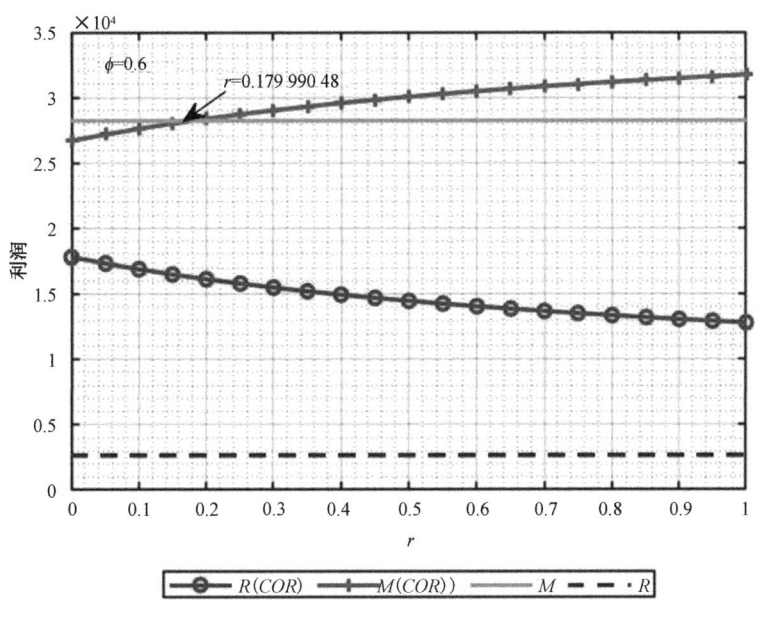

续图 4.17

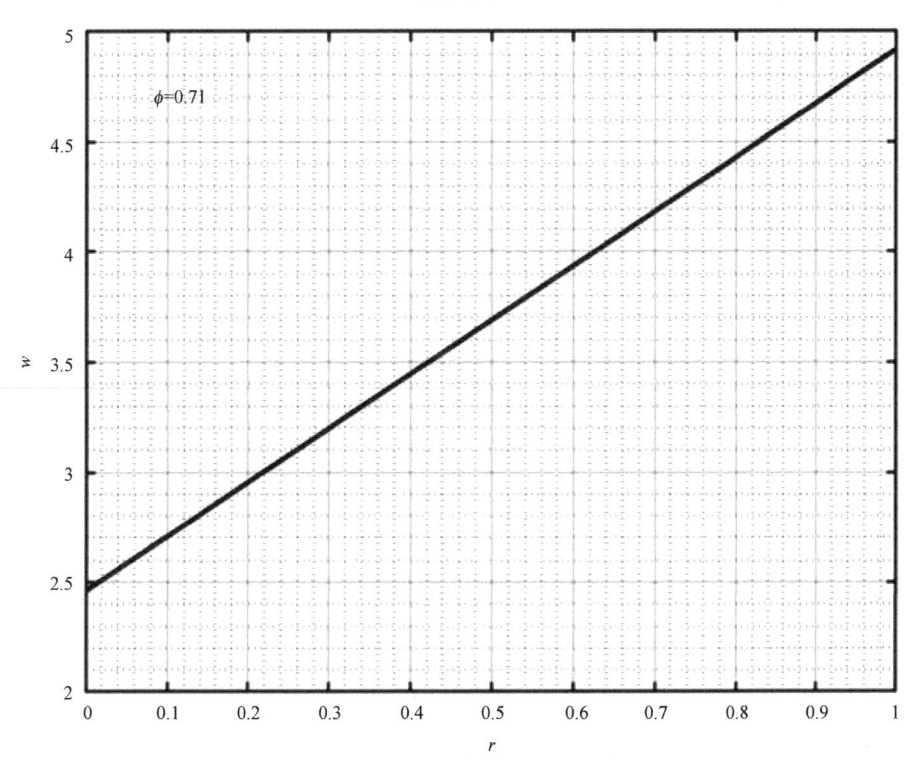

图 4.18 数量折扣系数对批发价格的影响

4.8 本章小结

本章针对易逝产品的特点,建立了一个单周期的易逝产品供应链模型,研究零售商的订单数量决策、原材料投入决策和制造商的批发价格决策,其中需求为随机正态分布,产量为随机均匀分布。当市场需求大于周期结束时的产量时,就会产生短缺成本。相反,零售商会将多余的产品转化为残值。首先在需求和产量不确定的情况下,当供应链是一个完整的系统时,确定集中决策模式下订购的产品数量和投入的原材料数量的最优值,以最大化供应链的预期利润。然后,分析了分散模型,制造商和零售商是独立的实体,获得各自的预期利润,证实分散决策下产生双重边缘化效应。

首先本章通过回购契约对供应链进行协调,证明使用回购契约可以使分散决策模式下供应链仍能达到系统最优的状态,在此基础上讨论供应链各成员的利益分配问题,采用了纳什讨价还价分析的方法使供应链各成员都愿意接受这种回购契约。最终可以证明通过回购契约和纳什讨价还价分析,可以使供应链的利润达到最优,并且供应链各成员都能获得比分散无协调模式下更多的利润,在此情形下,供应链各成员愿意接受协调机制,从而使整个供应链以及制造商和零售商产生一种共赢的局面。

其次本章设计了联合契约来解决传统收益共享契约使批发价低于成本价的缺点,提出了一个基于信用支付的结合收益分享和数量折扣的联合契约。为了确保供应链中的两个成员都愿意采用该契约,本章证明了联合契约实现双赢的可行性。在联合契约中,当制造商对近期的销售前景稍有犹豫时,他们可以通过调整协调系数来提高批发价格,以确保制造商在订购过程中不会亏损。

本章进一步研究了供应链利润和决策中不确定性的影响、协调系数对供应链的影响以及二级市场的潜在风险。该研究可以通过考虑具有两个销售渠道的双渠道易逝产品供应链或将未售出的产品(如电子产品)回收的闭环易逝产品供给链来扩展。另一方面,还可以考虑更多与需求和产量相关的成本,例如销售努力、质量努力、研发投资、天气和产品绿色程度。随着近年来突发事件发生频率和强度的增加,研究突发事件对易逝品供应链协调的影响也具有重要意义。

第5章 随机需求下闭环供应链协调契约

5.1 问题描述

闭环供应链(Closed Loop Supply Chains,CLSC)是2003年提出的新物流概念。闭环供应链是指企业从采购到最终销售的完整供应链循环,包括了产品回收与生命周期支持的逆向物流。它的目的是对物料的流动进行封闭处理,减少污染排放和剩余废物,同时以较低的成本为顾客提供服务。闭环供应链除了传统供应链的内容,还对可持续发展具有重要意义,所以传统的供应链设计原则也适用于闭环供应链。闭环物流在企业中的应用越来越多,市场需求不断增大,成为物流与供应链管理的一个新的发展趋势。

本章假设制造商委托零售商负责废旧产品的回收,建立由单个制造商和单个零售商组成的二级闭环供应链,如图5.1所示。

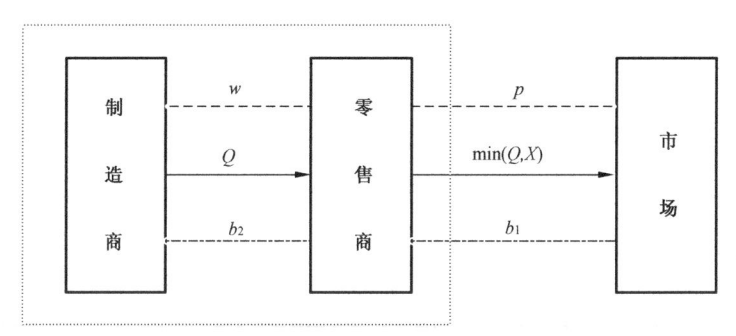

图5.1 闭环供应链模型

制造商委托零售商负责回收废旧产品的模型与其他回收废旧产品的模型相比,具有以下几点优势:

(1) 节约逆向物流的成本。零售商通常分布区域较为广阔,可以方便快捷地在不同区域内进行合理配置回收点,降低了回收点的建造成本和维护成本等。与此同时,基于正向物流的成品配送,逆向物流可以利用其返程运送回收的废旧产品,大大降低了逆向物流的配送成本。

(2) 避免分散制造商的核心业务能力。作为直接与消费者接触的零售商,在其出售产品给消费者时,就可以直接与消费者进行有关废旧产品回收的相关沟通,便于废旧产品的回收。同时,由于零售商承担了回收废旧产品的主要业务,大大减少了制造商的回收废旧产品的任务,有助于制造商更加潜心于自己的制造核心业务。

(3) 回收效率高。根据 Choi 等的研究可知,基于制造商直接负责回收废旧产品(MT-CLSC)、制造商委托零售商负责回收废旧产品(RT-CLSC)以及第三方回收商负责回收废旧产品(TPT-CLSC)三种模式,通过并行和串行比较研究得出了距离消费者最近的零售商负责回收废旧产品的回收效率最高的结论[168]。

(4) 符合国际化要求。根据欧盟当局要求,所有大型电子产品零售商回收废旧电子产品必须符合新的规定,该规定是对《废弃电器和电子设备指令》(Waste Electrical and Electronic Equipment Directive,WEEE)进行修改的一部分。该条例指出废旧产品的系统化收集和适当性处理,对于电视、笔记本电脑和手机中使用的金、银、铜和稀有金属的回收具有重要意义。

政府对于整个社会而言起到监督管理的作用。为了使企业和消费者能够积极贯彻绿色环保理念,政府也出台相关的政策。通过研究不同国家对于废弃品回收再利用的相关政策,发现目前 WEEE 政府监管机制主要包含以下三种:

(1) 奖惩政策。奖惩政策包含奖励机制和惩罚机制两个方面。奖励机制是指政府制定一些硬性指标来约束回收企业的行为,当企业达到或超额完成政府规定的硬性指标时,政府会给企业一定金额的奖金以示鼓励。奖励机制的优点是有效地促使企业主动地回收 WEEE,促进资源的循环再利用。而惩罚机制是指企业无法满足政府规定的硬性指标时,政府要对企业实施一定金额的惩罚。惩罚机制的作用是为了让企业贯彻落实生产者责任延伸制度,企业在保证商品质量、为消费者提供优质服务的同时,也要对商品的整个生命周期负责。

(2) 立法制度。立法制度是指政府为了推动各种类型的企业承担 WEEE 的回收工作而颁布的法规。众所周知,企业是以获取收益为目的的组织,因其在 WEEE 的回收处理上缺少自主性,需要以法律法规的方式对企业进行管制。若没有政府的监管和指导,企业会为了自身效益的最大化而逃避保护环境的职责。一些欧美国家采用生产者责任制来约束生产厂商的经营方式,或者采用消费者社会责任制来约束顾客行为,让生产厂家和顾客一起承担废弃品回收处理费用。

(3) 税收与补贴。税收与补贴机制同奖惩机制相似,但两者之间存在着不同的标准。税收机制是指政府根据制造商制造或出售的商品数量征收固定比例的环保税,而并非以是否完成要求的回收数量或比率为准则。政府实行税收机制是为了明确企业自身的职能与责任,让企业实行绿色生产理念、承担节能减排义务,从而提高 WEEE 的回收。补贴机制是指根据回收产品不同的类型,政府会给予回收商不同的费用,而不是以回收量为标准。税收机制与补贴机制既可以单独使用,也可以相互结合。政府可以通过法律手段要求具有回收资格的制造商在生产或销售商品时,有关部门应该通知专业的人员使用专业的设备对企业进行监管工作,搭建回收信息系统。而当制造商回收处理 WEEE 履行有关部门规定的义务时,有关部门也会给予一定金额的补助。

5.2 模型符号与假设

本章基于报童模型,研究由一个制造商和一个零售商组成的由二级短生命周期闭环供应链。在该闭环供应链的正向运作中,制造商负责生产,再将产品供应给零售商,零售商负责销售产品;在该闭环供应链的逆向运作中,零售商负责从消费者那里回收废旧产品,制造商则从零售商那里购买回收的废旧产品进行处理、再利用、再制造,用于生产。

5.2.1 参数定义及说明

模型参数定义及符号说明如下:

决策变量:

w:制造商将产品出售给零售商的批发价,由制造商决定;

Q:零售商向制造商订购的产品数量,由零售商决定;

b_2:制造商从零售商那里回收废旧产品的单位价格,由制造商决定;

b_1:零售商从消费者那里回收废旧产品的单位价格,由零售商决定。

参数:

p:产品单位零售价格;

w:产品单位批发价格;

c_0:制造商生产产品的固定成本;

c_m:制造商生产产品的单位成本;

c_m':制造商使用回收废旧产品部分零件进行再生产的单位成本;

k:制造商利用回收废旧产品的部分零部件再制造的边际单位节约成本;

g:缺货造成的单位缺货成本;

v:销售季节末未出售产品的单位净残值;

b_0:零售商从消费者那里回收废旧产品的边际单位回收成本;

X:在市场上的销售价格为 p 时,市场对该产品的需求量,是一个随机变量;

$F(x)$:关于 x 的累积分布函数;

$f(x)$:关于 x 的概率密度分布函数;

μ:市场随机需求 x 的均值,即 $\mu = E(x) = \int_0^\infty xf(x)\mathrm{d}x$;

σ:市场随机需求 x 的方差。

5.2.2 基本研究假设

为了更好地描述该模型,对有关参数与背景做如下假设:

(1) 假设产品市场需求是一个连续性随机变量,其概率密度函数为 $f(x)$,分布函数为 $F(x)$,则 $F(x)$ 是连续可微,存在唯一的反函数 $\overline{F}$,且 $F(0)=0, \overline{F}=1-F(x)$。假设市场需求 x 的均值为 $\mu = E(x) = \int_0^\infty xf(x)\mathrm{d}x$,方差为 σ。

(2) 基于"理性人"的思想,假设整个闭环供应链的成员都是追求自身利益最大化,则 $c_m<w<p$。在销售季末,没有销售出去的产品残值为 v,且 $v<w, v<c_m<p$。

(3) 假设废旧产品的回收量 R 受到零售商从消费者那里回收废旧产品单价 b_1 的影响。因此,假设废旧产品的期望回收量为 $R(b_1) = \alpha + \beta b_1$ 是关于回收废旧产品的单位价格的线性单调函数,其中,α 为消费者的环保意识,表示消费者愿意无偿返给制造商用于再造的废旧品数量;β 为消费者愿意提供废旧产品的数量对市场回收价格的敏感程度,即随着市场回收价格的变化,废旧产品的回收量的变化程度,所有的废旧产品不以废旧程度论价,即回收价格不变[169]。

(4) 为促进废旧产品循环再利用,实现"双碳"目标,假设政府为了激励零售商回收废旧产品,给予直接回收的废旧产品一定的补贴激励,假设该补贴为 $G(b_r) = hR(b_1)$,是关于废旧产品回收量的线性函数,h 为奖励系数。

(5) 由于制造商完全使用原材料生产产品的单位成本为 c_m,使用回收废旧产品部分零件进行再生产的单位成本为 $c'_m, c_m \geq c'_m$,其中 $k = c_m - c'_m$,且 $k \geq b_2$,即零售商回收废旧产品的单位价格小于其能够节省的单位生产成本。

因此可以得出制造商、零售商以及闭环供应链系统总利润函数为

$$\pi_m = (w-c_m)Q - c_0 + (k-b_2)R(b_1) \qquad (5.1)$$

式中,$(w-c_m)Q$ 表示制造商将产品提供给零售商获得的利润;c_0 表示生产产品的

固定成本(包括机器的维修和养护等);$(k-b_2)R(b_1)$表示制造商通过回收废旧产品节省的生产成本。

$$\pi_r = pE[\min(Q,x)] + vE[(Q-x)^+] - gE[(x-Q)^+] - wQ + (b_2-b_1-b_0+h)R(b_1) \quad (5.2)$$

式中,$pE[\min(Q,x)]$表示零售商将产品提供给消费者获得的收益;$vE[(Q-x)^+]$表示销售季末未销售产品的残值;$gE[(x-Q)^+]$表示需求量大于生产量产生的缺货成本;wQ表示从制造商获取产品的批发成本;$(b_2-b_1-b_0+h)R(b_1)$表示通过回收废旧产品产生的收益(其中包括政府补贴)。

$$\pi_{sc} = pE[\min(Q,x)] + vE[(Q-x)^+] - gE[(x-Q)^+] - c_m Q - c_0 + (k-b_1-b_0+h)R(b_1) \quad (5.3)$$

当零售商订货量为Q时,市场期望销售量$S(Q)$、期望缺货量$L(Q)$、期望剩余量$I(Q)$分别为

期望销售量:$S(Q) = E\min(x,Q) = \int_0^\infty (x \wedge Q)f(x)\mathrm{d}x = Q - \int_0^Q F(x)\mathrm{d}x$

期望缺货量:$L(Q) = E(x-Q)^+ = \mu - S(Q)$

期望剩余量:$I(Q) = E(Q-x)^+ = Q - S(Q)$

公式中$(Q-x)^+$代表$Q-x$与0取大的意思,$\wedge$代表两个数中取小的意思。因此得到制造商、零售商和整个供应链的利润为

$$\pi_m = (w-c_m)Q - c_0 + (k-b_2)R(b_1)$$
$$\pi_r = pS(Q) + vI(Q) - gL(Q) - wQ + (b_2-b_1-b_0+h)R(b_1)$$
$$\pi_{sc} = pS(Q) + vI(Q) - gL(Q) - c_m Q - c_0 + (k-b_1-b_0+h)R(b_1)$$

5.3 闭环供应链的决策模型

5.3.1 集中决策模型

在集中决策系统状态下,可以将制造商与零售商看成同一个经济实体,此时最优利润则为闭环供应链系统最优总利润,变量为零售商的订购量Q和从消费者那里回收废旧产品的单位价格b_1,其问题如下:

$$\max_{Q,b_1} \pi_{sc} = (p-v+g)S(Q) + (v-c_m)Q - g\mu - c_0 + (k-b_1-b_0+h)R(b_1) \quad (5.4)$$

对公式(5.4),建立 Hessian 矩阵可以得出

$$H^c(Q,b_1) = \begin{pmatrix} \dfrac{\partial^2 \pi_{sc}}{\partial Q^2} & \dfrac{\partial^2 \pi_{sc}}{\partial Q \partial b_1} \\ \dfrac{\partial^2 \pi_{sc}}{\partial b_1 \partial Q} & \dfrac{\partial^2 \pi_{sc}}{\partial b_1^2} \end{pmatrix} \quad (5.5)$$

由于 $|H_1^c(Q,b_1)| = \dfrac{\partial^2 \pi_{sc}}{\partial Q^2} = -(p-v+g)f(Q) < 0$, $|H_3^c(Q,b_1)| = \dfrac{\partial^2 \pi_{sc}}{\partial b_1^2} = -2\beta < 0$,

$|H_2^c(Q,b_1)| = \dfrac{\partial^2 \pi_{sc}}{\partial Q^2}\dfrac{\partial^2 \pi_{sc}}{\partial b_1^2} - \dfrac{\partial^2 \pi_{sc}}{\partial Q \partial b_1}\dfrac{\partial^2 \pi_{sc}}{\partial b_1 \partial Q} = 2\beta(p-v+g)f(Q) > 0$。

因此，$H^c(Q,b_1)$ 是负定，所以目标函数是凹函数，则零售商的订购量 Q 和回收价格 b_1 存在最优值。

令

$$\dfrac{\partial \pi_{sc}}{\partial Q} = (p-v+g)[1-F(Q)] + (v-c_m) = 0$$

$$\dfrac{\partial \pi_{sc}}{\partial b_1} = -\alpha - 2\beta b_1 + \beta(k-b_0+h) = 0$$

所以，集中式决策下零售商最优策略组为

$$Q^{c*} = F^{-1}\left(\dfrac{p-c_m+g}{p-v+g}\right) \tag{5.6}$$

$$b_1^{c*} = \dfrac{\beta(k-b_0+h)-\alpha}{2\beta} \tag{5.7}$$

将公式(5.6)和(5.7)代入(5.4)得出整个闭环供应链在集中决策下的最大利润。

5.3.2 分散决策模型

假设在此二级闭环供应链中，制造商占主导地位，零售商跟随制造商，制造商与零售商之间存在斯坦伯格博弈。在分散式决策模式下，制造商和零售商在作决策时都为了自身利润最大化，零售商首先确定订购量和回收价格，制造商将根据零售商关于订货量 Q 和废旧产品回收价格 b_1 的反应函数确定最终的产品批发价格 w 以及废旧产品回收价格 b_2。

此时，制造商为主导者、零售商为追随者的斯坦伯格博弈模型为

$$\max_{w,b_2} \pi_m = (w-c_m)Q - c_0 + (k-b_2)R(b_1)$$

$$\text{s. t. } \max_{Q,b_1} \pi_r = (p-v+g)S(Q) + (v-w)Q - g\mu + (b_2-b_1-b_0+h)R(b_1) \tag{5.8}$$

根据斯坦伯格博弈理论，采用逆向递推法。对公式(5.8)建立 Hessian 矩阵可以得出

$$H^d(Q,b_1) = \begin{pmatrix} \dfrac{\partial^2 \pi_r}{\partial Q^2} & \dfrac{\partial^2 \pi_r}{\partial Q \partial b_1} \\ \dfrac{\partial^2 \pi_r}{\partial b_1 \partial Q} & \dfrac{\partial^2 \pi_r}{\partial b_1^2} \end{pmatrix} \quad (5.9)$$

由于 $|H_1^d(Q,b_1)| = \dfrac{\partial^2 \pi_r}{\partial Q^2} = -(p-v+g)f(Q) < 0$,$|H_3^d(Q,b_1)| = \dfrac{\partial^2 \pi_r}{\partial b_1^2} = -2\beta < 0$,$|H_2^d(Q,b_1)| = \dfrac{\partial^2 \pi_r}{\partial Q^2}\dfrac{\partial^2 \pi_r}{\partial b_1^2} - \dfrac{\partial^2 \pi_r}{\partial Q \partial b_1}\dfrac{\partial^2 \pi_r}{\partial b_1 \partial Q} = 2\beta(p-v+g)f(Q) > 0$。

因此,$H^d(Q,b_1)$是负定,所以目标函数是凹函数,则零售商的订购量 Q 和回收价格 b_1 存在最优值。

令

$$\dfrac{\partial \pi_r}{\partial Q} = (p-v+g)[1-F(Q)] + (v-w) = 0$$

$$\dfrac{\partial \pi_r}{\partial b_1} = -\alpha - 2\beta b_1 + \beta(b_2 - b_0 + h) = 0$$

所以,分散式决策下零售商最优策略组为

$$Q^{d*}(w) = F^{-1}\left(\dfrac{p-w+g}{p-v+g}\right) \quad (5.10)$$

$$b_1^{d*} = \dfrac{\beta(b_2-b_0+h) - \alpha}{2\beta} \quad (5.11)$$

对比公式(5.11)和(5.7)可以发现 $b_1^{d*} \neq b_1^{c*}$,所以在分散决策模式下,零售商关于回收价格的最优决策不能和集中决策模式下保持一致,即在分散模式下供应链不能达到整体利润最优。将公式(5.10)和公式(5.11)代入制造商利润函数 π_m,对制造商的批发价格 w 和回收价格 b_2 求最优解,可以得出分散决策模式下制造商和零售商的斯坦伯格均衡解和最优利润值。

5.4 闭环供应链的收益共享契约协调模型

收益共享契约(Revenue-sharing Contract)是供应链协调中最常用契约之一,本章根据 Cachon 对于供应链协调的定义,即若采用协调契约使得供应链达到整个供应链上各节点成员决策的纳什均衡点,则称之为该供应链在此协调契约下达到协调[89]。换言之,供应链协调就是使得供应链上各节点成员追求自身利润最大化的同时还使得供应链系统总利润最大化。

然而,仅仅靠制造商或者零售商,均不能够控制整个供应链。因为,供应链本身就是分散的,供应链上各节点成员只能获取自己的部分信息,基于自身的利益角度去作出决策。因而,产生的系统利润期望值小于供应链集中决策值,此时称为供应链系统是不协调的,必须通过外界建立合适的机制来协调。

5.4.1 传统收益共享契约协调模型

传统协调供应链的收益共享契约强调制造商和零售商以 λ 和 $1-\lambda$ 比例共享零售商的销售收益,其中 $\lambda \in (0,1)$。

此时,假设制造商和零售商收益共享契约为 $M(\lambda)$,即零售商销售期末要给制造商一定比例的销售收益。

$$M(w,\lambda) = \lambda [pS(Q)+vI(Q)-gL(Q)] \quad (5.12)$$

式中,$pS(Q)+vI(Q)-gL(Q)$ 为零售商的销售收益。

制造商的利润函数为

$$\pi_m^{RS} = (w-c_m)Q-c_0+(k-b_m)R(b_1)+M(w,\lambda) =$$
$$(w-c_m)Q-c_0+(k-b_2)R(b_1)+\lambda[pS(Q)+vI(Q)-gL(Q)] \quad (5.13)$$

零售商的利润函数为

$$\pi_r^{RS} = pS(Q)+vI(Q)-gL(Q)-wQ+(b_2-b_1-b_0+h)R(b_1)-M(w,\lambda) =$$
$$(1-\lambda)[pS(Q)+vI(Q)-gL(Q)]-wQ+(b_2-b_1-b_0+h)R(b_1) \quad (5.14)$$

闭环供应链系统总利润函数保持不变,即

$$\pi_{sc}^{RS} = pS(Q)+vI(Q)-gL(Q)-c_mQ-c_0+(k-b_1-b_0+h)R(b_1) \quad (5.15)$$

根据公式(5.14),建立 Hessian 矩阵可以得出

$$H^{RS}(Q,b_1) = \begin{pmatrix} \dfrac{\partial^2 \pi_r^{RS}}{\partial Q^2} & \dfrac{\partial^2 \pi_r^{RS}}{\partial Q \partial b_1} \\ \dfrac{\partial^2 \pi_r^{RS}}{\partial b_1 \partial Q} & \dfrac{\partial^2 \pi_r^{RS}}{\partial b_1^2} \end{pmatrix} \quad (5.16)$$

由于 $|H_1^{RS}(Q,b_1)| = \dfrac{\partial^2 \pi_r^{RS}}{\partial Q^2} = -(1-\lambda)(p-v+g)f(Q)<0$,$|H_3^{RS}(Q,b_1)| = \dfrac{\partial^2 \pi_r^{RS}}{\partial b_1^2} = -2\beta<0$,$|H_2^{RS}(Q,b_1)| = \dfrac{\partial^2 \pi_r^{RS}}{\partial Q^2}\dfrac{\partial^2 \pi_r^{RS}}{\partial b_1^2} - \dfrac{\partial^2 \pi_r^{RS}}{\partial Q \partial b_1}\dfrac{\partial^2 \pi_r^{RS}}{\partial b_1 \partial Q} = 2\beta(1-\lambda)(p-v+g)f(Q)>0$。

因此,$H^{RS}(Q,b_1)$ 是负定,所以目标函数是凹函数,则零售商的订购量 Q 和回

收价格 b_1 存在最优值。

令

$$\frac{\partial \pi_r^{RS}}{\partial Q} = (1-\lambda)(p-v+g)[1-F(Q)]+(1-\lambda)v-w=0$$

$$\frac{\partial \pi_r^{RS}}{\partial b_1} = -2\beta b_1 + \beta(b_2-b_0+h)-\alpha=0$$

所以,供应链在收益共享契约协调下零售商的最优决策为

$$Q^{RS} = F^{-1}\left[\frac{(1-\lambda)(p+g)-w}{(1-\lambda)(p-v+g)}\right] \tag{5.17}$$

$$b_1^{RS} = \frac{\beta(b_2-b_0+h)-\alpha}{2\beta} \tag{5.18}$$

为了使供应链在收益共享契约下达到充分的协调,必须使供应链在收益共享契约协调下零售商最优决策与集中决策模式下的最优决策完全相同。

比较公式(5.6)、(5.7)与公式(5.17)、(5.18),则在 $M(w,\lambda)$ 契约下,必须满足

$$\frac{(1-\lambda)(p+g)-w}{(1-\lambda)(p-v+g)} = \frac{p-c_m+g}{p-v+g} \tag{5.19}$$

$$\frac{\beta(b_2-b_0+h)-\alpha}{2\beta} = \frac{\beta(k-b_0+h)-\alpha}{2\beta} \tag{5.20}$$

由公式(5.19)可知, $w^{RS}=(1-\lambda)c_m$,而公式(5.20)并不能通过 w^{RS} 成立。

因此传统的收益共享契约不能使闭环供应链完全达到协调。传统收益共享契约仅仅针对正向物流,考虑到激励制造商低价批发产品给零售商从而使零售商提高订购量,将零售商销售收益的一部分共享给制造商,但是忽略了逆向物流中零售商在废旧产品回收过程中会产生大量费用,这部分完全由零售商来承担,而零售商在作回收价格的决策时往往只考虑自身利益。因此,传统协调供应链的收益共享契约不能完全有效协调闭环供应链。

5.4.2 收益-费用共担契约协调模型

通常,传统供应链协调的收益共享契约强调制造商和零售商分享零售商的销售收益。然而,对于闭环供应链,零售商获得正向物流的销售产品的收益,同时在逆向物流回收废旧产品时承担相应的回收费用。因此,本节基于传统协调供应链的收益共享契约,设计收益-费用共担契约来协调闭环供应链。该契约不仅强调制

造商和零售商共享零售商的销售产品的收益,还强调制造商和零售商共担零售商的回收废旧产品的费用。分享利益和共担费用的比例可以相同,也可以不相同,这里假设分享利益和共担费用的比例相同,都为 ϕ,显然 $\phi \in (0,1)$。

此时,假设制造商和零售商收益-费用共担契约为 $N(w,b_2,\phi)$,即零售商销售期末要给制造商一定比例的销售收益并扣除相同比例的回收费用。

$$N(w,b_2,\phi) = \phi[pS(Q)+vI(Q)-gL(Q)] - \phi(b_1+b_0-h)R(b_1) \quad (5.21)$$

式中,$pS(Q)+vI(Q)-gL(Q)$ 为零售商的销售收益;$(b_1+b_0-h)R(b_1)$ 为零售商的回收费用。

制造商的利润函数为

$$\pi_m^{RCS} = (w-c_m)Q - c_0 + (k-b_2)R(b_1) + N(w,b_2,\phi) = (w-c_m)Q - c_0 + (k-b_2)R(b_1) + \phi[pS(Q)+vI(Q)-gL(Q)] - \phi(b_1+b_0-h)R(b_1) \quad (5.22)$$

零售商的利润函数为

$$\pi_r^{RCS} = pS(Q)+vI(Q)-gL(Q)-wQ+(b_2-b_1-b_0+h)R(b_1) - N(w,b_2,\phi) = (1-\phi)[pS(Q)+vI(Q)-gL(Q)] - (1-\phi)(b_1+b_0-h)R(b_1) - wQ + b_2R(b_1) \quad (5.23)$$

闭环供应链总利润函数保持不变,即

$$\pi_{sc}^{RCS} = pS(Q)+vI(Q)-gL(Q)-c_mQ-c_0+(k-b_1-b_0+h)R(b_1) \quad (5.24)$$

根据供应链协调的定义,求关于公式(5.23)的 Hessian 矩阵,可以得出

$$H^{RCS}(Q,b_1) = \begin{pmatrix} \dfrac{\partial^2 \pi_r^{RCS}}{\partial Q^2} & \dfrac{\partial^2 \pi_r^{RCS}}{\partial Q \partial b_1} \\ \dfrac{\partial^2 \pi_r^{RCS}}{\partial b_1 \partial Q} & \dfrac{\partial^2 \pi_r^{RCS}}{\partial b_1^2} \end{pmatrix} \quad (5.25)$$

由于 $|H_1^{RCS}(Q,b_1)| = -(1-\phi)(p-v+g)f(Q)<0$,$|H_3^{RCS}(Q,b_1)| = -2\beta(1-\phi)<0$,$|H_2^{RCS}(Q,b_1)| = 2\beta(1-\phi)^2(p-v+g)f(Q)>0$。

因此,$H^{RCS}(Q,b_1)$ 是负定,所以目标函数是凹函数,即零售商的订购量 Q 和回收价格 b_1 存在唯一的最优值。

令

$$\frac{\partial \pi_r^{RCS}}{\partial Q} = (1-\phi)(p-v+g)[1-F(Q)] + (1-\phi)v - w = 0$$

$$\frac{\partial \pi_r^{RCS}}{\partial b_1} = -2\beta(1-\phi)b_1 + \beta[b_2-(1-\phi)(b_0-h)] - (1-\phi)\alpha = 0$$

所以,收益-费用共担契约协调式决策下零售商最优解为

$$Q^{RCS}=F^{-1}\left[\frac{(1-\phi)(p+g)-w}{(1-\phi)(p-v+g)}\right] \tag{5.26}$$

$$b_1^{RCS}=\frac{\beta[b_2-(1-\phi)(b_0-h)]-(1-\phi)\alpha}{2(1-\phi)\beta} \tag{5.27}$$

为了实现在收益-费用共担契约下达到闭环供应链的协调,零售商的最优订购量 Q 和最优废旧产品回收单位价格 b_1 必须与闭环供应链集中决策下保持一致。

在 $N(w,b_2,\phi)$ 契约下,必须满足以下条件,供应链才能达到充分的协调:

$$\frac{(1-\phi)(p+g)-w}{(1-\phi)(p-v+g)}=\frac{p-c_m+g}{p-v+g} \tag{5.28}$$

$$\frac{\beta[b_2-(1-\phi)(b_0-h)]-(1-\phi)\alpha}{2(1-\phi)\beta}=\frac{\beta(k-b_0+h)-\alpha}{2\beta} \tag{5.29}$$

由公式(5.28)和(5.29)可知,$w^{RCS}=(1-\phi)c_m$ 且 $b_2^{RCS}=(1-\phi)k$,则

$$\begin{aligned}\pi_r^{RCS}&=pS(Q)+vI(Q)-gL(Q)-wQ+(b_2-b_1-b_0+h)R(b_1)-\\&N(w,b_2,\phi)=(1-\phi)[pS(Q)+vI(Q)-gL(Q)]-wQ+b_2R(b_1)-\\&(1-\phi)(b_1+b_0-h)R(b_1)=(1-\phi)\pi_{sc}^{RCS}+(1-\phi)c_0\end{aligned} \tag{5.30}$$

由公式(5.30)可以发现,$(1-\phi)c_0$ 为常量,即制造商和零售商可以通过 ϕ 来分享供应链总体利润,因此收益-费用共担契约是具有协调作用的。分析比较公式(5.11)和(5.27),可以发现当 $w^{RCS}=(1-\phi)c_m$,$b_m^{RCS}=(1-\phi)k$ 时,供应链可以通过协调契约使制造商和零售商在分散模式下的决策与集中模式下的决策同时保持一致。当 $\pi_m^{RCS}\geq\pi_m^s$,$\pi_r^{RCS}\geq\pi_r^s$ 时,即制造商和零售商经过协调以后得到的利润值都大于分散决策模式,制造商和零售商才会愿意采用本节提出的收益-费用共担契约,协调系数 ϕ 的具体大小,主要根据制造商和零售商两者讨价还价的能力决定,但是无论如何都要以协调后自身的利润不小于分散决策下自身的利润为前提。

因此,基于以上结论,在收益-费用共担契约下,针对正向物流,制造商的产品批发单位价格要小于制造商利用原材料生产产品的单位成本。制造商以相对偏低的批发价格将产品卖给零售商,从而激励零售商增加订货数量,使供应链经协调后在分散决策模式下的订购量最优决策和集中决策模式下的订购量保持一致,同时,收益-费用共担契约保障了在销售季末制造商可以通过分享零售商的销售收益来补偿一开始减少的批发收益。制造商和零售商通过收益-费用共担契约进行合作,从而使供应链得到充分有效的协调,最终实现整体利益最大化。

与此同时,在收益-费用共担契约下,针对逆向物流,制造商的回收废旧产品的单位价格要低于再制造所能节约的成本。对于逆向物流中零售商在消费者那里付出的成本,制造商给予一定比例的补贴,激励零售商加大回收废旧产品的力度,扩大再制造规模,同时弥补了传统收益共享契约的缺陷。

5.5 数值算例分析

5.5.1 数值假设

为进一步分析前文提出的二级闭环供应链,以及其在集中决策模型、分散决策模型、收益-费用共担协调模型这三种模型下的决策以及在相应决策下的供应链、制造商和零售商的利润,下面为该模型进行数值算例分析。

假设市场需求服从均匀分布 $X \sim U(200, 1\ 200)$,则 $\mu = E(x) = (200+1\ 200)/2 = 700$,$\sigma = 83\ 333.3$,并假设其余各参数如表5.1所示。

表5.1 数值假设

参数	p	c_0	c_m	c_m'	g	v	b_0	h	α	β
数值	80	100	35	15	1	15	1	10	30	5

基于前文通过建模得出闭环供应链在集中、分散、协调决策模式下各供应链成员所作的最优决策以及各自得到的利润函数,根据数值假设计算订购量、回收价格、批发价格、制造商利润、零售商利润以及闭环供应链系统总利润,如表5.2所示。

表5.2 不同决策模式下最优结果对比

$X \sim U(200, 1\ 200)$	集中决策	分散决策	收益-费用共担契约
订购量 Q	896.97	448.48	896.97
零售商回收价格 b_1	11.50	2.75	11.50
批发价格 w	—	64.6	$35(1-\phi)$
制造商回收价格 b_2	—	2.5	$20(1-\phi)$
制造商利润 π_m	—	13 940.78	$26\ 061.55\phi - 100$
零售商利润 π_r	—	5 000.39	$26\ 061.55(1-\phi)$
闭环供应链总利润 π_{sc}	25 962	18 941.16	25 962

根据表5.2可以看出,集中决策模式下零售商的订购量大于分散决策下零售商的订购量,集中决策模式下零售商的回收价格也大于分散决策下零售商的回收

价格，集中决策模式下闭环供应链的总利润也大于分散决策模式。通过收益-费用共担契约，可以有效地提高闭环供应链的订购量、回收单位价格和供应链的总利润。供应链在通过协调以后关于订购量和回收价格的决策与集中模式下保持一致，实现供应链总利润和集中模式下完全相同，说明该契约能够有效地协调闭环供应链。

同时，可以发现供应链通过契约协调，制造商的批发价格 w 和制造商从零售商那里回收废旧产品的单位价格 b_2 随着协调系数 ϕ 的增大而减小，而制造商的利润随着协调系数 ϕ 的增大而增大，零售商的利润随着协调系数 ϕ 的增大而减小，但是供应链的总利润保持不变，说明协调系数 ϕ 的大小影响供应链中间变量的决策，同时也影响供应链利润成员的分配。

5.5.2 协调系数分析

通过计算，可以得知协调前后闭环供应链上各节点成员利润以及供应链总利润随着收益-费用共担契约协调系数的变化情况。其中，制造商利润与协调系数的关系如图 5.2 所示，零售商利润与协调系数的关系如图 5.3 所示，闭环供应链总利润与协调系数的关系如图 5.4 所示。

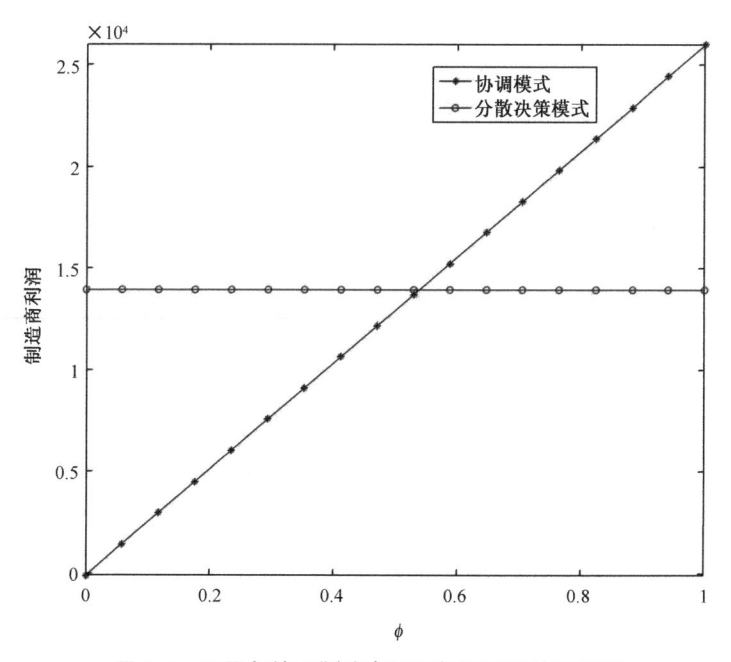

图 5.2 不同条件下制造商利润与协调系数的关系

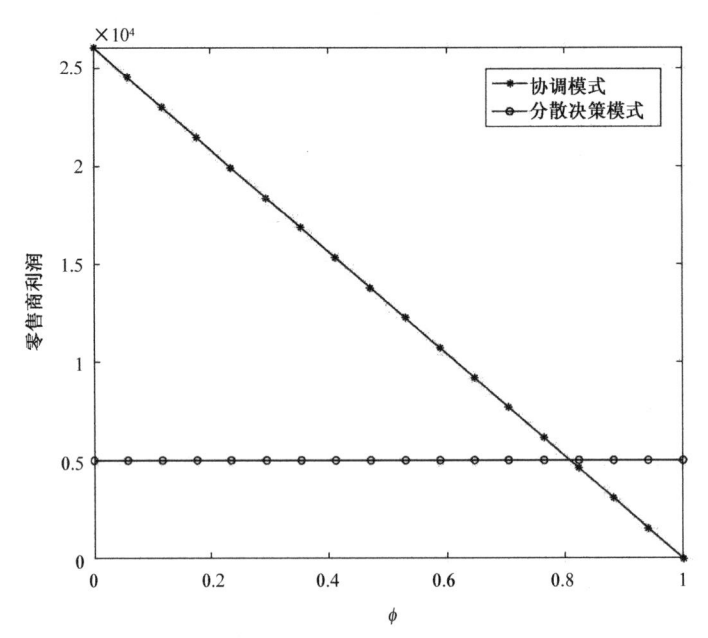

图 5.3 不同条件下零售商利润与协调系数的关系

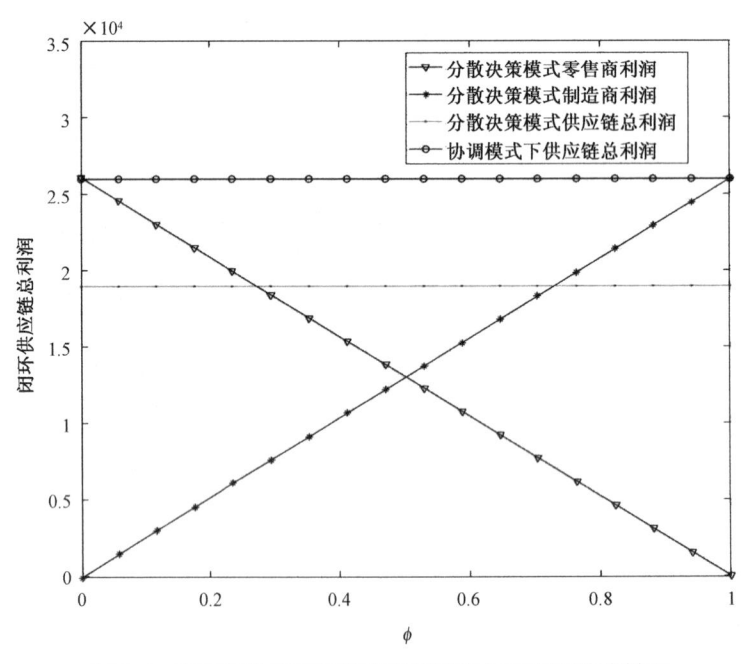

图 5.4 不同条件下闭环供应链总利润与协调系数的关系

由图 5.2 和图 5.3 可以知道,随着协调系数的不断增大,制造商的利润也在不断增加;相反,零售商的利润却在不断递减,且都和分散决策下各自的利润有交集,即协调后存在优于分散决策下的利润,也存在劣于分散决策下的利润。显然制造商和零售商都只能接受协调后的利润大于分散决策模式下各自可以获得的利润最优值。通过比较图 5.2 和图 5.3 发现协调系数存在某个区间,可以使得制造商和零售商的利润同时高于分散决策下的利润。并且通过图 5.4 发现协调模式下闭环供应链的总利润总是高于分散决策下总利润,因此协调是有必要的,制造商和零售商可以取合适的协调系数实现供应链系统的帕累托改进。

由图 5.5 和图 5.6 可知,通过收益-费用共担契约协调,制造商的决策组(包括制造商的批发价格和回收价格)都随着协调系数的增大而递减。制造商的批发价格和回收价格都属于供应链系统利润的中间变量,只影响制造商和零售商的利润分配,不影响闭环供应链的总利润,因此制造商的决策都与协调系数相关。在收益-费用共担契约协调下,随着协调系数的增加,制造商的批发价格和废旧产品回收单位价格都随之降低,即制造商想获取零售商更高的收益分享,那么在批发价格和回收价格上就要有所降低,这一点符合市场的运行逻辑。

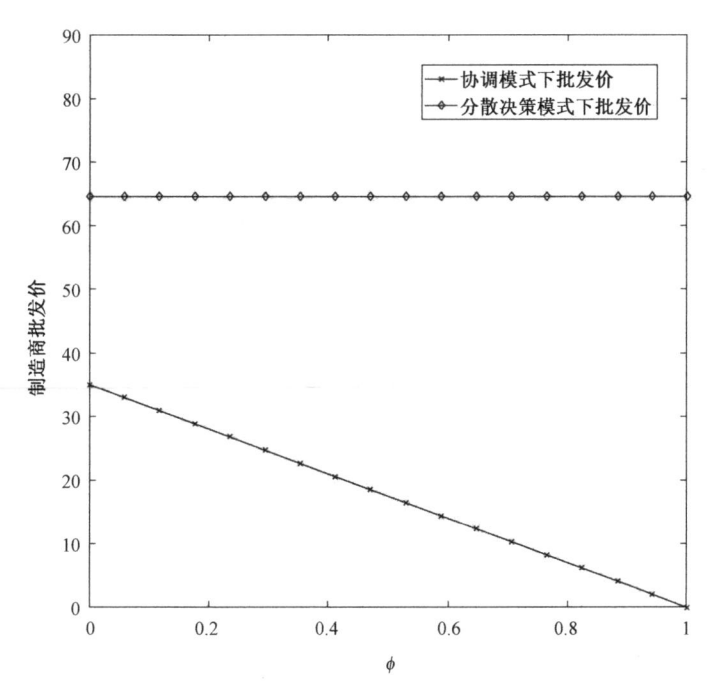

图 5.5 制造商批发价与协调系数的关系

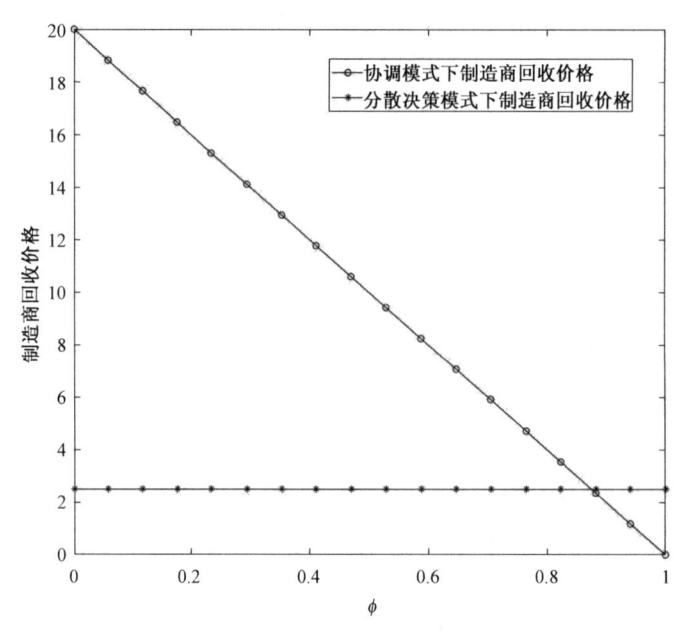

图 5.6 制造商回收价与协调系数的关系

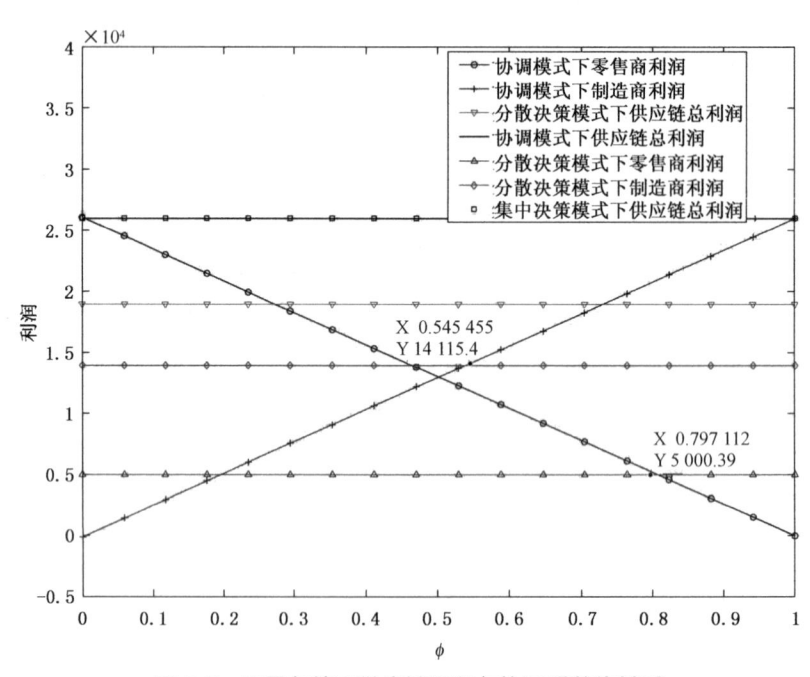

图 5.7 不同条件下供应链利润与协调系数的关系

由图 5.7 可以发现,在协调契约下,当 $\phi \in (0.545\ 455, 0.797\ 112)$ 时,制造商

利润和零售商利润同时大于分散决策下其利润,闭环供应链系统总利润大于分散决策下总利润。因此,在该范围之内,供应链系统都能够实现帕累托改进,协调系数 ϕ 最终的确定可以采用很多办法。纳什讨价还价是一种有效的办法,在上一章中运用过,通过纳什讨价还价制定协调系数 ϕ,协调系数 ϕ 的大小与供应链成员的决策影响力有关。在下一章中还采用了夏普利值决定供应链成员利润的分配。

5.6 本章小结

本章在前文考虑需求不确定下供应链协调问题的基础上,进一步考虑供应链在有产品回收的情况下的决策优化与协调问题。从绿色发展的角度,考虑政府对直接回收产品节点成员予以激励政策,零售商因为没有及时供应给消费者产品所产生的缺货成本以及回收废旧产品再制造的再制造率等因素。根据市场经济的发展,政府开始逐步鼓励由制造商委托零售商直接回收废旧产品,同时为了激励零售商提高回收率,本章考虑政府奖励给直接进行回收废旧产品的零售商。

首先基于制造商委托零售商回收废旧产品,考虑政府激励、缺货成本、再制造率等因素,建立由制造商委托零售商回收消费者的废旧产品的二级闭环供应链模型,探究此供应链在集中决策、分散决策两种模式下,供应链各节点成员的最优决策、最大利润以及闭环供应链系统总利润。对比两种模式下供应链的最优决策和利润值,证明供应链进行协调的必要性。然后采用传统供应链收益共享契约进行协调,发现对于具有双向流程的闭环供应链,不仅包含了正向流程的收益,同样包含逆向流程的费用,传统的供应链收益共享契约无法使得双向流的闭环供应链达到协调。因此本章对传统的收益共享契约进行了拓展,设计收益-费用共担契约对供应链进行协调,即正向流程中采用收益共享,使得零售商可以将销售收益与制造商共同,逆向流程中采用费用共担,使得零售商可以将回收成本与制造商共同分担,以满足闭环供应链双向流程的特殊性。可以发现,在收益-费用共担契约协调下,供应链系统的总利润值可以达到整体最优,制造商和零售商的最优利润值可以通过协调系统进行分配,在一定范围内,制造商和零售商的最优利润值都可以比分散决策模式下高,从而实现供应链协调的帕累托改进。

第6章 随机产量下基于合作博弈的三级供应链协调机制

6.1 问题描述

合作博弈又被称作正和博弈,是博弈活动的一种。它是指博弈双方的利益都有所增加,或者至少是一方的利益增加,而另一方的利益不受损害,因而整个社会的利益有所增加。

对于人们在博弈过程中出现的利益冲突,需要进行必要的利益分配,在合作博弈思想的引导下,博弈者所希望也将最终达到的一种方式就是合作。当然这样的合作不可能保证对于每个博弈者来说都能让他们的利益最大化,所以,就有人也把它称为妥协。对于这样的妥协,并不是意味着会损伤其他合作者的原有利益,而是会在他们保证原有利益的基础上,对合作产生的整体额外利益进行分配。这种分配就需要根据各个博弈参与者的力量、贡献、技巧和手段等,最终使博弈参与者对利益的分配达成共识,进而完成合作。所以,合作博弈存在的两个最基本条件是:

(1) 首先,形成合作联盟之后,各个参与人所得到的效用值一定不能少于进行协同合作之前。

(2) 其次,在博弈参与者形成合作联盟之后,整个合作联盟的整体效用必须要得到增加,否则的话这个联盟的形成也就不经济,也就是说没有意义。

怎样实现这两个条件,涉及其本质的特点。因为在合作博弈的联盟中,要求信息是共享的、自由的、可交换的。在合作参与者通过协商达成契约之后,对联盟中的博弈者来说,这些条款是被要求必须执行的,具有一定的强制性,在这一点上合作博弈与非合作博弈的思想区别很大。

夏普利值法是一种用于解决多人合作对策问题的数学方法,最早由美国加州大学教授罗伊德·夏普利(Lloyd Shapley)提出。此方法遵循贡献与收益对等的原则,根据参与主体的边际贡献来分配产业链整体利益。

夏普利值法是联盟博弈的一个重要的解,在实践中尤其是解决合作各方面收益分配时有着更广阔的应用前景。博弈问题中的局中人,通常都会事先预测他们可以获得多少收益,事先的预期对这些局中人决策参与博弈与否十分重要。夏普利值是局中人对联盟的贡献期望边际价值。联盟获利能力的基础就是全部收益分配中的"公平"概念,这种方法就是将合作对策(N,V)的夏普利值作为每个成员的分配额:

$$X_i = \sum_{|S|=1}^{n} \frac{(|S|-1)!(n-|S|)!}{n!} [V(S) - V(S-i)]$$

式中,S 表示内部供应链成员的个数;V 为定义在 N 的所有子集上的收益函数;n 是局中人个数;N 是所有局中人构成的集合;X_i 表示局中的人 i 在合作对策 (N,V) 中应得到的期望收益。夏普利值可以认为是出自一种概率的解释。假定局中人依随机次序形成联盟各种次序发生的概率假定相等,均为 $\frac{1}{n!}$。局中人与前面 $|S|-1$ 人形成联盟 S,局中人 i 对这个联盟的贡献为 $V(S) - V(S-i)$。$s-i$ 与 $N-S$ 的局中人相继排列的次序为 $(|S|-1)!(n-|S|)!$ 种,因此,各种次序出现的概率为 $\frac{(|S|-1)!(n-|S|)!}{n!}$。根据这种解释,局中人 i 所作贡献的期望正好就是夏普利值。夏普利值法的收益分配方法既不是平均分配,也不同于基于投资成本的比例分配,而是基于合作伙伴在联盟中的重要程度来进行分配的一种分配方法。

近年来,战略联盟的重要性越来越受到重视。战略联盟不仅帮助企业扩大市场,形成规模和范围经济,而且改变企业组织结构和企业间关系,提高企业资源整合能力,使联盟成员收益增加。实施战略联盟策略,如何在联盟成员之间合理分配利益是成功的重要因素[170]。由于夏普利值法中各联盟形式的结合是随机的,结成联盟的成员处于相对平等的地位,但是这与实际情况大相径庭。在实际过程中,组成战略联盟,必然有一个或若干个核心企业,他们或者具有大规模的客户群,或者拥有关键的技术,还有的拥有较强的资金运作能力等。而且在联盟中,不同企业发挥的作用、面对的风险不同。因此,在采用夏普利值方法时,需要对联盟成员的重要性加以考虑,赋以权重,这样才能更好地体现企业的价值,研究也更加符合实际[171-172]。但是,如何对物流战略联盟的成员加以权重还有待解决,本章针对此问题展开研究。

6.2 模型建立

现代大多经济学家谈到的博弈论往往指的是非合作博弈论,很少提到合作博弈论,在供应链协调问题的研究中通常采用非合作博弈论。合作博弈在理论上的重要突破及其以后的发展在很大程度起源于夏普利提出的夏普利值的解的概念及其公理化刻画。本章尝试在供应链协调中采用夏普利合作博弈使得各个成员的利润都比分散情况下的大,达到一个共赢的局面。

6.2.1 符号、假设和模型

本章考虑一个三级供应链,包括一个原材料供应商、一个制造商和一个零售商。首先供应商对原材料粗加工后以一定的批发价出售给制造商,制造商接收到原材料后对产品进行精加工,然后以一定的批发价给零售商,零售商最终将产品出售给顾客。

参数:

c_s:供应商生产原材料的成本;

c_m:制造商对原材料进行精加工的成本;

s:供应商从现货市场补货的成本;

h:供应商的库存持有成本;

D_0:市场的基础需求;

α:价格对需求的反应系数;

ε:关于供应商产量的一个随机变量;

$F(x)$:ε 的累积分布函数;

$f(x)$:ε 的概率分布函数;

$\varepsilon \in [a,b], 0 \leq a \leq b \leq 1$。

决策变量:

w_s:供应商将原材料出售给制造商的批发价;

w_m:制造商将产品出售给零售商的批发价;

p:零售商的售价;

L:供应商的订货量。

假设：

（1）供应商产量随机,产量为 εL,ε 为服从 b_0 到 b_1 之间的均匀分布,L 为供应商的订货批量。而制造商产量是确定的,即一单位的半成品产出一单位的商品。

（2）需求是一个关于决策变量 p 的函数,需求受价格的影响。

$$D = D_0 - \alpha p \tag{6.1}$$

（3）a:保证市场对产品的需求是正的。b:保证供应链所有成员都能获得利润。零售价大于制造商的批发价,制造商的批发价大于供应商的批发价以及生产成本之和,供应商的批发价大于供应商的实际成本,即产量随机带来的实际生产成本。c:供应商在需求大于产量时从现货市场中补货的价格大于自身产出成本,这样避免供应商不生产,此时供应商的批发价仍然要大于补货的价格,确保供应商愿意从现货市场中补货。d:零售商的价格大于供应商的实际成本以及制造商的生产成本之和,确保整个供应链是盈利的。

$$a: D_0 > \alpha p \tag{6.2}$$

$$b: p > w_m > c_m + w_s \tag{6.3}$$

$$c: w_s > s > c_s/\varepsilon \tag{6.4}$$

$$d: p > c_m + \frac{c_s}{\varepsilon} \tag{6.5}$$

6.2.2 集中决策模型

为建立一个基准,将整个供应链考虑成一个集成的公司。在集中决策模型中,零售商的价格和供应商的进货批量服从供应链总收益最大化这一目标,而供应商的原材料的批发价和制造商的产成品批发价都看成是内部利润的转移,它们影响各个成员的收益而不影响整个供应链的利润。整体供应链的期望收益函数为

$$\pi_c(p, L) = E\left[(p - c_m)D - s(D - \varepsilon L)^+ - h(\varepsilon L - D)^+ - c_s L\right] (p - c_m)D - s\int_{b_0}^{\frac{D}{L}}(D - xL)f(x)\mathrm{d}x - h\int_{\frac{D}{L}}^{b_1}(xL - D)f(x)\mathrm{d}x - c_s L \tag{6.6}$$

通过对公式(6.6)求关于 p 和 L 的导数,可得

$$\frac{\partial \pi_c(p, L)}{\partial p} = D_0 - \alpha(p - c_m) - \alpha p$$

$$\frac{\partial \pi_c(p, L)}{\partial L} = -h\int_{\frac{D}{L}}^{b_1} xf(x)\mathrm{d}x + s\int_{b_0}^{\frac{D}{L}} xf(x)\mathrm{d}x - c_s$$

$$\frac{\partial^2 \pi_c(p,L)}{\partial p^2} = -2\alpha < 0$$

$$\frac{\partial^2 \pi_c(p,L)}{\partial L^2} = -h\frac{D}{L^3}f\left(\frac{D}{L}\right) - s\frac{D}{L^3}f\left(\frac{D}{L}\right) < 0$$

然后我们可以得到 Hessian 矩阵

$$H(p,L) = \begin{pmatrix} \dfrac{\partial^2 \pi_c(p,L)}{\partial p^2} & \dfrac{\partial^2 \pi_c(p,L)}{\partial p \partial L} \\ \dfrac{\partial^2 \pi_c(p,L)}{\partial L \partial p} & \dfrac{\partial^2 \pi_c(p,L)}{\partial L^2} \end{pmatrix} = \begin{pmatrix} -2\alpha & 0 \\ 0 & -h\dfrac{D}{L^3}f\left(\dfrac{D}{L}\right) - s\dfrac{D}{L^3}f\left(\dfrac{D}{L}\right) \end{pmatrix}$$

很容易证得 Hessian 矩阵负定,所以证得 $\pi_c(p,L)$ 是一个凹函数,且存在最优解 p^* 和 L^*。

令关于 p 的一阶导数为零,得出

$$p^* = \frac{D_0 + \alpha c_m}{2\alpha} \tag{6.7}$$

令

$$g(L) = -h\int_{\frac{D}{L}}^{b_1} xf(x)\,dx + s\int_{b_0}^{\frac{D}{L}} xf(x)\,dx - c_s$$

当 $L = D/b_0$ 时,$g(L) = -h\mu - c_s < 0$;

当 $L = D/b_1$ 时,$g(L) = s\mu - c_s > 0$。

所以必然存在一个 $L^* \in (D/b_1, D/b_0)$ 使得 $g(L^*) = 0$。

令

$$\frac{D^*}{L^*} = \varepsilon \tag{6.8}$$

所以在集中式决策模型中,供应链的利润函数是关于价格和订货批量的凹函数,且当价格和订货批量满足 $p^* = \dfrac{D_0 + \alpha c_m}{2\alpha}$,$-h\int_{\frac{D}{L}}^{b_1} xf(x)\,dx + s\int_{b_0}^{\frac{D}{L}} xf(x)\,dx - c_s = 0$ 时,存在唯一的最优解使得供应链的整体利润达到最大。集中决策所能达到的最大利润值为

$$D^* = \frac{D_0 - \alpha c_m}{2}$$

$$\pi_c^*(p^*, L^*) = \left[\frac{D_0 - \alpha c_m}{2\alpha} - s\int_a^{\frac{D^*}{L^*}} f(x)\,dx + h\int_{\frac{D^*}{L^*}}^{b} f(x)\,dx\right] D^*$$

6.2.3 分散决策模型

由于利益和激励机制的冲突:一方面,销售商为了提高服务水平,希望供应商在仓库中多存货;另一方面,由于库存剩余的风险,供应商不愿在仓库中多存货,供应商管理库存环境下,双边际效应同样存在。本节为了减少这种双重边际效应,克服信息扭曲和牛鞭效应,采用供应商管理库存,即库存成本和缺货成本由供应链所有成员共同承担,为了鼓励供应商建立仓库管理库存,并进行批量生产,将产品批售给制造商,供应商粗加工费用也由供应链所有成员共同承担。

在分散决策情形下供应链的共同花费为

$$H(L) = E[s(D-\varepsilon L)^+ + h(\varepsilon L - D)^+ + c_s L]$$
$$= s\int_{b_0}^{\frac{D}{L}}(D - xL)f(x)\mathrm{d}x + h\int_{\frac{D}{L}}^{b_1}(xL - D)f(x)\mathrm{d}x + c_s L$$

第一部分表示供应商供小于求时从现货市场补货的费用,第二部分表示供过于求时的库存持有成本,第三部分是供应商对原材料进行粗加工的成本。

供应商、制造商与零售商的利润函数分别为

$$\pi_s(w_s, L) = w_s D \qquad (6.9)$$
$$\pi_m(w_m) = (w_m - w_s - c_m)D \qquad (6.10)$$
$$\pi_r(p) = (p - w_m)D \qquad (6.11)$$

6.2.4 三级斯坦伯格博弈模型

通常供应商、制造商和零售商是不同的实体,且决策权力不相当时,在作决策时往往各自为政,在此分散决策模式下,本节建立一个三级斯坦伯格博弈模型,动态博弈顺序为:供应商首先决定原材料的批发价和订货批量,制造商根据供应商的决策决定产品的批发价,零售商根据制造商的决策决定产品的零售价。

用逆推归纳法首先求得零售商关于零售价的反应函数:

$$\frac{\partial \pi_r(p)}{\partial p} = (D_0 - \alpha p) - \alpha(p - w_m) = 0$$

$$p_d^*(w_m) = \frac{D_0 + \alpha w_m}{2\alpha} \qquad (6.12)$$

将公式(6.12)代入公式(6.10)基于零售商关于零售价的反应函数求得制造商关于产品批发价的反应函数:

$$w_m^*(w_s) = \frac{D_0 + \alpha w_s + \alpha c_m}{2\alpha} \qquad (6.13)$$

将公式(6.13)代入公式(6.9),基于公式(6.12)和(6.13)求得供应商关于原材料批发价的最优解:

$$w_s^* = \frac{D_0 - \alpha c_m}{2\alpha} \qquad (6.14)$$

将公式(6.14)代入(6.13)求得w_m^*,将w_m^*代入(6.12)求得p_d^*。

因为$\dfrac{\partial \pi_s^*(w_s,L)}{\partial L} = -h\int_{\frac{D}{L}}^{b_1} xf(x)\,\mathrm{d}x + s\int_{b_0}^{\frac{D}{L}} xf(x)\,\mathrm{d}x - c_s$,由公式(6.8)可知,当$\dfrac{D_d^*}{L_d^*}$

$= \dfrac{D^*}{L^*} = \varepsilon$时,$\dfrac{\partial \pi_s^*(w_s,L)}{\partial L} = 0$。

所以求得一个唯一的斯坦伯格均衡解$p_d^* = \dfrac{7D_0 + \alpha c_m}{8\alpha}$,$w_m^* = \dfrac{3D_0 + \alpha c_m}{4\alpha}$,

$w_s^* = \dfrac{D_0 - \alpha c_m}{2\alpha}$,供应商在斯坦伯格博弈情况下,关于订货批量的决策$L$有唯一最优解。在斯坦伯格均衡下的需求以及各个成员的利润分别为

$$D_d^* = \frac{D_0 - \alpha c_m}{8} \qquad (6.15)$$

$$H(L_d^*) = s\int_{b_0}^{\frac{D_d^*}{L_d^*}} f(x)\,\mathrm{d}x - h\int_{\frac{D_d^*}{L_d^*}}^{b_1} f(x)\,\mathrm{d}x \qquad (6.16)$$

$$\pi_s^*(w_s^*) = \frac{D_0 - \alpha c_m}{2\alpha} D_d^* \qquad (6.17)$$

$$\pi_m^*(w_m^*) = \frac{D_0 - \alpha c_m}{4\alpha} D_d^* \qquad (6.18)$$

$$\pi_r^*(p_d^*) = \frac{D_0 - \alpha c_m}{8\alpha} D_d^* \qquad (6.19)$$

$$\pi_d^*(p_d^*, L_d^*) = \left[\frac{7D_0 - 7\alpha c_m}{8\alpha} - s\int_a^{\frac{D_d^*}{L_d^*}} f(x)\,\mathrm{d}x + h\int_{\frac{D_d^*}{L_d^*}}^{b} f(x)\,\mathrm{d}x\right] D_d^* \qquad (6.20)$$

6.2.5 二级斯坦伯格博弈模型

在现实生活中,供应链和制造商有时会形成一个小联盟,这个小联盟与零售商构成一个由小联盟主导的二级斯坦伯格博弈模型,小联盟决定产品的批发价

和原材料的订货批量,先不考虑他们内部之间的交易,零售商决定产品的零售价。

1. SM-R 博弈模型

在供应商和制造商组成联盟时,和零售商构成二级斯坦伯格博弈,求得一个唯一的均衡解 $w_m^{SM*} = \dfrac{D_0 + \alpha c_m}{2\alpha}$,$p_d^{SM*} = \dfrac{3D_0 + \alpha c_m}{4\alpha}$,$\dfrac{D_d^{SM*}}{L_d^{SM*}} = \dfrac{D^*}{L^*} = \varepsilon$。

此时需求以及各个成员的利润分别为

$$D_d^{SM*} = \frac{D_0 - \alpha c_m}{4} \tag{6.21}$$

$$H(L^{SM*}) = s\int_{b_0}^{D_d^{SM*}/L^{SM*}} f(x)\,dx - h\int_{D_d^{SM*}/L^{SM*}}^{b_1} f(x)\,dx \tag{6.22}$$

$$\pi_{s+m}^{SM*}(w_m^{SM*}, L^{SM*}) = \frac{D_0 - \alpha c_m}{2\alpha} D_d^{SM*} \tag{6.23}$$

$$\pi_r^{SM*}(p_d^{SM*}) = \frac{D_0 - \alpha c_m}{4\alpha} D_d^{SM*} \tag{6.24}$$

$$\pi_d^{SM*}(p_d^{SM*}, L^{SM*}) = \left[\frac{3D_0 - 3\alpha c_m}{4\alpha} - s\int_a^{D_d^{SM*}/L^{SM*}} f(x)\,dx + h\int_{D_d^{SM*}/L^{SM*}}^{b} f(x)\,dx\right] D_d^{SM*} \tag{6.25}$$

2. S-MR 博弈模型

在这部分,我们考虑零售商链和制造商有时会形成一个小联盟,这个小联盟与供应商构成一个由小联盟主导的二级斯坦伯格博弈模型,小联盟决定产品的零售价,先不考虑他们内部之间的交易,供应商决定产品的原材料批发价和订货批量。

在零售商和制造商组成联盟时,和供应商构成二级斯坦伯格博弈,求得一个唯一的均衡解 $w_s^{MR*} = \dfrac{D_0 - \alpha c_m}{2\alpha}$,$p_d^{MR*} = \dfrac{3D_0 + \alpha c_m}{4\alpha}$,$\dfrac{D_d^{MR*}}{L_d^{MR*}} = \dfrac{D^*}{L^*} = \varepsilon$。

此时需求以及各个成员的利润分别为

$$D_d^{MR*} = \frac{D_0 - \alpha c_m}{4} \tag{6.26}$$

$$H(L^{MR*}) = s\int_{b_0}^{D_d^{MR*}/L^{MR*}} f(x)\,\mathrm{d}x - h\int_{D_d^{MR*}/L^{MR*}}^{b_1} f(x)\,\mathrm{d}x \qquad (6.27)$$

$$\pi_s^{MR*}(w_s^{MR*}, L^{MR*}) = \frac{D_0 - \alpha c_m}{2\alpha} D_d^{MR*} \qquad (6.28)$$

$$\pi_{m+r}^{MR*}(p_d^{MR*}) = \frac{D_0 - \alpha c_m}{4\alpha} D_d^{MR*} \qquad (6.29)$$

$$\pi_d^{MR*}(p_d^{MR*}, L^{MR*}) = \left[\frac{3D_0 - 3\alpha c_m}{4\alpha} - s\int_{b_0}^{D_d^{MR*}/L^{MR*}} f(x)\,\mathrm{d}x + h\int_{D_d^{MR*}/L^{MR*}}^{b_1} f(x)\,\mathrm{d}x\right] D_d^{MR*}$$

$$(6.30)$$

6.3 基于夏普利值法的合作博弈

可以发现,在分散决策中,三级斯坦伯格博弈和二级斯坦伯格博弈取得的关于零售价和需求量的结果与集中决策模型下的结果都不一致,也就是说在非合作博弈下分散决策无法使供应链的整体效益达到最优。在这种情况下,以往的文献中较多使用协调机制促使供应链各成员作出的决策与集中决策相一致。现代大多经济学家谈到的博弈论往往指的是非合作博弈论,很少提到合作博弈论,甚至很多博弈论教材也未曾提到合作博弈。实际上,合作博弈的出现和研究比非合作博弈要早,早在1881年,Edgeworth在他的《数学心理学》一书中就已经体现了合作博弈的思想。合作博弈在理论上的重要突破及其以后的发展在很大程度起源于夏普利提出的夏普利值的解的概念及其公理化刻画。

为使供应链的收益达到最优,采用夏普利值这个很直观的解的概念,参与人按照夏普利值进行分配。夏普利值是夏普利1953年提出的,从另一个角度分析联盟博弈的解概念和分析算法,与市场经济中按边际生产力分配的原则一样,在联盟博弈中按照各个博弈方的价值进行分配。

假设$\langle G,v\rangle$是合作博弈,$G=\{1,2,3\}$代表供应链中的三个成员,供应商、制造商和零售商。如果对于G中的每个成员,它的收入函数满足于$t(v) \geq v(i)$,$\sum_{i=1}^{3}\tau_i(v) = v(G)$,那么每个成员在合作情况下取得的收入分配为

$$t(v) = \sum_{i \in g} w(|g|)\left[v(g) - v\left(\frac{g}{i}\right)\right], i = 1,2,3$$

$$w(|g|) = \frac{(3-|g|)!\,(|g|-1)!}{3!}$$

根据表6.1可得供应商的夏普利值为

$$\tau_1(v) = \frac{1}{3}\pi_s^* + \frac{1}{6}(\pi_{s+m}^{SM*} - \pi_m^*) - \frac{1}{6}\pi_r^* + \frac{1}{3}(\pi_c^* - \pi_{m+r}^{MR*}) = \frac{37}{384}\frac{(D_0 - \alpha c_m)^2}{\alpha}$$

表6.1 供应商的夏普利值

g	S	S&M	M&R	S&M&R
$v(g)$	π_s^*	π_{s+m}^{SM*}	0	π_c^*
$v(g/s)$	0	π_m^*	π_r^*	π_{m+r}^{MR*}
$v(g)-v(g/s)$	π_s^*	$\pi_{s+m}^{SM*} - \pi_m^*$	$-\pi_r^*$	$\pi_c^* - \pi_{m+r}^{MR*}$
$|g|$	1	2	2	3
$w(|g|)$	$\frac{1}{3}$	$\frac{1}{6}$	$\frac{1}{6}$	$\frac{1}{3}$
$w(|g|)[v(g)-v(g/s)]$	$\frac{1}{3}\pi_s^*$	$\frac{1}{6}(\pi_{s+m}^{SM*} - \pi_m^*)$	$-\frac{1}{6}\pi_r^*$	$\frac{1}{3}(\pi_c^* - \pi_{m+r}^{MR*})$

同理可得制造商和零售商的夏普利值为

$$\tau_2(v) = \frac{1}{3}\pi_m^* + \frac{1}{6}(\pi_{m+r}^{MR*} - \pi_r^*) + \frac{1}{3}\pi_c^* + \frac{1}{6}(\pi_{s+m}^{SM*} - \pi_s^*) = \frac{43}{384}\frac{(D_0 - \alpha c_m)^2}{\alpha}$$

$$\tau_3(v) = \frac{1}{3}\pi_r^* + \frac{1}{6}(\pi_{m+r}^{MR*} - \pi_m^*) - \frac{1}{6}\pi_s^* + \frac{1}{3}(\pi_c^* - \pi_{s+m}^{SM*}) = \frac{16}{384}\frac{(D_0 - \alpha c_m)^2}{\alpha}$$

所以利用夏普利值协调机制,供应商、制造商和零售商的分配比例为 $\tau_1 = \frac{37}{384}$, $\tau_2 = \frac{43}{384}$, $\tau_3 = \frac{16}{384}$。

可以得出结论 $\tau_1(v) > \pi_s^*$,$\tau_2(v) > \pi_m^*$,$\tau_3(v) > \pi_r^*$,$\tau_1(v) + \tau_2(v) > \pi_{s+m}^{SM*}$,$\tau_2(v) + \tau_3(v) > \pi_{m+r}^{MR*}$,所以夏普利协调机制可以有效地分配利润,激励供应链成员进行合作,达到供应链整体最优化。

6.4 夏普利值法的修正和模型的构建

夏普利值法利益分配的优点是可以保证联盟成员获取的利益不低于非联盟情况下该成员获取的利益。假设联盟成员以随机的形式组成联盟,构建联盟的成员地位平等,夏普利值法在利润分配中设置权重系数保证了一定的按劳分配,只要成员对于联盟产生了贡献,其一定能获得相应合理的收益,然而其忽略一些直接影响利润的关键因素,例如风险分担、创新能力等。联盟成员重要性不同,发挥的作用不同,因此应用夏普利值法需要衡量联盟成员的重要性。确定联盟成员重要性评价指标需要考察构建战略联盟的目的。战略联盟的组建是为了提升企业的核心竞争力,提高企业效益。核心竞争力理论认为,有机整合性是核心竞争力的典型特征,并且企业是否能够在行业细分市场上具备核心竞争力,企业的变性特征占有主导作用。而企业的变性特征依赖于规模和范围经济、技术创新、渠道控制等管理与技能。总的来说,企业核心竞争力主要体现在企业能否拥有成规模的客户群,为客户创造价值,企业能否在技术和资产方面占有优势,以及政府是否能够提供支持。

本章提出改进夏普利值求解模型,结合供应链的运作模式,设计修正后的夏普利值模型如下:$\tau'_i(v) = \tau_i(v) + v(g)(w_i - 1/N)$,其中$\tau'_i(v)$为修正后的第$i$个企业所获得的利润分配值;$\tau_i(v)$为原始的第$i$个企业所获得的利润分配值;$v(g)$为供应链子集所产生的收益;$w_i - 1/N$为修正因子系数,即第$i$个成员的权重与平均评价的差值;$w_i$为第$i$个成员的权重,本章将通过层次分析法来设定每个供应链成员的权重。

层次分析法(AHP)是由运筹学家塞蒂(T. L. Salty)于20世纪70年代初所提出并证实的一种赋值评价方法。该方法适用于医学、农业、水电、能源等各个领域之中,现今在许多企业可看见层次分析法的踪迹。AHP的核心思想是将一个复杂问题分解成一系列具有层次结构的子问题,并使用定量和定性数据来比较不同选项之间的优劣。它通过建立一组相互补充的评价准则和子标准,将目标分解为若干个层次,并对每个层次的各项指标进行权重分配和评价,最终确定各个方案的得分和排名。

与传统的单一因素决策方法相比,层次分析法可以更全面地考虑多个因素对决策结果的影响,并增强对决策过程的透明度和可解释性。此外,它还可以提高团队合作和共识达成的效率,促进多利益相关者之间的合理协商和沟通。针对传统夏普利值法的局限性,同时考虑指标实用性和简明性,下面采用五个指标评价联盟成员重要性,即考虑风险分担、资源投入、创新能力、规模经济、政府补贴五个指标对供应链利益分配的影响,修正夏普利利润分配模型,设计其改正过程。供应链利益分配层次结构模型如图6.1所示。

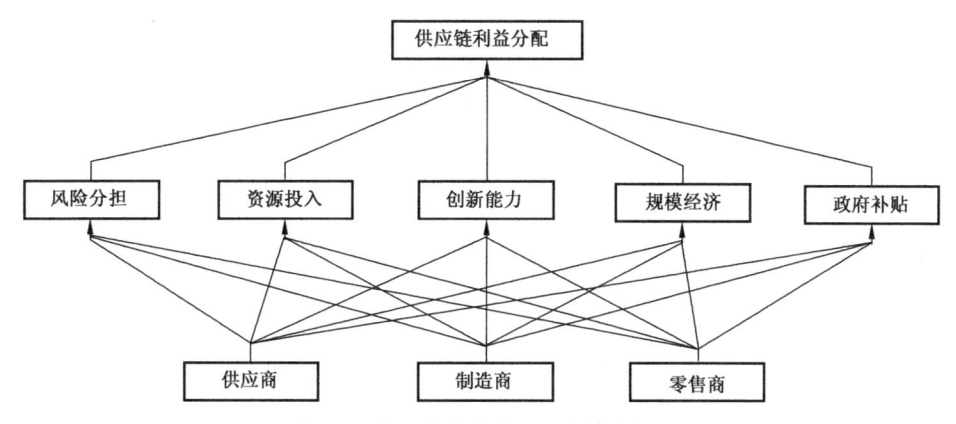

第6章 随机产量下基于合作博弈的三级供应链协调机制

图6.1 供应链利益分配层次结构模型

采用层次分析法确定不同成员重要性,层次分析法要求建立三次分析框架:目标层、准则层和方案层。为了确定各指标的权重,我们参考表6.2所示的"1~9"标度法,通过成对比较各种元素的相对重要性,实现从判定到按量的转换。

表6.2 Saaty 1~9 标度表

标度	定义	含义
1	同样重要	两元素对某属性同样重要
3	稍微重要	两元素对某属性,一元素比另一元素稍微重要
5	明显重要	两元素对某属性,一元素比另一元素明显重要
7	强烈重要	两元素对某属性,一元素比另一元素强烈重要
9	极端重要	两元素对某属性,一元素比另一元素极端重要
2,4,6,8	相邻标度中值	表示相邻两标度之间折中时的标度
以上倒数	反比较	元素 i 对元素 j 的标度为 a_{ij},反之为 $\frac{1}{a_{ij}}$

(1) 构造判断矩阵;

(2) 分别求判断矩阵每行元素的乘积 M_i;

(3) 根据 M_i 求 $a_i = \sqrt[m]{M_i}$ ($i=1,2,\cdots,m$),其中 m 为矩阵每行元素的个数;

(4) 对 $\boldsymbol{a} = (a_i)^{\mathrm{T}}$ 做归一化处理,得特征向量 $\boldsymbol{W}_i$;

(5) 根据特征向量求 $\lambda_{\max}$,得

$$\lambda_{\max} = \frac{1}{m}\sum_{i=1}^{m}\frac{(\boldsymbol{AW})_i}{\boldsymbol{W}_i}$$

(6) 进行一致性检验

$$C.I = \frac{\lambda_{\max} - m}{m - 1}, C.R = \frac{C.I}{R.I}$$（其中 R.I 可以查表，常用的见表6.3）。

当 $C.R \leq 0.1$ 时说明判断矩阵符合一致性条件，否则需要修改判断矩阵。

表6.3 R.I 比率表

阶数	1	2	3	4	5	6	7	8
R.I	0	0	0.52	0.89	1.12	1.26	1.36	1.41

6.5 数值算例分析

1. 基于传统夏普利值的收益分配

为了更进一步的研究，本节将进行数值分析，假设某供应链参数如下：$D_0 = 1\,200, c_m = 2, c_s = 4, h = 2.5, s = 15, \alpha = 50$，生产不确定系数 ε 的期望值为 $\mu = 0.65$。研究生产不确定性的大小对供应链协调的影响，生产不确定系数 ε 的标准差 δ 在 0.001 到 0.371 之间。得到在生产和需求都不确定的环境下，集中模式、分散无协调模式、夏普利协调下的利润。具体见表6.4。

表6.4 生产标准差变化对供应链系统的影响

δ	分散决策				夏普利协调			
	总利润	供应商	制造商	零售商	总利润	供应商	制造商	零售商
0.00	4 874.6	2 785.5	1 392.7	696.4	10 494.5	4 044.7	4 700.6	1 749.1
0.04	4 848.2	2 770.4	1 385.2	692.6	10 388.9	4 004.1	4 653.4	1 731.5
0.08	4 822.1	2 755.5	1 377.8	688.9	10 284.8	3 963.9	4 606.7	1 714.1
0.11	4 796.8	2 741.0	1 370.5	685.3	10 183.3	3 924.8	4 561.3	1 697.2
0.15	4 772.4	2 727.1	1 363.5	681.8	10 085.7	3 887.2	4 517.5	1 680.9
0.19	4 749.1	2 713.8	1 356.9	678.4	9 992.8	3 851.4	4 475.9	1 665.5
0.22	4 727.2	2 701.3	1 350.6	675.3	9 905.2	3 817.6	4 436.7	1 650.9
0.26	4 706.7	2 689.5	1 344.8	672.4	9 823.1	3 786.0	4 399.9	1 637.2
0.30	4 687.6	2 678.6	1 339.3	669.7	9 746.6	3 756.5	4 365.7	1 624.4
0.33	4 669.8	2 668.5	1 334.2	667.1	9 675.6	3 729.1	4 333.9	1 612.6
0.37	4 653.4	2 659.1	1 329.5	664.8	9 609.8	3 703.8	4 304.4	1 601.6

图 6.2 为集中模式、分散无协调模式、夏普利协调下相应的供应链及供应链各成员的利润,可以看出随着生产不确定性增大,所有成员的利润值都会下降,经过夏普利协调之后的分散模式所得到的整体利润达到集中决策模式下的效益,并且供应商、制造商和零售商所得到的利润都比分散没有协调情况下的多,夏普利协调使供应链产生一个共赢的局面。

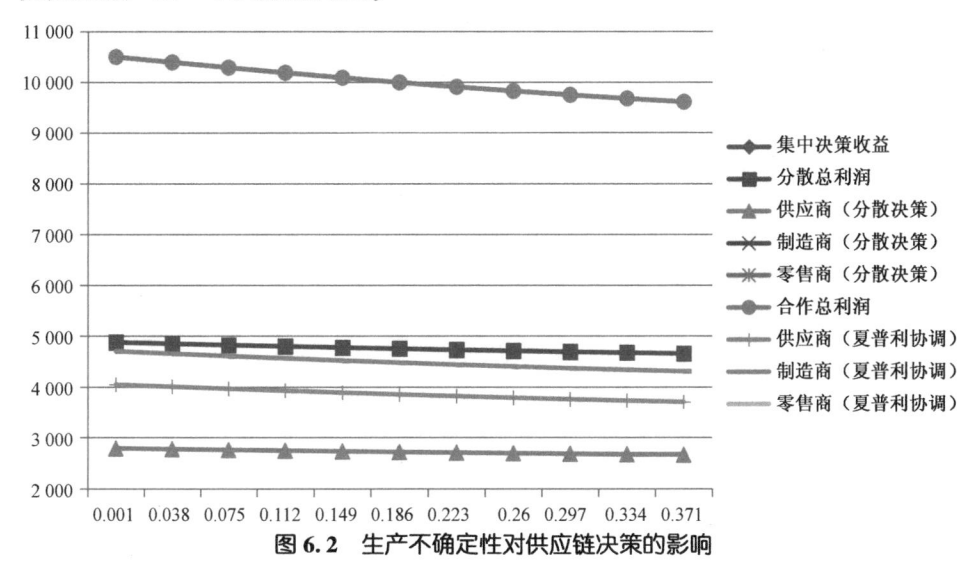

图 6.2 生产不确定性对供应链决策的影响

2. 基于 AHP 修正夏普利值的收益分配

(1) 由相关专家构造判断矩阵

为了构建判断矩阵,本章选取在供应链管理方面有经验的专家进行投票打分,为了保证数据的公平性、准确性、全面性,在选取专家时要求从业人员具有 5 年以上的供应链管理经验,最终筛选获得 5 位来自平台的高级管理人员,3 位来自相关教学人员,2 位来自科学研究院,对各级指标用 Saaty 1~9 的比例标度进行两两比较。

以准则层风险分担 B_1、资源投入 B_2、创新能力 B_3、规模经济 B_4,政府补贴 B_5 相对于目标层的判断矩阵 A 如表 6.5 所示。

表 6.5 判断矩阵 A

A	B_1	B_2	B_3	B_4	B_5
B_1	1	1/7	1	1	1/3
B_2		1	5	3	3

续表6.5

A	B_1	B_2	B_3	B_4	B_5
B_3			1	1/5	1/3
B_4				1	1/3
B_5					1

以制造商 B_{11}、供应商 B_{12}、零售商 B_{13} 相对于准则层风险分担 B_1 的判断矩阵 $\boldsymbol{B}_1$ 如表6.6所示。

表6.6 判断矩阵 $\boldsymbol{B}_1$

B_1	B_{11}	B_{12}	B_{13}
B_{11}	1	1	3
B_{12}		1	5
B_{13}			1

以制造商 B_{11}、供应商 B_{12}、零售商 B_{13} 相对于准则层资源投入 B_2 的判断矩阵 $\boldsymbol{B}_2$ 如表6.7所示。

表6.7 判断矩阵 $\boldsymbol{B}_2$

B_2	B_{11}	B_{12}	B_{13}
B_{11}	1	1/3	3
B_{12}		1	5
B_{13}			1

以制造商 B_{11}、供应商 B_{12}、零售商 B_{13} 相对于准则层创新能力 B_3 的判断矩阵 $\boldsymbol{B}_3$ 如表6.8所示。

表6.8 判断矩阵 $\boldsymbol{B}_3$

B_3	B_{11}	B_{12}	B_{13}
B_{11}	1	1/3	1
B_{12}		1	5
B_{13}			1

以制造商 B_{11}、供应商 B_{12}、零售商 B_{13} 相对于准则层规模经济 B_4 的判断矩阵 $\boldsymbol{B}_4$ 如表6.9所示。

表6.9　判断矩阵 B_4

B_4	B_{11}	B_{12}	B_{13}
B_{11}	1	1	3
B_{12}		1	5
B_{13}			1

以制造商 B_{11}、供应商 B_{12}、零售商 B_{13} 相对于准则层政府补贴 B_5 的判断矩阵 B_5 如表6.10所示。

表6.10　判断矩阵 B_5

B_5	B_{11}	B_{12}	B_{13}
B_{11}	1	5	3
B_{12}		1	1/3
B_{13}			1

（2）层次排序及其一致性检验

依据建立的判断矩阵以及层次分析法设定各指标的权重（见图6.3），并进行一致性检验。

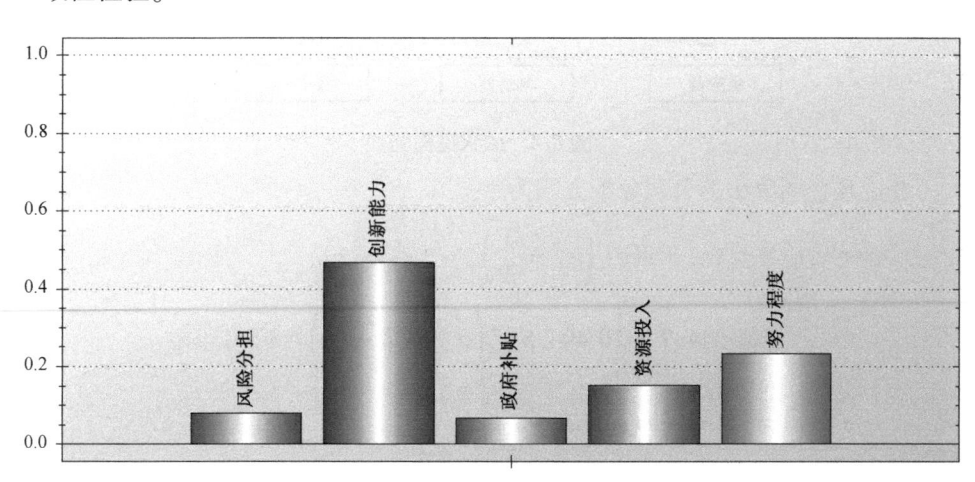

图6.3　指标权重

$G: \boldsymbol{W} = (w_1, w_2, w_3, w_4, w_5)^T = (0.0807, 0.1530, 0.4671, 0.2325, 0.0668)$

$\lambda_{max} = 5.3836$　　$C.R = 0.0856 < 0.1$ 满足一致性检验

$\boldsymbol{W}_1 = (w_{11}, w_{12}, w_{13})^T = (0.1360, 0.1790, 0.6851)$

$\lambda_{max} = 3.0816$　　$C.R = 0.0784 < 0.1$ 满足一致性检验

$W_2 = (w_{21}, w_{22}, w_{23})^T = (0.1429, 0.4286, 0.4286)$

$\lambda_{max} = 3.0000$ $C.R = 0.0000 < 0.1$ 满足一致性检验

$W_3 = (w_{31}, w_{32}, w_{33})^T = (0.2000, 0.6000, 0.2000)$

$\lambda_{max} = 3.0000$ $C.R = 0.0000 < 0.1$ 满足一致性检验

$W_4 = (w_{41}, w_{42}, w_{43})^T = (0.4286, 0.1429, 0.4286)$

$\lambda_{max} = 3.0000$ $C.R = 0.0000 < 0.1$ 满足一致性检验

$W_5 = (w_{51}, w_{52}, w_{53})^T = (0.6333, 0.1062, 0.2605)$

$\lambda_{max} = 3.0387$ $C.R = 0.372 < 0.1$ 满足一致性检验

得到供应商、制造商、零售商的权重和层次结构图如图 6.4 所示。

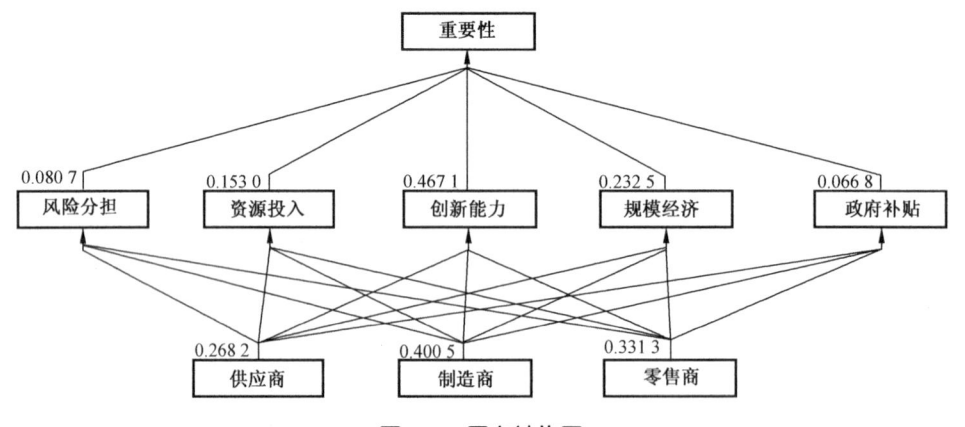

图 6.4　层次结构图

改进夏普利值法的公司分配方案为

$$\tau'_1(v) = \tau_1(v) + v(g)\left(w_1 - \frac{1}{N}\right)$$

$$= 4044.7 + 10494.5 \times \left(0.2682 - \frac{1}{3}\right) = 3361.2$$

$$\tau'_2(v) = \tau_2(v) + v(g)\left(w_2 - \frac{1}{N}\right)$$

$$= 4700.6 + 10494.5 \times \left(0.4005 - \frac{1}{3}\right) = 5405.5$$

$$\tau'_3(v) = \tau_3(v) + v(g)\left(w_1 - \frac{1}{N}\right)$$

$$= 1749.1 + 10494.5 \times \left(0.3313 - \frac{1}{3}\right) = 1727.8$$

由表 6.11 的数据可以看出，改进后的夏普利值法的利润分配方案与传统的夏普利值的利润相比，制造商所分配的利润有所增加，而供应商和零售商分配的利润有所下降。在实际的供应链运营中，制造商负责将产品进行加工以及生产，在整个供应链协同过程中，其资源贡献和努力程度对于整个供应链协同起到很大作用，同时政府给予制造商一系列补贴，对于供应链的运营也起到了一定影响，因此修正后的夏普利值考虑到这些因素的影响，制造商所分配的利润值比传统方案有所增加，但是每一个供应链企业节点的利润均大于其独自经营时的利润，故收益分配方案是可行的。

表 6.11　分配方案结果比较

$\delta=0$	分散决策	夏普利协调	改进夏普利协调
供应商利润	2 785.5	4 044.7	3 361.2
制造商利润	1 392.7	4 700.6	5 405.5
零售商利润	696.4	1 749.1	1 727.8
总利润	4 874.6	10 494.5	10 494.5

6.6　本章小结

以往关于供应链的研究大多针对二级供应链，研究非合作博弈下供应链决策优化或者协调契约的问题。本章研究产量随机、需求受价格和广告营销影响的环境下供应商、制造商和零售商组成的三级供应链的协调问题，为了克服信息扭曲和牛鞭效应，采用 VMI(供应商管理库存)方法，并且库存成本和缺货成本由供应链所有成员共同承担，为了鼓励供应商建立仓库进行库存管理，并批量生产半成品给制造商，供应商粗加工费用也由供应链所有成员共同承担。通过建立集中决策模型，为供应链整体效率以及关于售价和订货批量的决策建立一个标准，然后讨论分散决策下的博弈模型，分别就供应链中所有成员都是平等的情况，三个成员力量不均等的情况以及三个成员有小联盟的情况分别对决策进行分析，最终通过将四种情况下的决策以及所产生的需求进行对比分析，发现在供应商、制造商和零售商进行合作的时候供应链的效率达到最大。通过夏普利值法进行合作博弈，供应链所有成员合作，然后按照各个博弈方在联盟博弈中的贡献和价值进行公平分配。

针对夏普利值的局限性，采用层次分析法进行改进可以使供应链在进行利润分配时能够充分考虑到各成员的贡献，还能将其他的外界环境各因素进行综合考虑和权衡,使利润分配更加符合供应链各成员的期望,兼顾效率与公平,从而使供应链各成员达成紧密长期友好的合作关系。本章考虑风险分担、资源投入、创新能力、规模经济、政府补贴五个指标,通过层次分析法对夏普利值利润分配进行改进,可以充分考虑供应链各成员在供应链中所作的贡献,按照每位成员所作的贡献进行权重的设定,进而对夏普利值分配的结果进行修正。修正夏普利协调机制不仅使整个供应链的效益达到最大,而且相对于非合作博弈,提高了每个成员的收益,使整个供应链达到一个共赢的局面,有很重要的实际意义。

但是,通过层次分析法确定供应链各成员所占的权重也存在一些缺点,首先层次分析法的指标与权重都需要由专家进行评议与估值,专家的经验和素质对分析结果都有着很大的影响;其次供应链中各成员的评估需要提供数据,如果数据提供得不准确,则分析结果的准确性就会大打折扣;再者就是稳定性较低,一旦遇到过于复杂的问题,层次分析法所导出结果的稳定性以及准确性就会产生折扣,需要不断地对模型的数值进行修改以及重新评分,导致模型建立时间延长从而影响效率;另外,层次分析法有一定的主观性,所以在确立判断矩阵时需要进行充分的协商讨论。

第7章 随机需求下考虑绿色度的供应链协调契约

7.1 问题描述

2020年9月,国家主席习近平在第75届联合国大会上宣布:"中国将提高国家自主贡献力度,采取更加有力的政策和措施,二氧化碳排放力争于2030年前达到峰值,努力争取2060年前实现碳中和。"在双碳目标下,构建并逐步优化农产品供应链,是健全绿色低碳循环发展生产体系的必然要求。2022年4月农业农村部、财政部、国家发展改革委发布的《关于开展2022年农业现代化示范区创建工作的通知》中要求推动投入品应用绿色化,开展绿色种养生态循环试点,打造生态农场;有条件的示范区建设国家农业绿色发展先行区,示范引领农业全面绿色转型。2022年,国家农业农村部、财政部等部门多次就农业现代化生产、绿色种养、农业绿色发展等方面进行发文指导。随着我国经济的快速发展,人们对农产品的新鲜、绿色和环保都有了更高的要求,国家环保政策要求和生产企业环保意识也随之提升。

利用科学的、可持续的绿色先进生产技术不断优化农产品的产业结构和产品质量层次,不仅可以帮助生产商节约生产成本,还可以提高农产品的绿色度,对消费者的需求和生产者的生产都有着正向的作用。针对农作物秸秆综合利用提出完善利用方式,在农业生产中利用废弃农作物秸秆,将其变废为宝,不仅可有效处理秸秆,而且还为农产品生产提供有效基质[173]。农产品在种养殖过程中可以通过轮作、套作、共作等方式,使得土地有效利用,采取绿色种养殖技术,提高产品质量,促进农产品增收[174]。目前应用广泛的稻鱼、稻虾、稻蟹共作,不仅提高水稻和水产品(鱼、虾、蟹)的产量和品质,而且可有效减少使用农药化肥、减少病虫害的发生,真正达到绿色、环保、有机三者合一的生产效果[175-177]。

农产品一般具有生产提前期长,生命周期短,需求不确定性大,期末待售产品残值低等特性,在农产品供应链的协调和管理中必须考虑这些因素。Li等应用多项logit模型来区分中国菜农的生产不确定性、环境不确定性和销售不确定性[178]。王红春等研究直播电商农产品供应链中,政府补贴对于农户和直播商户决策的影响[179]。霍红等研究需求受销售努力和价格影响的农产品供应链,通过销售努力提高销售量,从而将产品在短时间内销售给消费者[180]。

随着人们生活水平的提高,食品安全问题频频曝出,越来越多的消费者开始注重农产品的绿色度。在大数据、云计算、物联网等信息技术持续赋能下,直播电商给农产品带来新的机遇和挑战,农产品的需求变得越来越复杂和多变。"双重边缘化"和"牛鞭效应"的存在迫切需要协调供应链中的每个成员。研究供应链契约设计机制对供应链成员绿色行为选择的作用,有利于促进农业转型发展,加强企业对环境与资源的关注,进一步推进生态文明建设。

目前,国内外学界对供应链运营中需求受哪些关键因素的影响仍未达成共识,对于在农产品供应链环境下的成员间的合作与协调问题仍显相对缺乏。越来越多的研究者已经认识到绿色生产对于提升企业的环境管理水平和商业竞争能力的重要性。不同于以往的研究,本章根据农产品生产分散化、流通链条缺乏协调、绿色研发成本高、需求不确定性大的现状,以农产品供应链为研究对象,考虑需求不确定性下的农产品供应链,通过建立一个基于报童模型的两阶段供应链,分析供应链在集中、分散和协调模式下,其预期利润最大化的产品订购量和产品绿色度。研究发现,单一收益共享契约无法协调供应链。设计收益共享-绿色成本共担联合契约,以协调农产品供应链,实现农产商和零售商的长效共赢。通过研究农产品供应链契约协调机制,促进供应链成员绿色行为选择,以期为农产品生产商和零售商发展绿色农产品供应链提供对策建议。

7.2 模型建立

7.2.1 参数定义及说明

决策变量:

q:零售商订购的产品数量;

e:农产商生产产品的绿色度。

参数:

p:产品的零售价格;

c:单位产品的原材料成本;

w:单位产品的批发价;

g:单位缺货成本;

v:未售出产品的剩余价值;

r:绿色度对需求的影响系数;

ε:需求随机变量;

$f(x)$:随机需求的概率密度函数;

$F(x)$:随机需求的分布函数;

$f(x|e)$:绿色度为 e 的市场需求概率密度函数;

$F(x|e)$:绿色度为 e 的市场需求分布函数;

$S(q,e)$:绿色度为 e 的零售商的期望销售量,$S(q,e)=q-\int_0^{q-re}F(x)\mathrm{d}x$;

μ:随机需求的期望值;

σ:随机需求的标准差。

7.2.2 基本研究假设

本章研究由一个农产商和一个零售商组成的两阶段农产品供应链的协调问题。农产商负责绿色生产的研发成本,决定产品的绿色度,零售商根据市场需求预测进行订购,其中市场需求是随机的且受产品绿色度的影响。当市场需求大于订购量时,就会产生短缺成本。相反,零售商可以将最后未销售的产品及时处理为残值。需求随机变量 ε 服从正态分布,$\varepsilon \sim N(\mu,\sigma)$,其中 μ,σ 为常数且大于零,随机变量 $\varepsilon \geq 0$,负数部分忽略不计。总需求量为 $X(e,\varepsilon)=r(e)+\varepsilon$。$r(e)=r*e$,绿色生产的研发成本为 $c(e)=\frac{1}{2}be^2$($b>0,e>0$),b 为农产商绿色生产研发成本系数。基于"经济人"的假设,$p>w>c>0$,这确保了供应链的每个成员都能获得利润。

7.3 集中和分散决策模型

7.3.1 集中决策模型

将供应链视为一个整体,在集中式模型中,零售商和农产商的决策以供应链利润最大化为目标。零售商从农产商处购买商品的过程被视为供应链内利润的转移,这只影响供应链中每个成员的利益,对整个供应链的利润没有影响。供应链的预期利润函数可以表示为

$$\Pi_{sc}(q,e) = pE[\min(q,r(e)+\varepsilon)] + vE[(q-(r(e)+\varepsilon))^+] - \\ gE[((r(e)+\varepsilon)-q)^+] - cq - c(e) \tag{7.1}$$

式中，$pE[\min(q,r(e)+\varepsilon)]$ 是销售收入；$vE[(q-(r(e)+\varepsilon))^+]$ 是销售期结束时未售出产品的剩余价值；$gE[((r(e)+\varepsilon)-q)^+]$ 为由未满足的市场需求造成的损失；cq 为农产商的生产成本；$c(e)$ 为绿色生产的研发成本。

当销售数量表示为 $S(q,e) = q - \int_0^{q-re} F(x)\mathrm{d}x$，公式(7.1)可以转化为

$$\Pi_{sc}(q,e) = (p-v+g)S(q,e) + vq - g(u+re) - cq - \frac{1}{2}be^2 \tag{7.2}$$

取 q 和 e 关于 $\Pi_{sc}(q,e)$ 的一阶导数和二阶导数，我们得到

$$\frac{\partial \Pi_{sc}(q,e)}{\partial q} = (p-c+g) - (p-v+g)F(q-re) \tag{7.3}$$

$$\frac{\partial \Pi_{sc}(q,e)}{\partial e} = r(p-v+g)F(q-re) - gr - be \tag{7.4}$$

$$\frac{\partial^2 \Pi_{sc}(q,e)}{\partial q^2} = -(p-v+g)f(q-re) \tag{7.5}$$

$$\frac{\partial^2 \Pi_{sc}(q,e)}{\partial e^2} = -r^2(p-v+g)f(q-re) - b \tag{7.6}$$

$$\frac{\partial^2 \Pi_{sc}(q,e)}{\partial q \partial e} = \frac{\partial^2 \Pi_{sc}(q,e)}{\partial e \partial q} = r(p-v+g)f(q-re) \tag{7.7}$$

$\Pi_{sc}(q,e)$ 的 Hessian 矩阵为

$$H(q,e) = \begin{pmatrix} -(p-v+g)f(q-re) & r(p-v+g)f(q-re) \\ r(p-v+g)f(q-re) & -r^2(p-v+g)f(q-re) - b \end{pmatrix}$$

$|H_1(q,e)| < 0$，$|H_3(q,e)| < 0$，$|H_2(q,e)| = b(p-v+g)f(q-re) > 0$，可证明 $\Pi_{sc}(q,e)$ 是一个凹函数，并且存在最优解(q_c^*, e_c^*)使供应链的整体利润最大化，需满足 $\frac{\partial \Pi_{sc}(q,e)}{\partial q} = \frac{\partial \Pi_{sc}(q,e)}{\partial e} = 0$。

可以得到 q_c^* 和 e_c^* 分别为

$$q_c^* = F^{-1}\left(\frac{p-c+g}{p-v+g}\right) + \frac{r^2(p-c)}{b} \tag{7.8}$$

$$e_c^* = \frac{r(p-c)}{b} \tag{7.9}$$

将公式(7.8)、(7.9)代入公式(7.2)，可获得集中供应链中的最大总利润，如下所示：

$$\Pi_{sc}^{c*}(q_c^*, e_c^*) = (p - v + g)S(q_c^*, e_c^*) + (v - c)q_c^* - g(u + re_c^*) - \frac{1}{2}be_c^{*2}$$
(7.10)

7.3.2 分散决策模型

在分散模型中,农产商和零售商是两个独立的个体,农产商和零售商之间的交易仅通过分散模型中的批发价格契约进行,其中农产商以 w 的价格向零售商批发产品。在进行决策时,农产商和零售商都考虑自身利益的最大化,而不考虑供应链的群体利益。农产商和零售商的预期利润如下:

$$\Pi_m(e) = (w - c)q - c(e) \quad (7.11)$$

$$\Pi_r(q) = pE[\min(r(e) + \varepsilon)] - wq + vE[(q - (r(e) + \varepsilon))^+] - gE[((r(e) + \varepsilon) - q)^+] \quad (7.12)$$

建立斯坦伯格博弈模型,农产商是领导者,零售商是追随者。零售商首先决定订购数量响应函数,农产商根据订购数量响应函数确定农产品的绿色度。

1. 零售商决策模型

在公式(7.12)中,$pE[\min(r(e) + \varepsilon)]$ 是销售收入,wq 是农产商批发产品的成本,$vE[(q - (r(e) + \varepsilon))^+]$ 是销售期结束时未售出产品的剩余价值,$gE[((r(e) + \varepsilon) - q)^+]$ 为未满足市场需求造成的损失。公式(7.12)被转换为

$$\Pi_r(q) = (p - v + g)S(q, e) + (v - w)q - g(u + re) \quad (7.13)$$

得到 $\Pi_r(q)$ 的一阶导数和二阶导数:

$$\frac{d\Pi_r(q)}{dq} = (p - w + g) - (p - v + g)F(q - re) \quad (7.14)$$

$$\frac{d^2\Pi_r(q)}{dq^2} = -(p - v + g)f(q - re) < 0 \quad (7.15)$$

因此,公式(7.13)具有唯一的最优解:

$$q_d^*(e) = F^{-1}\left(\frac{p - w + g}{p - v + g}\right) + re \quad (7.16)$$

2. 农产商决策模型

在公式(7.11)中,wq 是农产商的销售利润,cq 是农产商的生产成本,$c(e)$ 为绿色生产的研发成本。公式(7.11)被转换为

$$\Pi_m(e) = (w - c)\left[F^{-1}\left(\frac{p - w + g}{p - v + g}\right) + re\right] - \frac{1}{2}be^2 \quad (7.17)$$

得到 $\Pi_m(e)$ 的一阶导数和二阶导数:

$$\frac{\mathrm{d}\Pi_m(e)}{\mathrm{d}e} = (w-c)r - be \tag{7.18}$$

$$\frac{\mathrm{d}^2\Pi_m(e)}{\mathrm{d}e^2} = -b < 0 \tag{7.19}$$

因此,公式(7.17)具有唯一的最优解:

$$e_d^* = \frac{(w-c)r}{b} \tag{7.20}$$

将公式(7.20)代入(7.16)可得

$$q_d^* = F^{-1}\left(\frac{p-w+g}{p-v+g}\right) + \frac{r^2(w-c)}{b} \tag{7.21}$$

将 q_d^* 和 e_d^* 代入公式(7.11)和(7.12),分散模型中农产商和零售商的最大预期利润为

$$\Pi_r^{d*}(q_d^*, e_d^*) = (p-v+g)S(q_d^*, e_d^*) + (v-w)q_d^* - g(u+re_d^*) \tag{7.22}$$

$$\Pi_m^{d*}(q_d^*, e_d^*) = (w-c)q_d^* - \frac{1}{2}be_d^{*2} \tag{7.23}$$

3. 分散和集中模式比较

根据上述分析,在集中式模型中,订购数量为 $q_c^* = F^{-1}\left(\frac{p-c+g}{p-v+g}\right) + \frac{r^2(p-c)}{b}$,而在分散式模型中为 $q_d^* = F^{-1}\left(\frac{p-w+g}{p-v+g}\right) + \frac{r^2(w-c)}{b}$。$p > w > c$,所以 $\frac{r(p-c)}{b} > \frac{(w-c)r}{b}$,$F^{-1}\left(\frac{p-w+g}{p-v+g}\right) + re > F^{-1}\left(\frac{p-w+g}{p-v+g}\right) + \frac{r^2(w-c)}{b}$,即 $e_c^* > e_d^*$,$q_c^* > q_d^*$。

显然,在分散模型中,零售商和农产商在决策时都只考虑自己的利益。零售商订购的数量少于实际使供应链利润最大化的数量。同时,农产商生产农产品的绿色度也低于供应链利润最优值。在分散模式下,供应链的整体利润将下降,这是双重边际化的结果。

集中模型中零售商订购的数量比分散模型中的多,这表明零售商倾向于订购较少的产品,以抵抗不确定市场需求的影响,从而降低市场需求低于预期导致大量产品积压的风险。同时,农产商倾向于生产较低绿色度的产品从而避免投入较高

的绿色生产研发成本。

综上所述,供应链可以在集中式模式中实现更高水平的利润。农产商和零售商是独立的个体,在分散模型中,有必要设定一定的协调契约以使其总利润最大化。同时,农产商和零售商都能够通过协调契约获得比以前更多的利润,从而激励农产商和零售商遵守契约,形成长效共赢的合作关系。

7.4 协调模型

7.4.1 传统收益共享契约协调模型

供应链收益共享契约是零售商将在销售期结束时给予农产商一定比例的销售收入,农产商承诺给予零售商较低的批发价格,以激励零售商订购更多商品,从而改进供应链运作绩效的一种协调方式,国内常用的特许经营模式就是收益共享契约的典型案例。

假设零售商给农产商的销售收入份额为 ϕ,$\phi \in (0,1)$,农产商给零售商的批发价格为 w,零售商和农产商的利润函数表示为

$$\Pi_m^{RS}(e) = (w-c)q - \frac{1}{2}be^2 + \phi(p-v+g)S(q,e) \tag{7.24}$$

$$\Pi_r^{RS}(q) = (1-\phi)(p-v+g)S(q,e) - (w-v)q - g(\mu+re) \tag{7.25}$$

供应链系统的总利润函数保持不变,我们可以得到 $\Pi_{sc}(q,e) = \Pi_r^{RS}(q) + \Pi_m^{RS}(e)$。此处零售商和农产商斯坦伯格均衡解的求法与上述分散模型相同,同理可得零售商和农产商在收益共享下的最优决策如下:

$$q_r^{RS*} = F^{-1}\left(\frac{(1-\phi)(p-v+g) - w + v}{(1-\phi)(p-v+g)}\right) + r^2 \frac{(w-c) + \phi(p-v+g)}{b} \tag{7.26}$$

$$e_m^{RS*} = \frac{(w-c)r + \phi(p-v+g)r}{b} \tag{7.27}$$

通过比较公式(7.26)、公式(7.8)、公式(7.27)和公式(7.9),必须满足以下关系:$q_r^{RS*} = q_c^*$,$e_m^{RS*} = e_c^*$,即分散协调模式下供应链的最优决策与集中决策结果一致,供应链才能得到充分协调,可得

$$\frac{p-c+g}{p-v+g} = \frac{(1-\phi)(p-v+g) - w + v}{(1-\phi)(p-v+g)} \tag{7.28}$$

$$\frac{(w-c)r + \phi(p-v+g)r}{b} = \frac{r(p-c)}{b} \tag{7.29}$$

通过求解公式(7.28)和公式(7.29)发现 ϕ 的取值不同,不存在 ϕ 值同时使得 $q_r^{RS*} = q_c^*$,$e_m^{RS*} = e_c^*$,所以单一的收益共享契约无法使得供应链达到协调。

7.4.2 收益共享-绿色成本共担契约协调模型

基于传统协调供应链的收益共享契约,建立适合协调农产品供应链的收益共享-绿色成本共担契约。该契约不仅强调零售商以 ϕ 比例共享零售商的销售收入,同时为激励农产商积极生产绿色度较高的农产品,还强调零售商以 $1-\tau$ 比例承担农产商的投入绿色生产的研发成本,其中 $\tau \in (0,1)$。

$$\Pi_m^{RCS}(e) = (w-c)q - \frac{1}{2}b\tau e^2 + \phi(p-v+g)S(q,e) \tag{7.30}$$

$$\Pi_r^{RCS}(q) = (1-\phi)(p-v+g)S(q,e) - (w-v)q - g(\mu+re) - \frac{1}{2}(1-\tau)be^2 \tag{7.31}$$

此处零售商和农产商斯坦伯格均衡解的求法与上述分散模型相同,同理可得零售商和农产商在收益共享-绿色成本共担契约下的最优决策如下:

$$q_r^{RCS*} = F^{-1}\left(\frac{(1-\phi)(p-v+g)-w+v}{(1-\phi)(p-v+g)}\right) + r^2\frac{(w-c)+\phi(p-v+g)}{\tau b} \tag{7.32}$$

$$e_m^{RCS*} = \frac{(w-c)r + \phi(p-v+g)r}{\tau b} \tag{7.33}$$

通过比较公式(7.32)、公式(7.8)、公式(7.33)和公式(7.9),同理,必须满足以下关系:$q_r^{RCS*} = q_c^*$,$e_m^{RCS*} = e_c^*$,即

$$\frac{p-c+g}{p-v+g} = \frac{(1-\phi)(p-v+g)-w+v}{(1-\phi)(p-v+g)} \tag{7.34}$$

$$\frac{(w-c)r + \phi(p-v+g)r}{\tau b} = \frac{r(p-c)}{b} \tag{7.35}$$

求解公式(7.34)和公式(7.35)可得

$$\tau = \frac{(w-c)(g-c+p)}{(p-c)(v-c)} = \frac{\phi(g-c+p)}{p-c} \tag{7.36}$$

$$w = c + \phi(v-c) \tag{7.37}$$

此时,$q_r^{RCS*} = q_c^*$,$e_r^{RCS*} = e_c^*$,可以得到 $\Pi_m^{RCS*}(e_r^{RCS*}) + \Pi_r^{RCS*}(q_r^{RCS*}) = \Pi_{sc}^{c*}$。因此,收益共享-绿色成本共担契约可以协调供应链,农产商和零售商通过协调作

出产品绿色度和订购的最优决策,可以使整个供应链的利润达到最大化。当 Π_m^{RCS*} $>\Pi_m^{d*}$,$\Pi_r^{RCS*}>\Pi_r^{d*}$ 时,农产商和零售商都愿意加入合作,ϕ 和 τ 的取值取决于农产商和零售商的谈判能力。

7.5 考虑政府补贴的供应链协调模型

近年来,政府对农业问题高度关注,为促进农业经济的发展,政府对农业进行多项补贴优惠政策。从"目标价格"补贴试点,到将"三补贴"(良种补贴、种粮直补、农资补贴)整合为"农业支持保护补贴",再到对渔业油价补贴进行调整。对农产品生产经营实行补贴是一种国际性现象。农产品价格补贴主要有三方面内容:(1)价差补贴。即在收购价格提高后,没有对销售价格作相应的调整而造成经营企业亏损,由国家财政给予的补贴。(2)超购加价补贴。国家向农民收购农产品分统购和超购。其中统购部分实行统购价格,超购部分在统购价格的基础上加一定的百分比构成,这种超购价格高于统购价格的差额就是超购加价。农产品经营单位由于超购农产品而增加的支出由中央财政给予的补贴为超购加价补贴。(3)企业亏损补贴。即对农产品经营企业由于购销价格倒挂或毛利不敷开支时,由财政给予企业的补贴,主要补贴企业的流通费用。

实践证明,这些惠农政策起到了促进粮食增产和农民增收的效果。但是现行补贴政策仍存在一些问题,如补贴的资金总量不足、补贴范围小、补贴结构不尽合理、资金分散降低激励效果等。长期以来,我国农业投入严重不足,资金投入偏重大江大河治理,直接用于改善农业生产条件和农民生活条件的基础设施投资比例偏小,农业已成为国民经济发展的"软肋"。我国国内支持水平在数量、结构、对象和方式等方面,与许多国家有较大的差距。为充分发挥农业补贴政策的导向和支持作用,发展绿色农产品供应链,本节在考虑消费者绿色偏好和绿色生产投资的情况下,进一步研究在政府补贴下农产品供应链的决策优化和协调契约机制设计。

以往关于供应链中政府补贴的文献可以分为两类,一类是不同种类的政府补贴对供应链的影响,另一类是不同政府补贴对象对供应链的影响。Meng 等为了考察不同政府补贴对象的影响,假设政府对供应链的补贴分为供应商和制造商补贴、制造商补贴、政府补贴制造商和内部激励三种模式[181]。Ma 建立了基于政府补贴和需求中断的闭环供应链模型,探讨了不同政府补贴对象(制造商、零售商和消费者)对供应链运行的不同影响[182]。Ma 等通过比较政府补贴前后的决策,考虑了消费补贴对双通道闭环供应链中渠道成员决策的影响[183]。

许多研究者深入研究不同类型的政府补贴对供应链的影响。Li 等研究了两种基于固定绿色技术投资成本和减排量的政府补贴，并考察了这两种政府补贴对绿色决策的影响[184]。Wang 等研究了初始补贴、回收补贴、研发补贴和生产补贴四种补贴政策，建立了系统动力学模型，分别分析了四种补贴政策和混合补贴政策对回收再制造活动的影响[185]。Li 等建立了一个包括一个制造商和两个零售商的双渠道供应链，研究了消费补贴和替代补贴对不同类型消费者和企业的影响[186]。Li 等通过建立动态博弈模型，从节水力度、供应链成员利润和政府支出三个方面比较了成本补贴和价格补贴[187]。He 等通过构建差分博弈模型，讨论了非政府补贴、一次性政府补贴和单位政府补贴三种情况下绿色建筑供应链中的决策[188]。

7.5.1 模型建立

首先建立一个农产商和零售商组成的二级单渠道供应链。在供应链中，农产商以单位成本 c 生产一种农产品，并以单位批发价格 w 出售给零售商。为了减少化肥、催化剂等对农产品的污染，提高产品的绿色度，农产商可以投资绿色生产技术。设农产商绿色生产技术投资为二次函数 $\frac{1}{2}be^2$，其中 b 为绿色投资的成本系数，$b>0$，e 为农产品的绿色度，$e \geq 0$。在这种情况下，$e=0$ 意味着农产商不进行绿色生产的投资。由于投资农产品绿色生产技术，使用天然化肥、木屑等作为养料，利用废弃农作物秸秆，为农产品生产提供有效基质，可以降低部分生产成本。成本的降低取决于绿色生产技术的成本降低率。假设绿色生产技术成本降低系数为 n，则农产商进行绿色生产后的改进成本可表示为 $cn(1-e)$。

由于产品绿色度的提高，对消费者带来额外的需求。设 r 为这些附加需求的系数，$r>0$。农产商需要决定产品绿色度，零售商需要确定产品的零售价。为了实现可持续发展目标和规范市场主体，政府可以对农产品的零售价格 p 实施税收（$t>0$）或补贴（$t<0$）。考虑到这一点，需求函数可以写成如下形式：$q = [\alpha - \beta(p+t) + re]$，其中 β 是价格弹性，α 是农产商的市场基础，为简化研究，此处设 α 为确定量。农产商的利润函数为单位毛利率 $w-cn(1-e)$ 乘以数量，减去绿色生产技术投资成本，可以表示为

$$\pi_m = [w-cn(1-e)][\alpha-\beta(p+t)+re] - \frac{1}{2}be^2 \qquad (7.38)$$

由公式(7.38)可知，农产品绿色度 e 会影响需求、生产成本和绿色投资成本，

进而影响利润。零售商将产品以零售价 p 出售给顾客,得到单位利润 $p-w$。零售商的利润函数可表示为

$$\pi_r = (p - w)[\alpha - \beta(p + t) + re] \tag{7.39}$$

7.5.2 集中式供应链

以集中式供应链为基准进行分析。在这里,我们使用下标"c"表示集中式供应链。集中式供应链的利润函数可表示为

$$\pi_c = [p - cn(1 - e)][\alpha - \beta(p + t) + re] - \frac{1}{2}be^2 \tag{7.40}$$

设 e_c^* 和 p_c^* 分别为公式(7.40)中农产品绿色度和零售价格的最优决策。假设 $2cnr < b$,在集中式供应链中,e_c^* 和 p_c^* 的最优值分别为

$$e_c^* = \frac{(r + \beta cn)(\beta t - \alpha + \beta cn)}{\beta^2 c^2 n^2 + 2\beta cnr - 2b\beta + r^2} \tag{7.41}$$

$$p_c^* = \frac{-t\beta^2 c^2 n^2 + \beta c^2 n^2 r + \alpha\beta c^2 n^2 - t\beta cnr - b\beta cn + bt\beta + cnr^2 + \alpha cnr - \alpha b}{\beta^2 c^2 n^2 + 2\beta cnr - 2b\beta + r^2}$$
$$\tag{7.42}$$

$2cnr<b$ 的假设是有意义的,因为它意味着当额外需求的额外成本大大低于绿色投资成本时,最优策略是可行的。将公式(7.41)、(7.42)代入公式(7.40),集中决策模式下供应链的最大利润 π_c^* 为

$$\pi_c^* = \frac{-b(\beta t - \alpha + \beta cn)^2}{2(\beta^2 c^2 n^2 + 2\beta cnr - 2b\beta + r^2)} \tag{7.43}$$

可以看出,政府干预 t 出现在公式(7.41)~(7.43)中。表明政府干预会影响农产品供应链的产品绿色度、零售价和绩效。如果 $(r + \beta cn)^2 > 2\beta b$,那么 $\frac{\partial \pi_c^*}{\partial t} > 0$,否则 $\frac{\partial \pi_c^*}{\partial t} < 0$;表明政府干预可能对企业利润产生积极或消极的影响,这取决于绿色产品产生的额外需求、价格弹性、单位成本和绿色生产降低成本率。$\frac{\partial n}{\partial t} \leq 0$,进一步证明,在鼓励农产商提高绿色生产降低成本率方面,补贴可能比税收更有效。

影响农产品绿色度最优决策 e_c^* 的因素有以下几点:

(1) $\frac{\partial e_c^*}{\partial b} < 0$。表明,最优农产品绿色度 e_c^* 随着成本系数 b 的增加而降低,所

以更高的绿色投资可能并不总是可取的。

（2）如果 $(r+\beta cn)^2 > 2\beta b$，那么 $\frac{\partial e_c^*}{\partial t} > 0$；否则 $\frac{\partial e_c^*}{\partial t} < 0$。增加政府干预并不一定会带来更高的产品绿色度。在某些条件下，可能会达到相反的结果。这意味着公司和政策制定者都需要注意制订适当的计划来实现可持续的目标。

（3）$\frac{\partial e_c^*}{\partial r} > 0$。农产品绿色度产生的额外需求总是可以促进绿色水平。因此，对消费者进行环保意识教育非常重要。

7.5.3 分散式供应链

在分散的供应链中，每个供应链伙伴都能实现自己的利润最大化。这里使用下标"d"来表示分散的供应链。农产商得到零售商关于零售价的反应函数后确定批发价格 w 和产品绿色度 θ。零售商决定零售价格 p，首先由公式（7.39）导出零售商的反应函数，如下：

$$p = \frac{\alpha - \beta t + er + \beta w}{2\beta} \qquad (7.44)$$

将公式（7.44）与公式（7.38）相结合，可以得到分散供应链中农产商利润 π_m^{d*}，如下所示：

$$\pi_m^{d*} = [w - cn(1-e)]\left(\frac{\alpha - \beta t + er + \beta w}{2\beta}\right) - \frac{1}{2}be^2 \qquad (7.45)$$

在分散式供应链中，最优批发价格 w_m^{d*} 和最优农产品绿色度 e_m^{d*} 为

$$e_m^{d*} = \frac{-t\beta^2 c^2 n^2 + \beta c^2 n^2 r + \alpha \beta c^2 n^2 - t\beta cnr - 2b\beta cn + 2bt\beta + cnr^2 + \alpha cnr - 2\alpha b}{\beta^2 c^2 n^2 + 2\beta cnr - 4b\beta + r^2}$$

$$(7.46)$$

$$w_m^{d*} = \frac{-t\beta^2 c^2 n^2 + \beta c^2 n^2 r + \alpha \beta c^2 n^2 - t\beta cnr - 2b\beta cn + 2bt\beta + cnr^2 + \alpha cnr - 2\alpha b}{\beta^2 c^2 n^2 + 2\beta cnr - 4b\beta + r^2}$$

$$(7.47)$$

进而可以得到零售价格的最优决策：

$$p_r^{d*} = \frac{-t\beta^2 c^2 n^2 + \beta c^2 n^2 r + \alpha \beta c^2 n^2 - t\beta cnr - b\beta cn + 3bt\beta + cnr^2 + \alpha cnr - 3\alpha b}{\beta^2 c^2 n^2 + 2\beta cnr - 4b\beta + r^2}$$

$$(7.48)$$

那么，我们可以得到农产商的最大利润为

$$\pi_m^{d*} = \frac{-b(\beta t - \alpha + \beta cn)^2}{2(\beta^2 c^2 n^2 + 2\beta cnr - 4b\beta + r^2)} \tag{7.49}$$

同样,我们可以确定零售商的最大利润为

$$\pi_r^{d*} = \frac{b^2\beta(\beta t - \alpha + \beta cn)^2}{(\beta^2 c^2 n^2 + 2\beta cnr - 4b\beta + r^2)^2} \tag{7.50}$$

分散决策模式下供应链的利润为 $\pi_c^{d*} = \pi_m^{d*} + \pi_r^{d*}$。供应链成员在分散决策模式下的总利润无法达到系统最优解,如果不存在协调机制,就没有动力进一步实现全局最优解。

7.5.4 协调契约

为了激励零售商实现全球供应链优化,农产商可以通过引入 TPT 契约向零售商转移一个有吸引力的批发价格。我们使用下标"TPT"表示协调的供应链。

在 TPT 契约中,零售商需要一次性支付费用 F,以确保较低的批发价格 w。农产商和零售商的利润函数分别表示为

$$\pi_m^{TPT} = [w_{TPT} - cn(1-e)][\alpha - \beta(p+t) + re] - \frac{1}{2}be^2 + F \tag{7.51}$$

$$\pi_r^{TPT} = (p - w_{TPT})[\alpha - \beta(p+t) + re] - F \tag{7.52}$$

零售商的反应函数由公式(7.52)导出,其形式与公式(7.44)相同。设 p_{TPT} 为 TPT 合约中的价格。将公式(7.41)与公式(7.44)结合,可得

$$p_{TPT} = \frac{\alpha - \beta t + \beta w + \dfrac{r(r+\beta cn)(\beta t - \alpha + \beta cn)}{\beta^2 c^2 n^2 + 2\beta cnr - 4b\beta + r^2}}{2\beta} \tag{7.53}$$

将公式(7.53)与公式(7.42)进行比较,可以得到 TPT 契约中的批发价格 w_{TPT}^*,其表示为

$$w_{TPT}^* = \frac{cn(r+\beta cn)(a+r+\beta t) - 2\beta bcn}{\beta^2 c^2 n^2 + 2\beta cnr - 2b\beta + r^2} \tag{7.54}$$

进一步得到 TPT 供应链中的零售价格的最优决策:

$$p_{TPT}^* = \frac{-t\beta^2 c^2 n^2 + \beta c^2 n^2 r + \alpha\beta c^2 n^2 - t\beta cnr - b\beta cn + bt\beta + cnr^2 + \alpha cnr - \alpha b}{\beta^2 c^2 n^2 + 2\beta cnr - 2b\beta + r^2} \tag{7.55}$$

由上式可得农产商和零售商的利润函数分别为

$$\pi_m^{TPT*} = [w_{TPT}^* - cn(1-e_c^*)]q_{TPT}^* - \frac{1}{2}be^2 + F \tag{7.56}$$

$$\pi_r^{TPT*} = (p_{TPT}^* - w_{TPT}^*)q_{TPT}^* - F \tag{7.57}$$

根据公式(7.56)和公式(7.57)可以确定 TPT 供应链的利润。

农产商将在 $\pi_m^{TPT*} + F_1 \geqslant \pi_m^{d*}$ 时提供 TPT 契约;如果 $\pi_r^{TPT*} - F_2 \geqslant \pi_r^{d*}$,则零售商将同意 TPT 契约,其中 F_1 和 F_2 分别为一次性费用的上限和下限。这些导致了以下情况:

$$F \geqslant \pi_m^{d*} - \pi_m^{TPT*} \tag{7.58}$$

$$F \leqslant \pi_r^{TPT*} - \pi_r^{d*} \tag{7.59}$$

当一次总费用 F 满足 $[F_1,F_2]$ 范围时,TPT 契约能够协调供应链。虽然 TPT 契约可以实现供应链协调,但一次性支付费用 F 的金额依赖于供应链伙伴之间的议价能力。很容易得出政府可以影响 TPT 供应链的结论,因为 F_1 或 F_2 与 t 相关。

7.6 数值算例分析

1. 数值假设

为进一步研究和验证收益共享-绿色成本共担契约协调模型的可行性,以及供应链中不确定性对利润和决策的影响,下面借助 Matlab 进行数值模拟分析。参考实际农产品供应链设置相应的参数如表 7.1 所示。

表7.1 数值假设

参数	p	w	c	g	v	μ	σ	b	r
数值	12	6	3	1	2	5 000	1 500	5	10

2. 不同决策模式最优结果

在集中式模型中,当决策($q=7\,183, e=18$)时,供应链的预期利润达到最大值 43 112.33。在分散决策模型中,当决策($q=5\,523, e=6$)时,零售商和农产商的利润值都达到最大,供应链的预期利润为 40 827.09。显然分散模型中零售商的订购量、农产商产品的绿色度和供应链的总利润都低于集中决策模式,所以对供应链进行协调十分必要。通过收益共享-绿色成本共担契约($\phi=0.35$)进行协调,农产商先以 2.7 的批发价将产品销售给零售商促使零售商订购更多的产品,零售商在产品销售后将 35% 的销售收入给农产商,同时,为提高产品的绿色度,零售商承担 65% 的绿色生产研发成本,减轻农产商绿色研发成本的压力,促使农产商生产绿色度更高的农产品。结果显示,通过契约对供应链进行协调,可以提高产品订购量和绿色度,农产商和零售商作出和集中模式相同的决策,并且供应链利润达到系统最优值。不同决策模式最优结果如表7.2所示。

表7.2 不同决策模式下最优结果对比

$\varepsilon \sim N$ (5 000, 1 500)	集中决策	分散决策（无契约协调）	收益共享—绿色成本共担契约（$\phi = 0.35$）
订购量 q	7 183	5 523	7 183
绿色度 e	18	6	18
批发价格 w	6	6	2.7
期望销售量 $S(q)$	5 117	4 687	5 117
零售商利润	—	24 167.69	26 210.02
农产商利润	—	16 659.40	16 902.32
供应链总利润	43 112.33	40 827.09	43 112.33

3. 协调系数对供应链的影响

在收益共享系数和绿色成本共担系数的影响下,农产商和零售商获得的最大利润 Π_m^{RCS*} 和 Π_r^{RCS*} 如图7.1所示。为进行对比,农产商和零售商在分散决策模型中的最大利润 Π_m^{d*} 和 Π_r^{d*} 在图中显示。结果表明,随着 ϕ 和 τ 的增加,零售商的利润逐渐下降,农产商的利润逐渐上升。当 $\phi \in (0.35, 0.39)$ 时,供应链在使用收益共享-绿色成本共担契约协调之后,农产商和零售商都比之前分散模型中取得更多的利润。这说明在收益共享-绿色成本共担契约模式下,供应链可以实现协调,整个供应链的期望利润实现帕累托改进。农产商和零售商通过契约进行合作,实现互利共赢。

4. 不确定性对供应链的影响

如图7.2所示,在集中式模型和分散模型中,订购量都随着需求不确定性的增加而增加,说明需求不确定性越大,零售商越需要增加订购量来抵抗需求不确定性带来的风险。分散模型中订购量决策小于集中模型下的订购量,这表明在没有协调契约的分散模型下,供应链的总利润不能达到最优。在分散模型中,由于农产商没有共担需求不确定性的风险,零售商在两种模式下订购量的差距越来越大,说明需求不确定性越大,越需要对供应链进行协调,使供应链成员通力合作,共享利益、共担风险。

由图 7.3 可知,随着需求不确定性的增加,供应链整体的利润下降。分散模型中供应链的总利润下降的速度比集中决策模式下降得快,说明分散决策模式抵抗需求不确定风险的能力低于集中决策模式。在分散模型中,农产商的利润随着需求不确定性的增加而减少,零售商的利润不受需求不确定性的影响,反而因为农产商订购量的增加而提高。

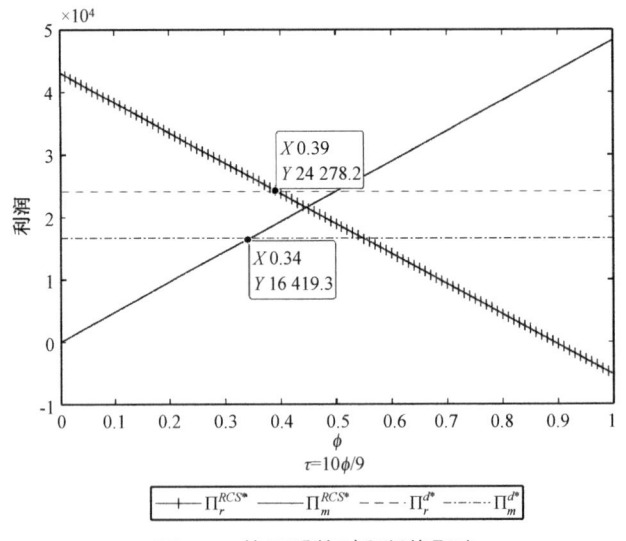

图 7.1 协调系数对利润的影响

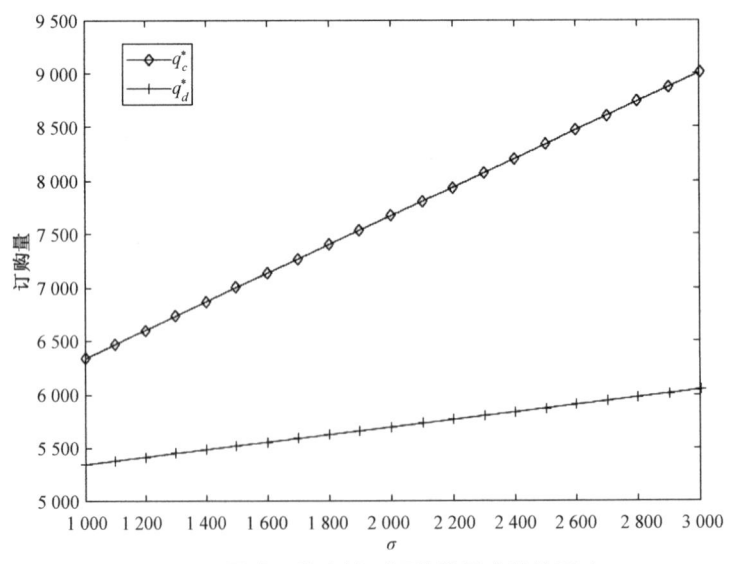

图 7.2 需求不确定性对订购数量决策的影响

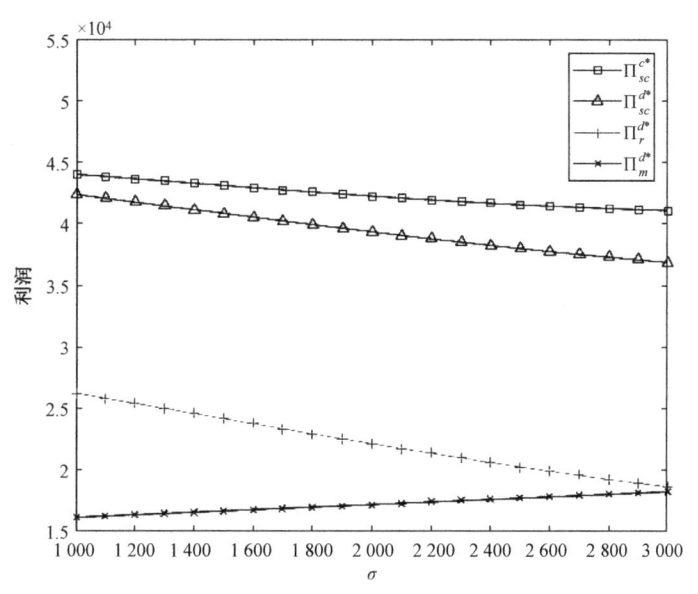

图 7.3　需求不确定性对利润的影响

5. 政府干预对产品绿色度的影响

假设 $\alpha=15, \beta=0.1, r=0.2, c=5, n=0.2, b=25$，并改变 e^* 从 0 到 1，观察 t 的变化。结果如图 7.4 所示。

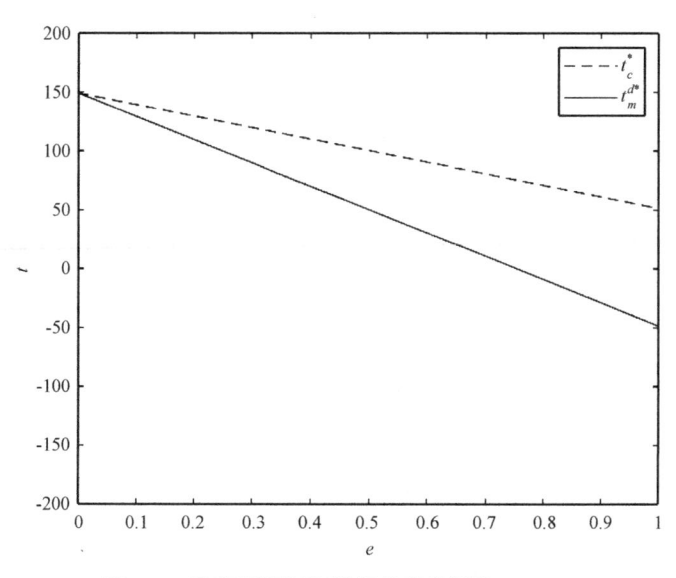

图 7.4　政府干预对产品绿色度的影响（$b=25$）

可以发现在较高的绿色投资成本（$b=25$）和较低的绿色成本降低率（$n=0.2$）

131

下,分散决策模式下,当期望农产品绿色度较低时,政府干预可以从税收($t>0$)转向期望农产品绿色度较高时的补贴($t<0$)。图7.4表明,当绿色投资成本较高时,补贴更有利于激励分散供应链中农产品的绿色度。补贴越多,供应链在分散决策模式下的最优农产品绿色度越高。然而,对于集中式供应链,政府可以简单地降低税收或提供免税,以达到更高的农产品绿色度。因此,一个协调的供应链可以产生更大的社会效益。

为了进一步了解相对较低的绿色投资成本,我们设置 $b=0.1$,并将 e^* 在 0 到 1 之间变化,观察 t 的变化。结果如图7.5所示。

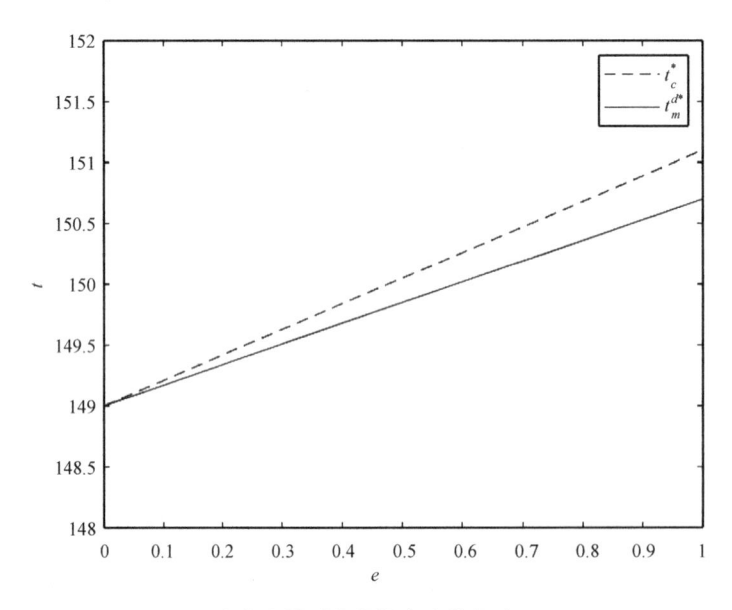

图7.5 政府干预对产品绿色度的影响($b=0.1$)

在绿色投资成本非常低的情况下,当成本低于某一值时,政府干预以税收形式存在,政府对分散的供应链征收较少的税,以达到相同的产品绿色度水平,如图7.5所示。

图7.5表明,在相同税收水平下,当绿色投资成本极低时,集中决策模式下供应链的产品绿色度比分散决策模式下的更高。这也意味着,如果绿色投资成本相对于绿色效益较低,政府可以利用税收作为策略来促使农产商进行绿色生产,这可能成为政府大规模推广农产品绿色生产技术以降低成本的动力。

以上数值算例进一步反映了政府干预在促进绿色供应链中的积极作用。政府干预是发展绿色供应链的重要推动力,也进一步证明,面对不同的产品绿色投资成本,政府在补贴或税收方面的干预可能会有所不同。

7.7 本章小结

本章旨在分析不确定需求环境下绿色供应链协调的问题,并考虑绿色改进和客户绿色偏好,通过绿色供应链协调提高供应链绩效。

首先针对农产品的特点,本章建立了一个单周期的农产品供应链模型,其中随机需求受绿色度的影响,采用博弈论和运筹学理论对农产品供应链分别建立数学模型,分析了集中决策和分散决策模式下零售商的订购数量和农产商产品绿色度的决策。研究发现,单一收益共享契约无法充分协调供应链,本章设计收益共享-绿色成本共担契约协调供应链各成员之间的关系,为了确保供应链成员都采用该契约,进一步研究了不同决策模式下供应链决策和利润的结果、协调系数对供应链的影响以及需求不确定性对供应链利润和决策的影响,证明了收益共享-风险共担契约实现"共赢"的可行性。收益共享-绿色成本共担契约使零售商分享销售收益,分担绿色研发成本,同时也使农产商分担部分需求不确定的风险,促使农产商和零售商通力合作,农产商、零售商和供应链整体的利润均得到增加,进而为消费者提供更加健康环保的绿色农产品,实现"共赢"目标。

其次,本章建立考虑政府补贴的供应链模型,并设计 TPT 契约对供应链进行协调。证明所提出的 TPT 契约可以实现供应链优化,并有助于实现产品绿色度改进。产品绿色度的最优决策受绿色技术投资、政府干预和消费者绿色偏好的影响。研究表明,在高绿色投资成本的情况下,政府干预力度的加大并不一定会带来更高的产品绿色度,政府应从税收转向补贴。在绿色投资成本低的情况下,政府干预以税收形式存在,政府对分散的供应链征收较少的税,以达到相同的产品绿色度水平,如果绿色投资成本相对于绿色效益较低,政府可以利用税收作为策略来促使农产商进行绿色生产,这可能成为政府大规模推广农产品绿色生产技术以降低成本的动力。总之,面对不同的产品绿色投资成本,政府在补贴或税收方面的干预可能会有所不同。

第8章 模糊需求依赖于努力和价格的供应链协调契约

8.1 问题描述

自20世纪60年代以来,许多学术工作都集中在供应链环境的确定性和随机性上。随着经济全球化和信息技术的迅猛发展,世界市场不断被细分,高新技术被应用到各行各业,导致产品市场的竞争日益加剧,新产品在投放市场时,产品的供应、生产和销售过程中存在着许多不确定性因素,因此,供应链的协调问题还存在着大量的不确定性。在早期,由于科学技术的不发达、理论支持的缺乏、计算技术的限制,我们只能对一些模型进行简化之后再进行研究,如确定型模型,在这些模型中,一般假设参数为常数,忽略不确定性,或者根据充足而可信的历史数据,利用参数已知的概率分布来刻画供应链中的不确定性。

然而,随着高新技术的革新速度越来越快、产品更新换代的周期越来越短、突发事件频繁发生、市场竞争日益激烈,使人们难以获得准确可靠的产品销售数据,更无法立即获得销售或成本信息的统计规律,由此造成不能准确估计变量的分布形式。此时继续使用确定性或随机性变量来描述参数,模型就会出现偏差。可以通过专家的经验、直觉来估计相关参数的范围,具有模糊不确定性。不确定性参数可以通过管理者的判断、直觉和经验进行近似估计,并可以被表征为模糊变量[189]。Zadeh提供的模糊理论可以作为处理这种不确定性的替代方法[190]。在具有模糊需求的供应链建模领域进行了一些研究[191-197]。Wong和Lai对模糊集理论技术在生产和运营管理中的应用进行了广泛的综述[198]。Zhao等分析了具有模糊制造成本和模糊需求的可替代产品的定价问题[199]。Wei和Zhao[200]以及Wei等[201]考虑了模糊闭环供应链中的定价决策。Wei和Zhao探讨了模糊闭环供应链中逆向渠道选择的决策[202]。

本章考虑一个两级供应链,其中模糊需求与销售努力和价格相关,建立两级供应链协调问题的决策模型。对比集中式和分散式决策模型,利用博弈论建立基于对称信息和非对称信息的零售商规模参数协调模型,并得到相应的最优决策。理论分析和数值算例表明,两种协调情况下的最大供应链利润均等于集中式协调情况下的最大供应链利润,且大于分散式协调情况下的最大供应链利润。此外,在非对称信息契约下,小规模零售商获得的最大期望利润高于对称信息契约下的期望利润。

8.2 模型建立

8.2.1 相关模糊理论基础

1. 模糊集合理论

集合是指具有一种特性的事物的全体,也被称为"论域"。一般认为普通集合的界限是明确的,个体要么属于该集合,要么不属于该集合。但模糊集合的界限是不明确的、模糊的。

美国控制理论专家 Zadeh 发表了著名的文章"Fuzzy Sets",这标志着模糊集理论的产生[190]。1978 年,Zadeh 提出可能性理论,并运用可能性理论解释模糊现象,使得模糊集合理论的应用范围得到极大的拓展[203]。模糊的概念是不确定地描述特定现象,把模糊集合理论应用到决策系统中,使建立的模糊数学模型更符合实际情况。模糊集合是模糊数学的最基本的研究对象,前人研究的普通集合可看作是模糊集合的特例。

2. 三角模糊性质

常见的模糊数有梯形模糊数、L-R 型模糊数及三角模糊数。本节采用的是三角模糊数。假设三角模糊数:$A=(a_1,a_2,a_3)$,a_2 为 A 的大约值,a_1,a_3 分别为 A 的下限和上限。a_2 为相关专家对研究对象共识的大约值,a_1,a_3 的取值分别是相关专家对此研究对象的共识的最小值与最大值[204]。A 的隶属函数为

$$\mu_A = \begin{cases} \dfrac{x-a_1}{a_2-a_1}, & a_1 < x \leqslant a_2 \\ \dfrac{a_3-x}{a_3-a_2}, & a_2 < x \leqslant a_3 \\ 0, & \text{otherwise} \end{cases}$$

假设两个三角模糊函数分别为 $A=(a_1,a_2,a_3)$,$B=(b_1,b_2,b_3)$,则三角模糊函数有如下关系:

(1) $A+B=(a_1+b_1,a_2+b_2,a_3+b_3)$;

(2) $A \times B=(a_1 b_1,a_2 b_2,a_3 b_3)$;

(3) $\lambda A = (\lambda a_1, \lambda a_2, \lambda a_3)$;

(4) $A^{-1} = (\frac{1}{a_1}, \frac{1}{a_2}, \frac{1}{a_3})$;

(5) $E[mA + nB] = mE[A] + nE[B]$。

对于一个三角模糊数,$A = (a_1, a_2, a_3)$的乐观值和悲观值分别表示为：

(1) 乐观值：$A_\alpha^l = a_2\alpha + a_1(1-\alpha)$；

(2) 悲观值：$A_\alpha^U = a_2\alpha + a_3(1-\alpha)$。

模糊数 A 的期望值为

$$E(A) = \frac{1}{2}\int_0^1 (A_\alpha^l + A_\alpha^U) d\alpha = \frac{a_1 + 2a_2 + a_3}{4}$$

3. 可信性理论

Liu 提出在模糊集合理论中,一个事件的可能性测度是指对该事件概率的测度而并非可信性测度[205]。例如,当一模糊事件的可信性为 1 时,则该事件必然成立；当其可信性为 0 时,则该事件必不成立。通常一个事件的可信性被定义为必要性和可能性的均值。

定义 8.1 假设 ξ 为模糊变量,则满足：$\phi(x) = Cr\{\vartheta \in \theta / \xi(\vartheta) \leq x\}$,其中 $\phi(.) \to [0,1]$,称其为模糊变量 ξ 的可信性分布[205]。

定义 8.2 假设 ξ 为模糊变量,ϕ 为 ξ 的可信性分布函数[205],若函数 $\varphi(.) \to [0, +\infty)$ 对所有的 $x \in \mathbf{R}$ 满足：

$$\phi(x) = \int_{-\infty}^x \varphi(y) dy, \int_{-\infty}^{+\infty} \varphi(y) dy = 1$$

则定义 φ 为模糊变量 ξ 的可信性密度函数。

假设 ξ 为模糊变量,模糊变量的可信性分布函数和可信性密度函数分别 $\phi(.)$ 和 $\varphi(.)$,$\theta = [u, v]$,可得

$$E[\min(z, \xi)] = z - \int_0^z (z-x)\varphi(x) dx \ (0 \leq u \leq z \leq v)$$

$$E[\max(z-\xi, 0)] = z - E[\min(z, \xi)] = \int_0^z (z-x)\varphi(x) dx \ (0 \leq u \leq z \leq v)^{[206]}$$。

定义 8.3 假设三角模糊变量为 $\widetilde{A} = (a, b, c)$,则其可信性分布函数 $\phi(x)$ 为

$$\phi(x) = \begin{cases} 0, x \leq a \\ \dfrac{x-a}{2(b-a)}, a < x \leq b \\ \dfrac{x+c-2b}{2(c-b)}, b < x \leq c \\ 1, c < x \end{cases}$$

$\tilde{A}$ 的可信性密度函数为

$$\varphi(x) = \begin{cases} \dfrac{1}{2(b-a)}, a \leq x \leq b \\ \dfrac{1}{2(c-b)}, b \leq x \leq c \\ 0, 其他 \end{cases}$$

8.2.2 参数定义及说明

考虑由一个零售商和一个制造商组成的两级供应链,制造商将产品批发给零售商,零售商再将产品零售给顾客。零售商需要作出定价和销售努力的决策,以实现最大的预期利润。制造商将产品批发给零售商,零售商最终决定向市场的价格,本节假设新产品上市,制造商按需生产,即需求量是生产量。假设需求是模糊的,由三个模糊变量来决定。制造商需要决定批发价格和产品的绿色度,以实现其最大的预期利润。零售商需要决定零售价格和销售努力,以实现其最大的预期利润。以下符号用于制定本章中研究的供应链模型。

决策变量：

p:零售单价；

θ:产品的绿色度；

A:销售努力程度；

w:单位批发价格。

模糊变量：

D:市场需求量,关于 p,θ,A 的函数；

β:消费者需求对零售价格的反应系数；

k:消费者需求对销售努力程度的反应系数；

γ:消费者需求对绿色程度的反应系数。

参数：

α：产品的市场基础；

c：单位制造成本；

τ：绿色投资水平的系数；

b：市场销售规模；

π_m：制造商的利润；

π_r：零售商的利润；

π_c：整个供应链系统的利润。

假设：

（1）假设客户需求的函数为

$$D(p, A, \theta) = \alpha - \beta p + kA + \gamma \theta \tag{8.1}$$

这里 β, k 和 γ 是非负模糊变量，因为它们由于缺乏历史数据，通常由决策者的主观判断来估计。

（2）$p > w > c$，$D > 0$，以确保制造商和零售商都是盈利的。

（3）模糊参数 β, k 和 γ 都是独立的。

（4）销售努力成本为 $g(\theta) = \dfrac{\tau}{2}\theta^2$，广告的销售努力成本为 $t(A) = \dfrac{b}{2}A^2$。

制造商的利润函数：

$$\pi_m(\theta, w) = (w - c)D(p, A, \theta) - g(\theta) \tag{8.2}$$

零售商的利润函数：

$$\pi_r(A, p) = (p - w)D(p, A, \theta) - t(A) \tag{8.3}$$

因此，整个供应链系统的利润可以表示为

$$\pi_c(\theta, A, p) = (p - c)D(p, A, \theta) - t(A) - g(\theta) \tag{8.4}$$

8.3 集中和分散决策模型

8.3.1 集中决策模型

为了建立绩效基准，考虑由一家综合企业运营的供应链，该综合企业也可以被视为制造商和零售商进行合作。在这种情况下，批发价格 w 被视为内部转移价格，它影响每个参与者的利润，但不影响整个供应链系统的利润。公司的期望预期利润表示为 $E[\pi_c(\theta, A, p)]$。

集中模型：

$$\max_{(\theta,A,p)} E[\pi_c(\theta,A,p)] = E[(p-c)(\alpha - \beta p + kA + \gamma\theta) - \frac{\tau}{2}\theta^2 - \frac{b}{2}A^2] \quad (8.5)$$

通过求解集中模型，可以得到零售价格、销售努力水平和产品绿色度的最优决策，以及供应链作为一个整体可获得的最大期望利润。

命题 8.1 预期利润 $E[\pi_c(\theta,A,p)]$ 是关于 (θ,A,p) 的凹函数，其绿色度、销售努力水平和零售价格的最优决策记为 p_c^*，θ_c^* 和 A_c^*，分别如下：

$$p_c^* = \frac{\alpha b\tau + bE[\beta]c\tau - bcE[\gamma]^2 - c\tau k^2}{2bE[\beta]\tau - bE[\gamma]^2 - \tau E[k]^2} \quad (8.6)$$

$$\theta_c^* = \frac{bE[\gamma](\alpha - E[\beta]c)}{2bE[\beta]\tau - bE[\gamma]^2 - \tau E[k]^2} \quad (8.7)$$

$$A_c^* = \frac{\tau E[k](\alpha - E[\beta]c)}{2bE[\beta]\tau - bE[\gamma]^2 - \tau E[k]^2} \quad (8.8)$$

综合企业的最大期望利润，记为 π_c^*

$$\pi_c^* = E[\pi_c(p_c^*, \theta_c^*, A_c^*)] = \frac{b\tau(\alpha - E[\beta]c)^2}{2(2bE[\beta]\tau - bE[\gamma]^2 - \tau E[k]^2)} \quad (8.9)$$

8.3.2 分散决策模型

在制造商主导的斯坦伯格博弈模型中，零售商首先宣布其零售价格和销售努力水平，在观察零售商的决策后，制造商再进行批发价格和产品绿色度的决策。在分散决策中，每个供应链成员的目标都是使自己的预期利润最大化。零售商的零售价格和销售努力水平的反应函数分别表示为 $p^*(w,\theta)$ 和 $A^*(w,\theta)$。制造商和零售商的期望利润函数为

$$E[\pi_r(A,p)] = E[(p-w)(\alpha - \beta p + kA + \gamma\theta) - \frac{b}{2}A^2]$$

$$E[\pi_m(\theta,w)] = E[(w-c)(\alpha - \beta p + kA + \gamma\theta) - \frac{\tau}{2}\theta^2]$$

制造商主导的分散模型可以表示为

$$\max E[\pi_m(w,\theta,p^*(w,\theta),A^*(w,\theta))]$$

$p^*(w,\theta)$，$A^*(w,\theta)$ solves the problem

$$\max E[\pi_r(p,A)]$$

首先推导出零售商的反应函数如下：

$$p^*(w,\theta) = \frac{-wE[k]^2 + \alpha b + bE[\beta]w + bE[\gamma]\theta}{2bE[\beta] - E[k]^2} \qquad (8.10)$$

$$A^*(w,\theta) = \frac{k(\alpha - E[\beta]w + E[\gamma]\theta)}{2bE[\beta] - E[k]^2} \qquad (8.11)$$

然后,在知道零售商的反应函数后,制造商制定批发价格和产品绿色度决策,使其预期利润最大化。

命题8.2 在制造商主导的斯坦伯格博弈模型中,制造商的批发价格 w_d^{MD*} 和销售努力 θ_d^{MD*} 为

$$w_d^{MD*} = \frac{-2bc\tau E[\beta]^2 + bcE[\beta]E[\gamma]^2 + c\tau E[\beta]E[k]^2 - 2\alpha b\tau E[\beta] + \alpha \tau E[k]^2}{E[\beta](bE[\gamma]^2 + 2\tau E[k]^2 - 4bE[\beta]\tau)}$$

$$(8.12)$$

$$\theta_d^{MD*} = \frac{bcE[\beta]E[\gamma] - \alpha bE[\gamma]}{bE[\gamma]^2 + 2\tau E[k]^2 - 4bE[\beta]\tau} \qquad (8.13)$$

通过将公式(8.12)和(8.13)代入公式(8.10)和(8.11),可以获得零售商的最优零售价格和最优销售努力水平。此外,可以获得制造商和零售商的最大预期利润:

$$p_d^{MD*} = \frac{-bc\tau E[\beta]^2 + bcE[\beta]E[\gamma]^2 + c\tau E[\beta]E[k]^2 - 3\alpha b\tau E[\beta] + \alpha \tau E[k]^2}{E[\beta](bE[\gamma]^2 + 2\tau E[k]^2 - 4bE[\beta]\tau)}$$

$$(8.14)$$

$$A_d^{MD*} = \frac{\tau E[k](E[\beta]c - \alpha)}{bE[\gamma]^2 + 2\tau E[k]^2 - 4bE[\beta]\tau} \qquad (8.15)$$

制造商和零售商的最大期望利润,记为 π_m^{MD*} 和 π_r^{MD*} 分别为

$$\pi_m^{MD*} = \frac{-b\tau(\alpha - E[\beta]c)^2}{2(bE[\gamma]^2 + 2\tau E[k]^2 - 4bE[\beta]\tau)} \qquad (8.16)$$

$$\pi_r^{MD*} = \frac{b\tau^2(2bE[\beta] - E[k]^2)(\alpha - cE[\beta])^2}{2(bE[\gamma]^2 + 2\tau E[k]^2 - 4bE[\beta]\tau)^2} \qquad (8.17)$$

$$\pi_c^{MD*} = \frac{b\tau(\alpha - cE[\beta])^2(6b\tau E[\beta] - bE[\gamma]^2 - 3\tau E[k]^2)}{2(bE[\gamma]^2 + 2\tau E[k]^2 - 4bE[\beta]\tau)^2} \qquad (8.18)$$

由于"双重边缘化",$\pi_c^* > \pi_c^{MD*} = \pi_m^{MD*} + \pi_r^{MD*}$。因此,为制造商和零售商提供激励,设计供应链协调契约,使分散式供应链的决策与集中式供应链完全相同。

8.4 协调模型

8.4.1 对称信息下的协调契约

假设零售商的市场销售规模参数 b 是制造商和零售商的共同信息。制造商向零售商提供关于制造成本 c 的完整信息，零售商需要支付佣金（表示为 F）。为了确定最佳契约参数，建立以下协调模型：

$$\max_F E[\pi_m] = F$$

$$\text{subject to:} \max E[\pi_r(p^*, A^*)] \geq E[\pi_r^{MD}]$$

p^*, A^*, θ^* solves the problem

$$\max E[\pi_r(p, A)] = E\left[(p-c)(\alpha - \beta p + kA + \gamma \theta) - \frac{\tau}{2}\theta^2 - \frac{b}{2}A^2\right] - F$$

命题 8.3 对称信息下的供应链协调模型的最优解，表示为 p^{SI*}, A^{SI*}, θ^{SI*}, F^{SI*}，依次为

$$p^{SI*} = p_c^*, \quad A^{SI*} = A_c^*, \quad \theta^{SI*} = \theta_c^*$$

$$F^{SI*} = (p-c)(\alpha - E[\beta]p_c^* + E[k]A_c^* + E[\gamma]\theta_c^*) - \frac{\tau}{2}\theta_c^{*2} - \frac{b}{2}A_c^{*2} -$$

$$(p_d^{MD*} - w_d^{MD*})(\alpha - E[\beta]p_d^{MD*} + E[k]A_d^{MD*} + E[\gamma]\theta_d^{MD*}) + \frac{b}{2}A_d^{MD*2}$$

通过分析和比较结果，可以获得以下结论：

（1）在信息对称的协调契约下，制造商主导斯坦伯格博弈模型中零售商获得的最大期望利润与分散决策下相同，制造商获得的最大预期利润比分散决策下更多。因此，为了吸引零售商同意签订这一协调契约，制造商应该调整 F，使零售商获得比分散决策下更大的利润。

（2）$A^{SI*} = A_c^*$，通过比较公式（8.8）和公式（8.15），零售商在协调契约下的最优销售努力水平大于分散决策情况下的最优销售努力水平，说明在协调模式下，零售商愿意投入更多的销售努力。

（3）$\theta^{SI*} = \theta_c^*$，通过比较公式（8.13）和公式（8.7），制造商在协调契约下的最优产品绿色度大于分散决策情况下的最优产品绿色度，说明在协调模式下，制造商愿意生产绿色度更高的产品。

（4）从公式 $F^* = (p_c^* - c)(\alpha - E[\beta]p_c^* + E[k]A_c^* + E[\gamma]\theta_c^*) - \frac{\tau}{2}\theta_c^{*2} - \frac{b}{2}A_c^{*2} -$

$(p_d^{MD*} - w_d^{MD*})(\alpha - E[\beta]p_d^{MD*} + E[k]A_d^{MD*} + E[\gamma]\theta_d^{MD*})] + \frac{b}{2}A_d^{MD*2}$ 得出,F 随着零售商的市场销售规模参数 b 的增加而减小。F 随着制造商的绿色投资水平的系数 τ 的增加而减小。也就是说,市场销售规模越大,绿色投资水平越高,零售商将支付的佣金越少。

8.4.2 信息不对称条件下的协调契约

考虑以下情况:制造商向零售商提供了关于制造成本 c 的完整信息,但零售商的销售信息(即市场规模参数 b)保密。为了简单起见,假设市场规模参数 b 只有两个级别:高级别 b_H 和低级别 b_L。为了降低佣金费 F 并获得更多利润,市场销售规模低水平的零售商可以向制造商谎称其市场销售规模水平高。为了防止市场销售规模低水平的零售商撒谎,制造商有必要设计一份契约来披露零售商的销售信息。

本节中使用的符号:

F_H:高水平销售规模的零售商支付给制造商的佣金;

F_L:低水平销售规模的零售商支付给制造商的佣金;

$E[\pi_{rH}(p_H, A_H)]$:高水平销售规模的零售商的期望利润;

$E[\pi_{rL}(p_L, A_L)]$:低水平销售规模的零售商的期望利润;

$E[\pi_{rH}(p_L, A_L)]$:高水平销售规模的零售商谎称销售规模低时的期望利润;

$E[\pi_{rL}(p_H, A_H)]$:低水平销售规模的零售商谎称销售规模高时的期望利润;

π_{rH}^{MD*}:分散决策下高水平销售规模的零售商的期望利润;

π_{rL}^{MD*}:分散决策下低水平销售规模的零售商的期望利润。

为确定协调参数,建立以下模型:

$$\max_{F_H, F_L} E[\pi_m] = F_H + F_L$$

subject to:

$$\max E[\pi_{r_H}(p_H^*, A_H^*)] \geq \pi_{rH}^{MD*}$$

$$\max E[\pi_{r_L}(p_L^*, A_L^*)] \geq \pi_{rL}^{MD*}$$

$$\max E[\pi_{r_H}(p_H^*, A_H^*)] \geq E[\pi_{r_H}(p_L^*, A_L^*)]$$

$$\max E[\pi_{r_L}(p_L^*, A_L^*)] \geq E[\pi_{r_L}(p_H^*, A_H^*)]$$

$$p_H^*, A_H^*, \theta_H^* \text{ solves the problem}$$

$$\max E[\pi_{rH}(p_H, A_H)] = E\left[(p_H - c)(\alpha - \beta p_H + kA_H + \gamma\theta_H) - \frac{\tau}{2}\theta_H^2 - \frac{b_H}{2}A_H^2\right] - F_H$$

p_L^*, A_L^*, θ_L^* solves the problem

$$\max E[\pi_{rL}(p_L, A_L)] = E\left[(p_L - c)(\alpha - \beta p_L + kA_L + \gamma\theta_L) - \frac{\tau}{2}\theta_L^2 - \frac{b_L}{2}A_L^2\right] - F_L$$

命题8.4 不对称信息下的供应链协调模型的最优解,表示为 $p_H^*, A_H^*, \theta_H^*, F_H^*, p_L^*, A_L^*, \theta_L^*, F_L^*$,依次为

$$p_H^* = \frac{\alpha b_H \tau + b_H E[\beta]c\tau - b_H c E[\gamma]^2 - c\tau k^2}{2b_H E[\beta]\tau - b_H E[\gamma]^2 - \tau E[k]^2} \quad (8.19)$$

$$\theta_H^* = \frac{b_H E[\gamma](\alpha - E[\beta]c)}{2b_H E[\beta]\tau - b_H E[\gamma]^2 - \tau E[k]^2} \quad (8.20)$$

$$A_H^* = \frac{\tau E[k](\alpha - E[\beta]c)}{2b_H E[\beta]\tau - b_H E[\gamma]^2 - \tau E[k]^2}$$

$$F_H^* = (p_H^* - c)(\alpha - E[\beta]p_H^* + E[k]A_H^* + E[\gamma]\theta_H^*) - \frac{\tau}{2}\theta_H^{*2} -$$

$$\frac{b_H}{2}A_H^{*2} - (p_{dH}^{MD*} - w_{dH}^{MD*})(\alpha - E[\beta]p_{dH}^{MD*} + E[k]A_{dH}^{MD*} + E[\gamma]\theta_{dH}^{MD*})] + \frac{b_H}{2}A_{dH}^{MD*2}$$

$$(8.21)$$

$$p_L^* = \frac{\alpha b_L \tau + b_L E[\beta]c\tau - b_L c E[\gamma]^2 - c\tau k^2}{2b_L E[\beta]\tau - b_L E[\gamma]^2 - \tau E[k]^2} \quad (8.22)$$

$$\theta_L^* = \frac{b_L E[\gamma](\alpha - E[\beta]c)}{2b_L E[\beta]\tau - b_L E[\gamma]^2 - \tau E[k]^2} \quad (8.23)$$

$$A_L^* = \frac{\tau E[k](\alpha - E[\beta]c)}{2b_L E[\beta]\tau - b_L E[\gamma]^2 - \tau E[k]^2} \quad (8.24)$$

$$F_L^* = (p_L^* - c)(\alpha - E[\beta]p_L^* + E[k]A_L^* + E[\gamma]\theta_L^*) - \frac{\tau}{2}\theta_L^{*2} - \frac{b_L}{2}A_L^{*2} -$$

$$(p_{dH}^{MD*} - w_{dH}^{MD*})(\alpha - E[\beta]p_{dH}^{MD*} + E[k]A_{dH}^{MD*} + E[\gamma]\theta_{dH}^{MD*})] + \frac{b_H}{2}A_{dH}^{MD*2} + \frac{(b_H - b_L)}{2}A_H^{*2}$$

$$(8.25)$$

8.5 数值算例分析

在本节中,给出数值算例分析验证所提出的模型。数值示例中采用的数据来

自中国服装零售业(https://www.ceicdata.com/)。这些数据在使用之前经过了适当的处理,符合本研究的基本假设。由于难以访问实际的行业数据,这些数据可以尽可能接近真实情况。制造成本、市场基础、价格弹性和销售努力弹性的语言表达式和三角模糊变量之间的关系通常由专家的经验决定。

管理者或专家可以给出一组关于制造成本、市场基础、价格弹性系数、服务弹性系数和服务成本系数的分数。收集的分数集被视为评分过程的可能性分布的样本,并用于估计模糊数的参数。

为进一步研究和验证协调模型的可行性,以及供应链中不确定性对利润和决策的影响,下面借助 Matlab 进行数值模拟分析。设置相应的参数如表8.1所示。

表8.1 数值假设

参数	α	c	τ	β	k	γ
数值	150	15	1	(0.3,0.5,1)	(0.2,0.4,0.8)	(0.1,0.3,0.6)

首先研究模糊环境中最优决策和期望利润随参数 b 的变化。考虑产品的市场基础为150,产品的制造成本为15,价格弹性的反应系数最高为1,最低为0.3,一般为0.5。销售努力反应系数 k 最高为0.2,最低为0.8,一般为0.4。产品绿色度反应系数 γ 最高为0.1,最低为0.6,一般为0.3。使用相关三角模糊理论,价格反应系数、销售努力反应系数和产品绿色度反应系数的预期值分别为 $E(\beta) = 0.575$,$E(k) = 0.45$,$E[\gamma] = 0.325$。表8.2、8.3给出了模糊环境下集中式和分散式决策情况下最优决策和期望利润随参数 b 的变化情况。表8.4~表8.6给出了模糊环境下信息对称和信息不对称情况下最优决策和期望利润随参数 b 的变化情况。

表8.2 集中决策模式下的最优决策和期望利润

b	p_c^*	θ_c^*	A_c^*	π_c^*
0.3	397.7	124.4	574.1	27 055
0.5	236.1	71.9	199	15 630
0.7	202.2	60.8	120.4	13 235
0.9	187.5	56.1	86.3	12 196

表8.3 分散决策模式下的最优决策和期望利润

b	p_d^{MD*}	θ_d^{MD*}	A_d^{MD*}	w_d^{MD*}	π_m^{MD*}	π_r^{MD*}	π_c^{MD*}
0.3	320.7	54.4	251.1	153.3	11 835.3	6 657.9	18 493

续表 8.3

b	p_d^{MD*}	θ_d^{MD*}	A_d^{MD*}	w_d^{MD*}	π_m^{MD*}	π_r^{MD*}	π_c^{MD*}
0.5	249.4	33.2	91.9	147.3	7 218.7	3 884.8	11 103
0.7	233.5	28.4	56.2	146.0	6 184.8	3 294.6	9 479
0.9	226.4	26.3	40.5	145.3	5 729.0	3 037.9	8 767

表 8.4 对称信息下协调模型的最优决策和期望利润

b	p^{SI*}	θ^{SI*}	A^{SI*}	$\pi_m^{SI*}(F^{SI*})$	π_r^{SI*}	π_c^{SI*}
0.3	397.7	124.4	574.1	20 397.1	6 657.9	27 055
0.5	236.1	71.9	199	11 745.2	3 884.8	15 630
0.7	202.2	60.8	120.4	9 940.4	3 294.6	13 235
0.9	187.5	56.1	86.3	9 158.1	3 037.9	12 196

表 8.5 不对称信息下销售规模水平低的最优决策和期望利润

b_H	p^{AI*}	θ^{AI*}	A^{AI*}	$\pi_m^{AI*}(F^{AI*})$	π_r^{AI*}	π_c^{AI*}
0.5	397.7	124.4	574.1	19 269.9	7 785.1	27 055
0.7	397.7	124.4	574.1	20 013.8	7 041.2	27 055
0.9	397.7	124.4	574.1	20 131.2	6 923.8	27 055

($b_L = 0.3$)

表 8.6 不对称信息下销售规模水平高的最优决策和期望利润

b_H	p^{aI*}	θ^{aI*}	A^{aI*}	$\pi_m^{aI*}(F^{aI*})$	π_r^{aI*}	π_c^{aI*}
0.5	236.1	71.9	199	11 745.2	3 884.8	15 630
0.7	202.2	60.8	120.4	9 940.4	3 294.6	13 235
0.9	187.5	56.1	86.3	9 158.1	3 037.9	12 196

($b_L = 0.3$)

通过分析获得以下直观的结论：

(1) 从表 8.2 可以看出，集中式决策情况下整个系统的最大期望利润高于分散决策情况，两者的最大期望利润都随着零售商规模参数的增大而减小。

(2) 从表 8.3 可以看出，无论是集中式决策还是分散式决策，零售价格、销售努力水平和产品绿色度的最优决策都随着零售商规模参数的增大而减小。而最优批发价格随着零售商规模参数而增加，变化不大。

(3)从表8.2和8.3可以看出,集中式决策情况下的零售价格、销售努力水平和产品绿色度的最优决策均高于分散决策情况下的斯坦伯格博弈均衡解。

表8.4和8.5通过数值算例说明了所提出的对称信息和非对称信息协调机制的有效性。参数值与之前保持一致。对比上表的结果,我们可以得出以下结论:

(1)两种契约都可以实现供应链协调,其中独立零售商的决策与集中决策情况相同。

(2)两种契约下,制造商获得的最大期望利润都高于分散决策下无契约协调时的利润。

(3)对称信息契约下,零售商的最大期望利润等于分散决策下的最大期望利润。

(4)在非对称信息契约下,高水平零售商的最大期望利润与分散决策下的最大期望利润相等,低水平零售商的最大期望利润高于分散决策下的最大期望利润。

8.6 本章小结

与传统研究不同,本章考虑的需求是模糊的,而不是随机的或确定的,假设模糊环境下需求依赖于零售价格和销售努力的情况。通过建立决策模型来确定集中式和分散式供应链的价格、销售努力水平和产品绿色度的最优决策,得到相应的最大期望利润。为了协调分散的供应链,本章设计了关于零售商规模参数的对称信息和不对称信息下的协调契约。通过数值算例分析,我们发现两种协调情况下的最大供应链利润等于集中式协调情况下的最大供应链利润,且高于分散式协调情况下的最大供应链利润。

与传统方法相比,该方法不需要大量的数据来对不确定的需求和不确定的制造成本进行建模,可以利用基于决策者判断、经验和直觉的主观估计。当情况模糊且缺乏历史数据时,采用模糊集的方法是非常适合的。然而,本章结论是基于对需求函数的简单假设。因此,供应链模型还可以进一步进行扩展,例如,可以使用不同或更一般形式的需求函数来分析问题,未来还可以考虑具有许多制造商和许多零售商的供应链以及多个周期的供应链模型。

第9章　直播电商环境下双渠道供应链协调契约

9.1　问题描述

随着经济的发展和科学技术的进步,能源短缺、环境污染和人类社会快速发展的矛盾越来越突出,逐渐成为制约我国社会进一步发展的瓶颈。在过去的几十年里,环境污染及其控制措施引起了全世界的广泛关注。这个问题不仅受到政府的密切关注,也受到消费者的密切关注。例如,美国环境部门鼓励消费者购买环保产品,并提供一个基于网络的计算工具来计算每种产品的碳排放量。随着全球倡导环境友好和环境保护,近年来人们环保意识的增强,对绿色产品的需求越来越大。与此同时,直播销售的兴起给零售业带来了革命性的变化,尤其是在新冠疫情暴发后,直播销售正迅速成为转售和代理销售平台的主要营销工具。据《中国直播行业报告》显示,截至2021年年底,中国直播用户数量已达6.35亿,占网民总数的61.5%,其中电商直播用户达4.64亿[207]。2021年是直播商业重要的一年,许多企业和部门开始在直播间内销售产品。特别是在中国,淘宝直播经常通过邀请网红与品牌合作来推广产品。这已经成为许多品牌提高转换率的成功方法。

随着商业环境的多变和复杂,供应链管理的难度越来越大。自20世纪50年代以来,许多学术著作关注供应链协调问题[208-211]。供应链通常由独立决策的不同实体组成;因此,信息不对称和双重边缘化很容易导致系统整体性能降低[69]。为了有效地管理供应链,供应链成员之间的协调是必要的。目前,有许多方法来测试和验证最优策略,这有助于获得最优的利润。导数理论和博弈论被广泛用于解决这一问题。博弈论方法是多种文献研究的重点,它结合数学模型,通过契约机制协调供应链以达到最优效率[80,157,159,160,212]。供应链协调机制有两个非常重要的目标:一是在进行分散决策时,提高供应链的整体效率和效益;二是所有成员通过契约分担风险。为了协调供应链,提高分散决策模式下各成员的利益,前人研究了许多协调契约机制,如批发价格契约[163]、收益共享契约[36]、回购契约[48,164]、数量折扣契约[213]、销售回扣契约[214]等。上述契约的最终目的是确定供应链的最大盈利能力。然而,很少有研究人员考虑到供应链成员的议价能力。通过对五种常用契约和扩展契约的研究,本章提出了两种新的联合契约来协调供应链。验证供应链可以通过 CS-GS 协调契约获得最大的利润。此外,本章还讨论了通过纳什讨价还价的方式分配额外利润的问题,实现供应链成员的共赢。

随着低碳经济和绿色 GDP 的兴起,绿色供应链的理论和实践越来越受到学者和市场管理者的关注。以往的一些研究将需求作为绿色程度的函数来考察绿色供应链。Zhang 和 Liu 考虑了一个三级绿色供应链系统,需求与产品的绿色程度有关[215],提出了收益共享机制、夏普利值法协调机制和非对称纳什协商机制来激励供应链成员合作生产和销售绿色产品。Basiri 和 Heydari 调查了一个两阶段的绿色渠道供应链,计划在现有传统产品之外发布一种新的可替代的绿色产品[42]。两种产品的需求是零售价格、环保质量和销售努力的函数。Gao 和 Zhang 研究了两级绿色供应链的定价、绿色度和销售努力决策,其中需求是它们的线性形式,由一个不确定变量进行模拟[59]。Xin 等建立了绿色产品需求为价格、绿色度和时间敏感性的两级绿色产品供应链,研究了两个销售期的采购策略、定价决策和激励机制[216]。Jian 等构建了一个绿色产品制造商和零售商之间的绿色闭环供应链,需求是价格、绿色程度和销售努力的函数[217]。制造商承担绿色研发成本和回收投资;与此同时,零售商还要负责销售工作的投资。Zong 等发现,一些制造商倾向于谎报其产品的绿色程度,以降低节能减排的成本[218]。他们研究了误报行为对绿色供应链绩效的影响,发现这种行为会降低供应链和零售商的利润。

消费者环境意识对决策的影响是另一个研究方向。考虑到消费者的环保意识,Jiang 和 Yuan 从定价点和绿色生产两方面提出了决策建议[219]。他们构建了需求与碳减排总量呈线性关系的装配式建筑供应链,并提出了成本分担契约和两部分关税来优化供应链的利润。一些学者针对政府对绿色供应链的影响进行了研究。Li 等建立了政府、制造商和零售商在不同权力结构下的合作减排模型[220]。他们发现,政府可以根据企业不同的博弈策略和收益分享协议,制订差异化的补贴方案来实现帕累托最优。Gao 等关注于协调由制造商、政府和零售商组成的双通道绿色供应链的方法[221]。政府为制造商提供绿色标准,当产品达到标准时,制造商可以从政府获得补贴。

本章与 Basiri 和 Heydari[42]、Jian 等[217]的工作密切相关。假设线下渠道的需求依赖于价格、绿色程度和销售努力。Basiri 和 Heydari[42]考虑了供应链协调问题,即制造商准备将一种新的可替代绿色产品投入市场,两种产品在单一渠道上销售。Jian 等[217]研究了制造商的公平关注行为对成员的影响,并提出了利润分享契约来协调绿色闭环供应链的公平关注。本章考虑单一产品的双渠道供应链,制造商通过两个渠道销售产品,并为绿色度支付研发成本,提出 CS-GS 契约来协调供应链,提高产品的绿色度。

前面提到的关于供应链模型和决策的研究通常假设需求是价格敏感的,并且产品是通过传统渠道销售的。在传统销售渠道之外,本章考虑一种新的销售渠道——直播间,这种渠道在销售平台上非常受欢迎。此外,假设对直播间的需求不仅与价格有关,而且还与直播间的折扣有关。本章建立一个通过两个渠道提供产品的两级绿色供应链,首先供应链作为一个完整的系统作出最优决策。其次,根据供应链实际运营情况基于斯坦伯格博弈建立两种情形下的分散模型,即制造商占主导地位的情景和零售商占主导地位的情景。在这两种分散的模型中,制造商和零售商是两个独立的实体,为各自获得最大利润而努力,最终导致双重边缘化。为了协调供应链,本章提出并比较两种协调模型,证明 CS-GS 契约的可行性。最后,通过讨价还价问题[222]对通过协调获得的额外利润进行分配,在利润分配过程中考虑成员在供应链中的议价能力,不同程度地提高每个供应链成员的利润。

9.2 模型建立

9.2.1 参数定义及说明

决策变量:

p:产品单位零售价;

θ:产品绿色度;

e:广告销售努力;

D:消费者需求,关于 p,θ,e 和 d 的函数。

参数:

c:产品单位成本;

τ:绿色研发成本系数;

b:广告规模;

w:单位批发价;

α:产品市场基础;

β:需求对零售价的反应系数;

k:需求对销售努力的反应系数;

γ:需求对绿色度的反应系数;

$\tilde{p}$:直播间价格;

d:直播间折扣。

9.2.2 基本研究假设

本章考虑一个双渠道绿色供应链,其中包括一个零售商和一个制造商。将消费者分为两类群体,一类注重零售商的服务和产品的品质(为研究方便,这里只考虑产品的绿色度),另一类喜欢看直播并对直播间的活动很感兴趣。制造商可以直接将直播间中的产品销售给消费者,也可以批发给零售商,零售商再通过传统渠道将产品销售给其他消费者。假设总生产量能够满足总需求量,直播渠道的需求受价格和直播间折扣力度的影响,传统渠道的需求受零售价格、销售努力和产品绿色程度的影响。制造商决定产品的绿色程度,零售商决定产品的单位零售价和广告销售努力。

假设:

(1) $p>w>c>0$,保证制造商和零售商可以从供应链传统渠道中获得利润,$\tilde{p}>c>0$,确保制造商可以从直播间中获得利润。

(2) 假设客户分为两类,一类是习惯于通过传统渠道进行线下消费的客户,另一类是被直播间的折扣和便利所吸引的客户。假设传统渠道的需求为 $D_1(p,e,\theta) = z\alpha - \beta p + ke + \gamma\theta$[223],假设直播间的需求为 $D_2(p) = (1-z)\alpha - \beta\tilde{p}$,此处 $\tilde{p} = (1-d)p$,$D_1>0, D_2>0, z$ 为市场在传统渠道中的占比,是非负变量。

(3) α, β, k, d 和 γ 是独立且非负的。

(4) 研发成本的作用在于提高产品的绿色度,$g(\theta) = \frac{1}{2}\tau\theta^2$[224]。

(5) 广告的销售努力成本,$t(e) = \frac{1}{2}be^2$[27]。

假设(4)和假设(5)都是凹函数:

$$g(0) = 0, g'(\theta) = \tau\theta > 0, g''(\theta) = \tau > 0$$
$$t(0) = 0, t'(e) = be > 0, t''(e) = b > 0$$

利润函数：

供应商，零售商和供应链的利润可以表示为

$$\pi_m(\theta) = (w-c)D_1(p,e,\theta) + (\tilde{p}-c)D_2(p) - g(\theta) \tag{9.1}$$

第一部分是制造商的批发利润，第二部分是制造商的直播间利润，第三部分是制造商的绿色研发成本。

$$\pi_r(e,p) = (p-w)D_1(p,e,\theta) - t(e) \tag{9.2}$$

第一部分是零售商的销售收入，第二部分是零售商的广告成本。

$$\pi_c(\theta,e,p) = (p-c)D_1(p,e,\theta) + (\tilde{p}-c)D_2(p) - t(e) - g(\theta) \tag{9.3}$$

第一部分是传统渠道的销售收入，第二部分是直播间的销售收入，第三部分是广告成本，最后是绿色研发成本。

9.3 集中和分散决策模型

9.3.1 集中模型

为了建立绩效基准，首先将供应链看成一个整体，试图使供应链整体利润最大化，分析供应链集中决策模式下的最优决策。供应链的利润可以表示为

$$\pi_c(\theta,e,p) = (p-c)(z\alpha - \beta p + ke + \gamma\theta) + [(1-d)p - c] \cdot \\ [(1-z)\alpha - \beta(1-d)p] - \frac{1}{2}\tau\theta^2 - \frac{1}{2}be^2 \tag{9.4}$$

$\pi_c(\theta,e,p)$ 关于 θ,e,p 的一阶导数分别为

$$\frac{\partial \pi_c(\theta,e,p)}{\partial \theta} = \gamma(p-c) - \tau\theta$$

$$\frac{\partial \pi_c(\theta,e,p)}{\partial e} = k(p-c) - be$$

$$\frac{\partial \pi_c(\theta,e,p)}{\partial p} = z\alpha - 2\beta p + ke + \gamma\theta + \beta c + (1-d)[(1-z)\alpha - 2\beta(1-d)p + \beta c]$$

$$H_1 = \begin{pmatrix} \dfrac{\partial^2 \pi_c(\theta,e,p)}{\partial \theta^2} & \dfrac{\partial^2 \pi_c(\theta,e,p)}{\partial \theta \partial e} & \dfrac{\partial^2 \pi_c(\theta,e,p)}{\partial \theta \partial p} \\ \dfrac{\partial^2 \pi_c(\theta,e,p)}{\partial e \partial \theta} & \dfrac{\partial^2 \pi_c(\theta,e,p)}{\partial e^2} & \dfrac{\partial^2 \pi_c(\theta,e,p)}{\partial e \partial p} \\ \dfrac{\partial^2 \pi_c(\theta,e,p)}{\partial p \partial \theta} & \dfrac{\partial^2 \pi_c(\theta,e,p)}{\partial p \partial e} & \dfrac{\partial^2 \pi_c(\theta,e,p)}{\partial p^2} \end{pmatrix}$$

$$= \begin{bmatrix} -\tau & 0 & \gamma \\ 0 & -b & k \\ \gamma & k & -2\beta - 2\beta(1-d)^2 \end{bmatrix}$$

根据之前提出的假设,当$-2b\tau\beta d^2+4b\tau\beta d+\tau k^2+b\gamma^2-4b\tau\beta<0$,$2b\beta+2b\beta(1-d)^2-k^2>0$ 时,Hessian 矩阵为负定,这意味着 $\pi_c(\theta,e,p)$ 有唯一的最优解(θ^*,e^*,p^*),(θ^*,e^*,p^*) 满足

$$\gamma(p-c)-\tau\theta=0$$
$$k(p-c)-be=0$$
$$\alpha-2\beta p+ke+\gamma\theta+\beta c+(1-d)[(1-z)\alpha-2\beta(1-d)p+\beta c]=0$$

唯一最优解(θ^*,e^*,p^*) 应满足以上一阶条件。因此,得出命题9.1。

命题9.1 当$-2b\tau\beta d^2+4b\tau\beta d+\tau k^2+b\gamma^2-4b\tau\beta<0$ 时,期望利润 $\pi_c(\theta,e,p)$ 是凹函数。最优零售价格、广告的最优销售力度和产品的绿色度,表示为(θ^*,e^*,p^*) 结果分别如下:

$$\theta^* = \frac{k\tau(2\beta c-\alpha+\alpha d-3\beta cd-\alpha dz+2\beta cd^2)}{-2b\tau\beta d^2+4b\tau\beta d+\tau k^2+b\gamma^2-4b\tau\beta} \quad (9.5)$$

$$e^* = \frac{b\gamma(2\beta c-\alpha+\alpha d-3\beta cd-\alpha dz+2\beta cd^2)}{-2b\tau\beta d^2+4b\tau\beta d+\tau k^2+b\gamma^2-4b\tau\beta} \quad (9.6)$$

$$p^* = \frac{c\tau k^2+bc\gamma^2-\alpha b\tau-2bc\tau\beta+\alpha bd\tau-\alpha bd\tau z+bcd\tau\beta}{-2b\tau\beta d^2+4b\tau\beta d+\tau k^2+b\gamma^2-4b\tau\beta} \quad (9.7)$$

集中模型中供应链的最大利润为

$$\pi_c^* = \pi_c(\theta^*,e^*,p^*) = \max \pi_c(\theta,e,p) =$$
$$(-b\tau\alpha^2 d^2 z^2 + 2b\tau\alpha^2 d^2 z - b\tau\alpha^2 d^2 - 2b\tau\alpha^2 dz + 2b\tau\alpha^2 d - b\tau\alpha^2 + 2b\tau\alpha\beta cd^2 z + 2b\tau\alpha\beta cd^2 -$$
$$4b\tau\alpha\beta cdz - 2b\tau\alpha\beta cd + 2b\tau\alpha\beta c + 2b\alpha cd\gamma^2 z - 2b\alpha cd\gamma^2 + 2\tau\alpha cdk^2 z - 2\tau\alpha cdk^2 - b\tau\beta^2 c^2 d^2 +$$
$$4b\tau\beta^2 c^2 d - 4b\tau\beta^2 c^2 - 2b\beta c^2 d^2\gamma^2 - 2\tau\beta c^2 d^2 k^2 + 2b\beta c^2 d\gamma^2 + 2\tau\beta c^2 dk^2)/$$
$$2(-2b\tau\beta d^2 + 4b\tau\beta d + \tau k^2 + b\gamma^2 - 4b\tau\beta)$$

(9.8)

9.3.2 斯坦伯格博弈模型——制造商主导

在本节中,假设供应链中不存在协调,制造商和零售商都试图使自己的利润最大化。将此分散决策模型表述为斯坦伯格博弈,并推导出均衡解。然后,对分散模型下供应链的总利润进行比较。

制造商作为领导者,零售商作为跟随者。在制造商主导的分散模型中,给定零售商较早的决策(e, p),制造商通过零售商的反应函数,制定产品最优绿色度的决策。首先推导出零售商的反应函数如下:

$$\pi_r(e,p) = (p - w)(z\alpha - \beta p + ke + \gamma\theta) - \frac{1}{2}be^2$$

$$\frac{\partial \pi_r(e,p)}{\partial e} = k(p - w) - be$$

$$\frac{\partial \pi_r(e,p)}{\partial p} = (z\alpha - \beta p + ke + \gamma\theta) - \beta(p - w) \tag{9.9}$$

$$\begin{cases} e_d^{md*} = \dfrac{k(\alpha z - \beta w + \theta\gamma)}{2\beta b - k^2} \\ p_d^{md*} = \dfrac{zb\alpha + b\theta\gamma + b\beta w - k^2 w}{2\beta b - k^2} \end{cases} \tag{9.10}$$

然后,得到零售商的反应函数后,制造商决定产品的最优绿色度。将公式(9.10)代入公式(9.1)得到

$$\pi_m^{md}(\theta) = (w - c)(z\alpha - \beta p_d^{md*} + ke_d^{md*} + \gamma\theta) +$$

$$[(1 - d)p_d^{md*} - c][(1 - z)\alpha - \beta(1 - d)p_d^{md*}] - \frac{1}{2}\tau\theta^2 \tag{9.11}$$

将公式(9.11)对θ求导,得到

$$\frac{\partial \pi_m^{md}(\theta)}{\partial \theta} = \frac{b\gamma\left[\alpha(z-1) - \dfrac{\beta(d-1)\sigma_2}{\sigma_1}\right](d-1)}{\sigma_1} - (c-w)\left(\gamma + \frac{\gamma k^2}{\sigma_1} - \frac{b\beta\gamma}{\sigma_1}\right) -$$

$$\tau\theta - \frac{b\beta\gamma(d-1)\left[c + \dfrac{(d-1)\sigma_2}{\sigma_1}\right]}{\sigma_1} = 0$$

式中,$\sigma_1 = 2b\beta - k^2$;$\sigma_2 = -wk^2 + b\beta w + \alpha bz + b\gamma\theta$。

将公式(9.11)对θ求导,得到

$$\frac{\partial^2 \pi_m^{md}(\theta)}{\partial \theta^2} = -\tau - \frac{2b^2\beta\gamma^2(d-1)^2}{(2b\beta-k^2)^2} < 0$$

所以存在唯一的θ_d^{md*}使制造商利润达到最大,将θ_d^{md*}代入公式(9.10),可得到零售商的最优决策。

命题 9.2 在分散模型中，制造商的批发价格、零售商的价格和销售努力的最优决策表示为 $(\theta_d^{md*}, e_d^{md*}, p_d^{md*})$。

$$e_d^{md*} = \frac{k(\alpha z - \beta w + \theta_d^{md*}\gamma)}{2\beta b - k^2} \tag{9.12}$$

$$p_d^{md*} = \frac{zb\alpha + b\theta_d^{md*}\gamma + b\beta w - k^2 w}{2\beta b - k^2} \tag{9.13}$$

$$\theta_d^{md*} = \frac{-\dfrac{b\beta\gamma(c-w)}{\sigma_1} + \dfrac{b\gamma(d-1)\left[\alpha(z-1) - \dfrac{\beta(d-1)\sigma_2}{\sigma_1}\right]}{\sigma_1} - \dfrac{b\beta\gamma\left[c + \dfrac{(d-1)\sigma_2}{\sigma_1}\right](d-1)}{\sigma_1}}{\tau + \dfrac{2b^2\beta\gamma^2(d-1)^2}{\sigma_1^2}}$$

$$\tag{9.14}$$

式中，$\sigma_1 = 2b\beta - k^2$；$\sigma_2 = -wk^2 + b\beta w + \alpha bz$。

证明：

最后，求得制造商和零售商在制造商主导的分散决策模式下的最大利润：

$$\pi_m^{md*} = \max \pi_m(\theta) = \pi_m(\theta_d^{md*}) =$$

$(-2\tau\alpha^2 b^2\beta d^2 z^2 + 8\tau\alpha^2 b^2\beta dz^2 - 4\tau\alpha^2 b^2\beta dz - 6\tau\alpha^2 b^2\beta z^2 + 4\tau\alpha^2 b^2\beta z + \alpha^2 b^2 d^2 \gamma^2 z^2 - 2\alpha^2 b^2 d^2 \gamma^2 z +$
$\alpha^2 b^2 d^2 \gamma^2 - 2\alpha^2 b^2 d\gamma^2 z^2 + 4\alpha^2 b^2 d\gamma^2 z - 2\alpha^2 b^2 d\gamma^2 + \alpha^2 b^2 \gamma^2 z^2 - 2\alpha^2 b^2 \gamma^2 z + \alpha^2 b^2 \gamma^2 - 2\tau\alpha^2 bdk^2 z^2 +$
$2\tau\alpha^2 bdk^2 z + 2\tau\alpha^2 bk^2 z^2 - 2\tau\alpha^2 bk^2 z - 4\tau\alpha b^2\beta^2 cdz + 8\tau\alpha b^2\beta^2 cz - 8\tau\alpha b^2\beta^2 c - 4\tau\alpha b^2\beta^2 d^2 wz +$
$12\tau\alpha b^2\beta^2 dwz - 4\tau\alpha b^2\beta^2 dw - 4\tau\alpha b^2\beta^2 wz + 4\tau\alpha b^2\beta^2 w + 2\alpha b^2\beta cd^2\gamma^2 z - 2\alpha b^2\beta cd^2\gamma^2 -$
$6\alpha b^2\beta cd\gamma^2 z + 6\alpha b^2\beta cd\gamma^2 + 4\alpha b^2\beta c\gamma^2 z - 4\alpha b^2\beta c\gamma^2 + 2\alpha b^2\beta d\gamma^2 wz - 2\alpha b^2\beta d\gamma^2 w -$
$2\alpha b^2\beta\gamma^2 wz + 2\alpha b^2\beta\gamma^2 w + 2\tau\alpha b\beta cdk^2 z - 8\tau\alpha b\beta ck^2 z + 8\tau\alpha b\beta ck^2 + 4\tau\alpha b\beta d^2 k^2 wz -$
$14\tau\alpha b\beta dk^2 wz + 6\tau\alpha b\beta dk^2 w + 8\tau\alpha b\beta k^2 wz - 6\tau\alpha b\beta k^2 w + 2\tau\alpha ck^4 z - 2\tau\alpha ck^4 + 2\tau\alpha dk^4 wz -$
$2\tau\alpha dk^4 w - 2\tau\alpha k^4 wz + 2\tau\alpha k^4 w - 4\tau b^2\beta^3 cdw + 8\tau b^2\beta^3 cw - 2\tau b^2\beta^3 d^2 w^2 + 4\tau b^2\beta^3 dw^2 -$
$6\tau b^2\beta^3 w^2 + b^2\beta^2 c^2 d^2\gamma^2 + 4b^2\beta^2 cd^2\gamma^2 w - 10b^2\beta^2 cd\gamma^2 w + 4b^2\beta^2 c\gamma^2 w - 4b^2\beta^2 d^2\gamma^2 w^2 +$
$8b^2\beta^2 d\gamma^2 w^2 - 3b^2\beta^2 \gamma^2 w^2 + 6\tau b\beta^2 cdk^2 w - 8\tau b\beta^2 ck^2 w + 4\tau b\beta^2 d^2 k^2 w^2 - 8\tau b\beta^2 dk^2 w^2 + 6\tau b\beta^2 k^2 w^2 -$
$2\tau\beta cdk^4 w + 2\tau\beta ck^4 w - 2\tau\beta d^2 k^4 w^2 + 4\tau\beta dk^4 w^2 - 2\tau\beta k^4 w^2)/$
$2(4\tau b^2\beta^2 + 2b^2\beta d^2\gamma^2 - 4b^2\beta d\gamma^2 + 2b^2\beta\gamma^2 - 4\tau b\beta k^2 + \tau k^4)$

$$\tag{9.15}$$

$$\pi_r^{md*} = \max \pi_r(e, p) = \pi_r(e_d^{md*}, p_d^{md*}) =$$

$$b(2b\beta - k^2)(\alpha bd\gamma^2 - \alpha b\gamma^2 + b\beta\gamma^2 w + \alpha b\gamma^2 z + 2b\beta^2\tau w - \beta k^2\tau w + \alpha k^2\tau z +$$
$$2b\beta d^2\gamma^2 w - 2\alpha b\beta\tau z + b\beta cd\gamma^2 - 4b\beta d\gamma^2 w - \alpha bd\gamma^2 z)^2 / 2(4\tau b^2\beta^2 +$$
$$2b^2\beta d^2\gamma^2 - 4b^2\beta d\gamma^2 + 2b^2\beta\gamma^2 - 4\tau b\beta k^2 + \tau k^4)^2 \tag{9.16}$$

显然 $p_d^{md*} \neq p^*$，这表明仅批发价格契约不能协调供应链。由于双重边际效应，$\pi_r^{md*} + \pi_m^{md*} = \pi_d^{md*} < \pi_c^*$，这表明在分散模型中制造商主导的斯坦伯格博弈下，无法使供应链取得整体最优利润。

9.3.3 斯坦伯格博弈模型——零售商主导

本节考虑制造商是领导者，供应商是跟随者。在零售商主导的分散模型中，制造商给定较早的决策 θ 的反应函数，零售商根据绿色度的反应函数决定价格和广告销售努力的最优决策。首先推导出零售商的反应函数如下：

$$\pi_m(\theta) = (w-c)(z\alpha - \beta p + ke + \gamma\theta) + [(1-d)p - c]$$
$$[(1-z)\alpha - \beta(1-d)p] - \frac{1}{2}\tau\theta^2 \tag{9.17}$$

$$\frac{\partial \pi_m(\theta)}{\partial \theta} = -\tau\theta - \gamma(c-w) = 0$$

$$\frac{\partial^2 \pi_m(\theta)}{\partial \theta^2} = -\tau < 0$$

$$\theta_d^{rd*} = \frac{\gamma(w-c)}{\tau} \tag{9.18}$$

得到制造商的反应函数后，零售商设定最优价格和最优销售努力。

命题 9.3 在分散模型（零售商主导）中，制造商对产品的最优绿色度、零售商的最优价格和最优销售努力分别表示为 $(\theta_d^{rd*}, e_d^{rd*}, p_d^{rd*})$：

$$\theta_d^{rd*} = \frac{\gamma(w-c)}{\tau} \tag{9.19}$$

$$e_d^{rd*} = \frac{k(-c\gamma^2 + \gamma^2 w - \beta\tau w + \alpha\tau z)}{\tau(2b\beta - k^2)} \tag{9.20}$$

$$p_d^{rd*} = \frac{b\gamma^2 w - bc\gamma^2 - k^2\tau w + b\beta\tau w + \alpha b\tau z}{\tau(2b\beta - k^2)} \tag{9.21}$$

证明：

把公式 (9.19) 代入公式 (9.2) 对 e 和 p 求导，得到

$$\pi_r^{rd}(e,p) = (p-w)(z\alpha - \beta p + ke + \frac{\gamma^2(w-c)}{\tau}) - \frac{1}{2}be^2 \tag{9.22}$$

对公式(9.22)对 e 和 p 求导,得到

$$\frac{\partial \pi_r^{rd}(e,p)}{\partial e} = k(p-w) - be = 0$$

$$\frac{\partial \pi_r^{rd}(e,p)}{\partial p} = ek - \beta p + \alpha z - \beta(p-w) + \frac{\gamma^2(w-c)}{\tau} = 0$$

得出 Hessian 矩阵为

$$H_2 = \begin{pmatrix} \dfrac{\partial^2 \pi_r^{rd}(e,p)}{\partial e^2} & \dfrac{\partial^2 \pi_r^{rd}(e,p)}{\partial e \partial p} \\ \dfrac{\partial^2 \pi_r^{rd}(e,p)}{\partial p \partial e} & \dfrac{\partial^2 \pi_r^{rd}(e,p)}{\partial p^2} \end{pmatrix} = \begin{pmatrix} -b & k \\ k & -2\beta \end{pmatrix}$$

显然当 $2\beta b - k^2 > 0$ 时,Hessian 矩阵为负定,所以 $\pi_r(e,p)$ 是凹函数,即存在唯一的最优解 (p_d^{rd*}, e_d^{rd*}) 使 $\pi_r(e,p)$ 达到最大, p_d^{rd*}, e_d^{rd*} 通过求解以下等式得到

$$k(p-w) - be = 0$$

$$ek - \beta p + \alpha z - \beta(p-w) - \frac{\gamma^2(c-w)}{\tau} = 0$$

最后,可以得到制造商和零售商的最大利润分别为

$$\pi_r^{rd*} = \max \pi_r(e,p) = \pi_r(e_d^{rd*}, p_d^{rd*}) = \frac{b(c\gamma^2 - \gamma^2 w + \beta\tau w - \alpha\tau z)^2}{2\tau^2(2b\beta - k^2)} \quad (9.23)$$

$$\pi_m^{rd*} = \max \pi_m(\theta) = \pi_m(\theta_d^{rd*}) = \left[c + \frac{(d-1)\sigma_1}{\sigma_2}\right]\left[\alpha(z-1) - \frac{\beta(d-1)\sigma_1}{\sigma_2}\right] -$$

$$\frac{\gamma^2(c-w)^2}{2\tau} + \frac{b\beta(c-w)(c\gamma^2 - \gamma^2 w + \beta\tau w - \alpha\tau z)}{\sigma_2} \quad (9.24)$$

式中, $\sigma_1 = b\gamma^2 w - bc\gamma^2 - k^2 \tau w + b\beta\tau w + \alpha b\tau z$; $\sigma_2 = \tau(2b\beta - k^2)$ 。

显然 $p_d^{rd*} \neq p^*$,这说明分散模型下的供应链所作的决策与集中模型下的最优决策不同。同理可证: $\pi_m^{rd*} + \pi_r^{rd*} = \pi_d^{rd*} < \pi_c^*$,这意味着在分散决策模式下零售商主导的斯坦伯格博弈中,供应链无法获得总体最大利润。

9.4 供应链协调模型

通常制造商和零售商是两个独立的实体,在分散决策模式下,制造商和零售商都会试图最大化自己的预期利润,而不考虑供应链中的其他成员。为了让分散模式下零售商和制造商的决策与集成模式下相同,即供应链的总利润最大化,必须进

行协调。本节通过设计适当的契约来鼓励和约束供应链成员,从而实现供应链的协调。

9.4.1 收益共享和批发价格联合契约(RSC)

由上可知,当产品绿色度、广告的销售力度和产品的价格为(θ^*,e^*,p^*)时,供应链可以获得最大利润,并且可以通过改变w来实现供应链利润的任意分配。下一个问题是如何确定制造商的批发价格。在纯批发价格契约中,制造商向零售商收取的批发价格高于其边际成本,这影响了零售商的价格决策。在 RSC 模型中,将批发价格契约与收益共享契约结合起来协调供应链。将这样的联合契约表示为$(w,\varphi),0<\varphi<1$。

在 RSC 模型中,为了鼓励零售商在开始时订购更多的产品,制造商以较低的价格w批发产品,零售商在销售期结束时与制造商分享ϕ比例的收入,以弥补较低的批发价格的损失。制造商和零售商的利润如下:

$$\pi_m^{RSC}(\theta) = (w-c)(z\alpha - \beta p + ke + \gamma\theta) + \phi(p-w)(z\alpha - \beta p + ke + \gamma\theta) +$$
$$[(1-d)p - c][(1-z)\alpha - \beta(1-d)p] - \frac{1}{2}\tau\theta^2 \qquad (9.25)$$

$$\pi_r^{RSC}(e,p) = (1-\phi)(p-w)(z\alpha - \beta p + ke + \gamma\theta) - \frac{1}{2}be^2 \qquad (9.26)$$

以类似的方式,将 RSC 模型表述为斯坦伯格博弈,并假设零售商是领导者。首先,推导出零售商的反应函数如下:

$$\frac{\partial \pi_m^{RSC}(\theta)}{\partial \theta} = \gamma\phi(p-w) - \gamma(c-w) - \tau\theta = 0$$

$$\frac{\partial^2 \pi_m^{RSC}(\theta)}{\partial \theta^2} = -\tau < 0$$

$$\theta_d^{RSC*} = \frac{\gamma\phi(p-w) - \gamma(w-c)}{\tau} \qquad (9.27)$$

将公式(9.27)代入公式(9.25)对e和p求导,得到

$$\pi_r^{RSC}(e,p) = (p-w)\left[z\alpha - \beta p + ke + \frac{\gamma^2\phi(p-w) - \gamma(w-c)}{\tau}\right] - \frac{1}{2}be^2 \qquad (9.28)$$

对公式(9.28)对e和p求导,得到

$$\frac{\partial \pi_r^{RSC}(e,p)}{\partial e} = -be - k(p-w)(\phi-1)$$

$$\frac{\partial \pi_r^{RSC}(e,p)}{\partial p} = \left(\beta - \frac{\gamma^2 \phi}{\tau}\right)(p-w)(\phi-1) -$$

$$(\phi-1)\left[ek - \beta p + \alpha z - \frac{\gamma(\gamma(c-w) - \gamma\phi(p-w))}{\tau}\right]$$

则 $\pi_r^{RSC}(e,p)$ 的 Hessian 矩阵是

$$H_2 = \begin{pmatrix} \frac{\partial^2 \pi_r^{rd}(e,p)}{\partial e^2} & \frac{\partial^2 \pi_r^{rd}(e,p)}{\partial e \partial p} \\ \frac{\partial^2 \pi_r^{rd}(e,p)}{\partial p \partial e} & \frac{\partial^2 \pi_r^{rd}(e,p)}{\partial p^2} \end{pmatrix} = \begin{pmatrix} -b & k(1-\phi) \\ k(1-\phi) & -2\left(\beta - \frac{\gamma^2\phi}{\tau}\right)(1-\phi) \end{pmatrix}$$

显然当 $2b\left(\beta - \frac{\gamma^2\phi}{\tau}\right) - k^2(1-\phi) > 0$ 时,Hessian 矩阵为负正定,则 $\pi_r^{RSC}(e,p)$ 是关于 e 和 p 的凹函数,且最优解唯一,最优解表示为 (e_d^{RSC*}, p_d^{RSC*}),通过以下等式求得:

$$-be - k(p-w)(\phi-1) = 0$$

$$\left(\beta - \frac{\gamma^2\phi}{\tau}\right)(p-w)(\phi-1) - (\phi-1)\left[ek - \beta p + \alpha z - \frac{\gamma(\gamma(c-w) - \gamma\phi(p-w))}{\tau}\right] = 0$$

产品绿色度、销售努力和价格的最优解,记为 $(\theta_d^{RSC*}, e_d^{RSC*}, p_d^{RSC*})$:

$$\theta_d^{RSC*} = \frac{-\gamma(ck^2\tau - k^2\tau w + 2b\beta\tau w + bc\gamma^2\phi - b\gamma^2\phi w - ck^2\phi\tau + k^2\phi\tau w - 2b\beta c\tau - b\beta\phi\tau w + \alpha b\phi\tau z)}{\tau(k^2\tau - k^2\phi\tau - 2b\beta\tau + 2b\gamma^2\phi)}$$

(9.29)

$$e_d^{RSC*} = \frac{k(1-\phi)(c\gamma^2 - \gamma^2 w + \beta\tau w - \alpha\tau z)}{k^2\tau - k^2\phi\tau - 2b\beta\tau + 2b\gamma^2\phi} \quad (9.30)$$

$$p_d^{RSC*} = \frac{-b\gamma^2 w + bc\gamma^2 + k^2\tau w - b\beta\tau w - \alpha b\tau z + 2b\gamma^2\phi w - k^2\phi\tau w}{k^2\tau - k^2\phi\tau - 2b\beta\tau + 2b\gamma^2\phi} \quad (9.31)$$

供应链契约的一个重要目标是提高供应链的整体效益,达到集中控制的效果。为获得最大的利润,对比 $(\theta_d^{RSC*}, e_d^{RSC*}, p_d^{RSC*})$ 和 (θ^*, e^*, p^*)。我们发现没有 (w, φ) 可以同时满足 $\theta_d^{RSC*} = \theta^*$, $e_d^{RSC*} = e^*$ 和 $p_d^{RSC*} = p^*$。

命题9.4 RSC 模型中提出的契约不能有效地协调供应链。在 RSC 模型中导出的最优价格、最优绿色度和最优销售努力不能同时通过 w 和 ϕ 实现集中式模型中的相应决策。

9.4.2 绿色研发成本和销售努力成本共担契约(CS-GS)

由于 RSC 模型种联合收益共享和批发价格契约不能有效地协调供应链。本节提出一个新的契约——绿色研发成本和销售努力成本共担契约。在 CS-GS 模型中,考虑制造商和零售商的长期合作,零售商分担 $1-l$ 比例的绿色研发成本,制造商分担 f 比例的销售努力成本。为鼓励零售商订购更多的产品,制造商按一定价格 w 批发产品。我们首先确定 CS-GS 契约 (w,l,f) 确保制造商和零售商作出的决策与集中式模型中的决策相同。制造商和零售商的利润如下:

$$\pi_m^{CS}(\theta) = (w-c)(z\alpha - \beta p + ke + \gamma\theta) + [(1-d)p - c] \cdot$$
$$[(1-z)\alpha - \beta(1-d)p] - \frac{1}{2}l\tau\theta^2 - \frac{1}{2}fbe^2 \qquad (9.32)$$

$$\pi_r^{CS}(e,p) = (p-w)(z\alpha - \beta p + ke + \gamma\theta) - \frac{1}{2}(1-f)be^2 - \frac{1}{2}(1-l)\tau\theta^2$$
$$(9.33)$$

命题 9.5 在 CS-GS 模型中,制造商和零售商可以通过共同分担绿色研发成本和广告销售努力成本契约 (w,l,f) 有效地协调供应链:

$$\begin{cases} w = (\alpha b\gamma^2 + \alpha k^2\tau - \alpha b d\gamma^2 - 4\beta^2 c\tau - \alpha b\gamma^2 z - \alpha d k^2\tau - \alpha k^2\tau z - 2\alpha b\beta\tau - \\ \quad 2b\beta c d^2\gamma^2 - 2\beta c d^2 k^2\tau + 2\alpha b\beta d\tau + 4\alpha b\beta\tau z + 3b\beta c d\gamma^2 + 2b\beta^2 c d\tau + \\ \quad 3\beta c d k^2\tau + \alpha b d\gamma^2 z + \alpha d k^2\tau z + 2\alpha b\beta d^2\tau z - 6\alpha b\beta d\tau z)/\beta(-2b\beta\tau d^2 + \\ \quad 4b\beta\tau d + b\gamma^2 + \tau k^2 - 4b\beta\tau) \\ l = (1-d)(b\beta c\gamma^2 - \alpha k^2\tau - \alpha b\gamma^2 + \beta c k^2\tau + \alpha b\gamma^2 z + \alpha k^2\tau z + 2\alpha b\beta\tau - \\ \quad 4\alpha b\beta\tau z - 2b\beta c d\gamma^2 + 2b\beta^2 c d\tau - 2\beta c d k^2\tau + 2\alpha b\beta d\tau z)/ \\ \quad b\beta\tau(\alpha - 2\beta c - \alpha d + 3\beta c d + \alpha d z - 2\beta c d^2) \\ f = (1-d)(b\beta c\gamma^2 - \alpha k^2\tau - \alpha b\gamma^2 + \beta c k^2\tau + \alpha b\gamma^2 z + \alpha k^2\tau z + 2\alpha b\beta\tau - \\ \quad 4\alpha b\beta\tau z - 2b\beta c d\gamma^2 + 2b\beta^2 c d\tau - 2\beta c d k^2\tau + 2\alpha b\beta d\tau z)/ \\ \quad b\beta\tau(\alpha - 2\beta c - \alpha d + 3\beta c d + \alpha d z - 2\beta c d^2) \end{cases} \quad (9.34)$$

可以发现 $l=f$。

证明:

通过斯坦伯格博弈建立 CS-GS 模型,并假设零售商是领导者。首先,推导出零售商的反应函数如下:

$$\frac{\partial \pi_m^{CS}(\theta)}{\partial \theta} = -\gamma(c-w) - l\tau\theta = 0$$

$$\frac{\partial^2 \pi_m^{CS}(\theta)}{\partial \theta^2} = -l\tau < 0$$

$$\theta_d^{CS*} = \frac{\gamma(w-c)}{l\tau} \tag{9.35}$$

将公式(9.35)代入公式(9.33)对 e 和 p 求导,得到

$$\pi_r^{CS}(e,p) = (p-w)\left[z\alpha - \beta p + ke + \frac{\gamma^2(w-c)}{l\tau}\right] - \frac{1}{2}(1-f)be^2 - \frac{1}{2}(1-l)\tau\left[\frac{\gamma(w-c)}{l\tau}\right]^2 \tag{9.36}$$

通过公式(9.36)对 e 和 p 求导,可得

$$\frac{\partial \pi_r^{CS}(e,p)}{\partial e} = k(p-w) - b(1-f)e$$

$$\frac{\partial \pi_r^{CS}(e,p)}{\partial p} = ek - \beta p + \alpha z - \beta(p-w) - \frac{\gamma^2(c-w)}{l\tau}$$

Hessian 矩阵

$$H_2 = \begin{pmatrix} \dfrac{\partial^2 \pi_r^{rd}(e,p)}{\partial e^2} & \dfrac{\partial^2 \pi_r^{rd}(e,p)}{\partial e \partial p} \\ \dfrac{\partial^2 \pi_r^{rd}(e,p)}{\partial p \partial e} & \dfrac{\partial^2 \pi_r^{rd}(e,p)}{\partial p^2} \end{pmatrix} = \begin{pmatrix} -b(1-f) & k \\ k & -2\beta \end{pmatrix}$$

显然当 $2b\beta(1-f)-k^2>0$ 时,Hessian 矩阵为负定,即此时 $\pi_r^{CS}(e,p)$ 是凹函数,最优解 (e_d^{CS*},p_d^{CS*}) 可以通过以下等式求得

$$k(p-w) - b(1-f)e = 0$$

$$ek - \beta p + \alpha z - \beta(p-w) - \frac{\gamma^2(c-w)}{l\tau} = 0$$

关于制造商产品的绿色度、零售商的价格和销售努力的最优决策 $(\theta_d^{CS*}, e_d^{CS*}, p_d^{CS*})$ 表示为

$$\theta_d^{CS*} = \frac{\gamma(w-c)}{l\tau} \tag{9.37}$$

$$e_d^{CS*} = \frac{k(c\gamma^2 - \gamma^2 w + \beta l\tau w - \alpha l\tau z)}{l\tau(k^2 - 2b\beta + 2b\beta f)} \tag{9.38}$$

$$p_d^{CS*} = \frac{bc\gamma^2 - b\gamma^2 w - bcf\gamma^2 + bf\gamma^2 w + k^2 l\tau w - b\beta l\tau w - \alpha bl\tau z + b\beta fl\tau w + \alpha bfl\tau z}{l\tau(k^2 - 2b\beta + 2b\beta f)}$$

$$\tag{9.39}$$

在 CS-GS 模型中，当 $\theta_d^{CS*}=\theta^*$，$e_d^{CS*}=e^*$，$p_d^{CS*}=p^*$ 时，供应链可以达到协调，可以发现当 (w,l,f) 满足公式(9.34)时，最优决策与集中式模型下的最优决策相同。可以证明绿色研发成本和销售努力成本共担契约可以实现整个供应链的最大利润，得到

$$\pi_m^{CS*} = \pi_m^{CS}(\theta_d^{CS*}) = \max \pi_m^{CS}(\theta)$$

$$\pi_r^{CS*} = \pi_m^{CS}(e_d^{CS*}, p_d^{CS*}) = \max \pi_m^{CS}(e,p)$$

$$\pi_m^{CS*} + \pi_r^{CS*} = \pi_c^*$$

实践证明，CS-GS 契约能够有效地协调供应链。接下来的问题是如何鼓励制造商和零售商采用 CS-GS 契约。供应链中的成员通常是独立的，显然，只有当所有成员都能从合作中获得额外利益时，成员才会参与协调机制。为了解决这个问题，我们使用纳什议价讨价还价分析，设从制造商转移到零售商的利润为 T，其中，合作参数 ξ_i 表示供应链成员在合作中的议价能力或重要性。

$$\pi_{mT}^{CS} = \pi_m^{CS*} - T \tag{9.40}$$

$$\pi_{rT}^{CS} = \pi_r^{CS*} + T \tag{9.41}$$

当 $\pi_m^{CS*}-\pi_m^{rd*}>0$ 且 $\pi_r^{CS*}-\pi_r^{rd*}<0$，$T$ 为正数。当 $\pi_m^{CS*}-\pi_m^{rd*}<0$ 且 $\pi_r^{CS*}-\pi_r^{rd*}>0$ 时，T 为负数。T 的值取决于制造商和零售商之间的谈判能力，且 T 满足 $\pi_r^{rd*}-\pi_r^{CS*}<T<\pi_m^{CS*}-\pi_m^{rd*}$，保证制造商和零售商在合作中获得更多的利润。

9.4.3 纳什讨价还价分析

零售商主导斯坦伯格博弈的分散模型下，制造商和零售商通过协调能获取的额外利润为

$$\Delta \Pi_m = \pi_{mT}^{CS} - \pi_m^{rd*}$$

$$\Delta \Pi_r = \pi_{rT}^{CS} - \pi_r^{rd*}$$

利用纳什讨价还价模型来确定最优利润分配方案。假设制造商和零售商的效用函数为：$u_m(T)=\Delta \Pi_m^{\xi_1}$，$u_r(T)=\Delta \Pi_r^{\xi_2}$，$\sum_{i=1}^{2}\xi_i=1(i=1,2)$。

$$N(T) = [u_m(T)]^{\xi_1}[u_r(T)]^{\xi_2} \tag{9.42}$$

求 $N(T)$ 关于 T 的一阶导数和二阶导数：

$$\frac{dN(T)}{dT} = \xi_2(\pi_m^{CS*}-\pi_m^{rd*}-T)^{\xi_1}(T-\pi_r^{rd*}+\pi_r^{CS*})^{\xi_2-1} -$$

$$\xi_1(\pi_m^{CS*}-\pi_m^{rd*}-T)^{\xi_1-1}(T-\pi_r^{rd*}+\pi_r^{CS*})^{\xi_2}$$

$$= \frac{(1-\xi_1)(\pi_m^{CS*} - \pi_m^{rd*} - T)^{\xi_1}}{(T - \pi_r^{rd*} + \pi_r^{CS*})^{\xi_1}} - \frac{\xi_1(T - \pi_r^{rd*} + \pi_r^{CS*})^{1-\xi_1}}{(\pi_m^{CS*} - \pi_m^{rd*} - T)^{1-\xi_1}}$$

$$\frac{dN^2(T)}{dT^2} = -\frac{\xi_1(1-\xi_1)(\pi_m^{CS*} - \pi_m^{rd*} - T)^{\xi_1}}{(T - \pi_r^{rd*} + \pi_r^{CS*})^{\xi_1+1}} -$$

$$\frac{2\xi_1(1-\xi_1)}{(T - \pi_r^{rd*} + \pi_r^{CS*})^{\xi_1}(\pi_m^{CS*} - \pi_m^{rd*} - T)^{1-\xi_1}} -$$

$$\frac{\xi_1(1-\xi_1)(T - \pi_r^{rd*} + \pi_r^{CS*})^{1-\xi_1}}{(\pi_m^{CS*} - \pi_m^{rd*} - T)^{2-\xi_1}}$$

显然 $\frac{dN^2(T)}{dT^2}<0$，所以存在唯一的 T 使 $N(T)$ 达到最大，当 $T=(1-\xi_1)(\pi_m^{CS*}-\pi_m^{rd*})+\xi_1(\pi_r^{rd*}-\pi_r^{CS*})$ 时，$\frac{dN(T)}{dT}=0$，纳什讨价还价模型达到最优。

命题9.6 在纳什讨价还价模型中，当 $T=(1-\xi_1)(\pi_m^{CS*}-\pi_m^{rd*})+\xi_1(\pi_r^{rd*}-\pi_r^{CS*})$ 时（ξ_1 代表制造商的议价能力），成员的效用达到最优，双方都能从合作中获得更多的利润。

9.5 数值算例分析

本节通过数值分析来说明所提出契约的有效性，并研究参数对双渠道供应链成员的最优决策和利润的影响。为了便于分析，我们在表9.1中总结了不同模型下供应链成员的决策。

第 9 章　直播电商环境下双渠道供应链协调契约

表 9.1　在不同模型中的最优决策

最优决策	绿色度 (θ)	销售努力 (e)	零售价 (p)
集中模型	$\dfrac{k\tau(2\beta c - \alpha + \alpha d - 3\beta cd - \alpha dz + 2\beta cd^2)}{-2b\tau\beta d^2 + 4b\tau\beta d + \tau k^2 + b\gamma^2 - 4b\tau\beta}$	$\dfrac{b\gamma(2\beta c - \alpha + \alpha d - 3\beta cd - \alpha dz + 2\beta cd^2)}{-2b\tau\beta d^2 + 4b\tau\beta d + \tau k^2 + b\gamma^2 - 4b\tau\beta}$	$\dfrac{c\tau k^2 + bc\gamma^2 - \alpha b\tau - 2bc\tau\beta + \alpha bd\tau + bcd\tau\beta}{-2b\tau\beta d^2 + 4b\tau\beta d + \tau k^2 + b\gamma^2 - 4b\tau\beta}$
分散模型 (MD)	$-\left[\dfrac{b\beta\gamma(c-w)}{\sigma_1} - b\gamma(d-1)\left(\alpha(z-1) - \dfrac{\beta(d-1)\sigma_2}{\sigma_1}\right)\right]\Big/\sigma_1 +$ $b\beta\gamma\left(c + \dfrac{(d-1)\sigma_2}{\sigma_1}\right)(d-1)\Big/\left[\tau + \dfrac{2b^2\beta\gamma^2(d-1)^2}{\sigma_1^2}\right]$ $\sigma_1 = 2b\beta - k^2$ $\sigma_2 = -wk^2 + b\beta w + \alpha bz$		
分散模型 (RD)	$\dfrac{\gamma(w-c)}{\tau}$	$\dfrac{k(\alpha z - \beta w + \theta_d^{md*}\gamma)}{2b\beta - k^2}$	$\dfrac{zb\alpha + b\theta_d^{md*}\gamma + b\beta w - k^2 w}{2b\beta - k^2}$
协调模型 (RSC)	$-\gamma(ck^2\tau - k^2\tau w + 2b\beta\tau w + bc\gamma^2\phi - b\gamma^2\phi w - ck^2\phi\tau + k^2\phi\tau w - 2b\beta\tau - b\beta\phi\tau w + \alpha b\phi\tau z)/\tau(k^2\tau - k^2\phi\tau - 2b\beta\tau + 2b\gamma^2\phi)$	$\dfrac{k(1-\phi)(c\gamma^2 - \gamma^2 w + \beta\tau w - \alpha\tau z)}{k^2\tau - k^2\phi\tau - 2b\beta\tau + 2b\gamma^2\phi}$	$\dfrac{b\gamma^2 w - bc\gamma^2 - k^2\tau w + b\beta\tau w + \alpha b\tau z}{\tau(2b\beta - k^2)}$ $(-b\gamma^2\phi w - k^2\phi\tau w + k^2\tau w - b\beta\tau w - \alpha b\tau z +$ $2b\gamma^2\phi w - bc\gamma^2 + 2b\gamma^2\phi)/(k^2\tau - k^2\phi\tau - 2b\beta\tau + 2b\gamma^2\phi)$
协调模型 (CS-GS)	$\dfrac{\gamma(w-c)}{l\tau}$	$\dfrac{k(c\gamma^2 - \gamma^2 w + \beta l\tau w - \alpha l\tau z)}{l\tau(k^2 - 2b\beta + 2b\beta f)}$	$(bc\gamma^2 - b\gamma^2 w - bc\gamma^2 + bf\gamma^2 w + k^2 l\tau w - b\beta l\tau w - $ $\alpha b l\tau z + b\beta f l\tau w - \alpha b f l\tau z)/l\tau(k^2 - 2b\beta + 2b\beta f)$

163

1. 协调契约对供应链绩效的影响

假设 $\alpha=400, \beta=0.6, k=0.8, \gamma=0.5, z=0.3, d=0.2, \tau=4, b=5, w=40, c=30, \xi_1 \in (0,1)$,契约参数、最优决策和供应链成员的利润计算如表9.2所示。

由表9.2可以看出,与集中式模型下的最优决策相比,分散式模型下的零售价格、绿色度和销售努力都降低,同时因此整个供应链的利润也降低。解决这一问题需要协调供应链,制造商和零售商的利润都通过 RSC 增加,但供应链的整体利润仍然低于集中式模式。然后提出了 CS-GS 协调模型,通过协调契约,制造商以 160.4 的价格将产品批发给零售商,零售商承担 27% 的绿色度研发成本,制造商承担 73% 的广告销售努力成本。可以发现 CS-GS 协调契约促使分散决策模式下的最优决策,供应链的利润与集中式模式下相同。当 $\xi_1 = 0.6$ 时,制造商和零售商的利润均大于无协调的分散模型,这鼓励制造商和零售商参与这种协调契约机制。

表9.2 不同条件下的最优决策与利润

	协调参数	θ	e	p	π_m	π_r	π
集中模型	—	22.3	28.6	208.5	—	—	26 737.6
分散模型(MD)	—	16.2	15.5	137.1	17 125.7	5 055.4	22 181.1
分散模型(RD)	—	1.25	14.4	130.1	16 658.8	4 354.7	21 013.5
协调模型 (RSC)	(w, ϕ) $(197.3, 0.6)$ 当 $\xi_1 = 0.6$ 时	0.72	21.8	208.5	18 929.8	5 868.5	24 798.3
协调模型 (CS-GS)	(w, l, f) $(160.4, 0.73, 0.73)$ 当 $\xi_1 = 0.6$ 时	22.3	28.6	208.5	20 093.4	6 644.2	26 737.6

接下来研究议价能力对利润转移的影响。如图9.1所示,制造商向零售商的利润转移从 8 935.05 减少到 4 354.58,制造商的议价能力从 0.1 增加到 0.9,且 T 始终满足 $3 782.1 < T < 9 507.6$ ($\pi_r^{rd*} - \pi_r^{CS*} < T < \pi_m^{CS*} - \pi_m^{rd*}$),这保证了制造商和零售商的利润大于没有协调机制的分散模型,图9.2验证了这一点。为了便于研究,在不协调的情况下,制造商和零售商的最大利润图如图9.2所示。可以看到,通过协调,随着制造商议价能力的增加,制造商的最优利润增加,零售商的最优利润减少,两者都比没有协调机制时要多。

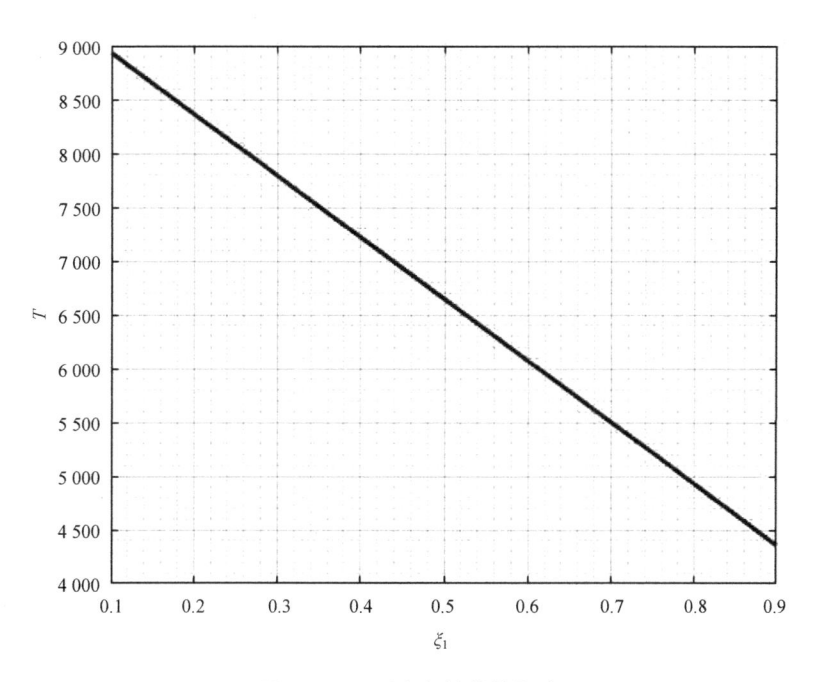

图 9.1 ξ_1 对利润转移的影响

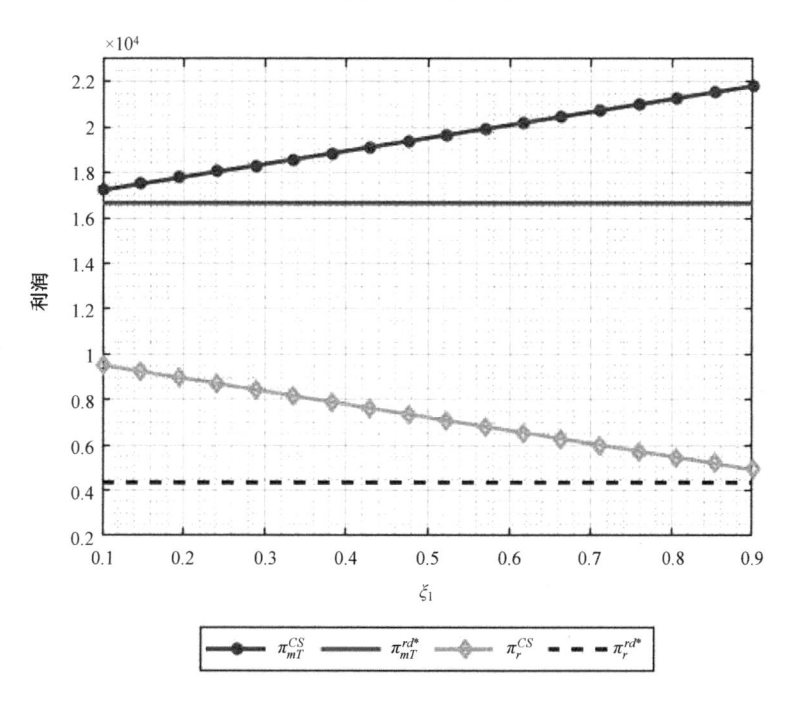

图 9.2 ξ_1 对供应链成员利润的影响

2. τ 和 b 对利润的影响

假设 $\alpha=400, \beta=0.6, k=0.8, \gamma=0.5, z=0.3, d=0.2, c=30, \tau$ 和 b 从 0.75 变化到 5。图 9.3 数值表明，CS-GS 模型下的供应链利润随着 τ 和 b 的变化高于 RSC 模型下的供应链利润，验证了有效的协调契约能够确保供应链所有成员作出与集中式模型下相同的决策。当 $w=197.3, \phi=0.6$ 时，RSC 模型无法完全有效协调成员，无法使供应链成员同时作出与集中决策模式下相同的最优决策。图 9.3 还表明，当 τ 和 b 均大于 2.0 时，供应链的利润趋于稳定。

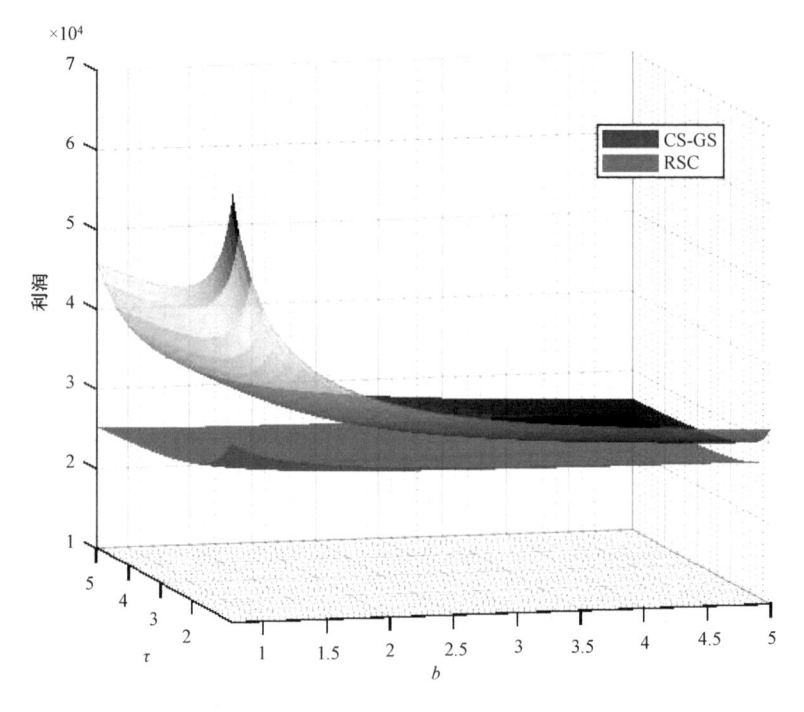

图 9.3 τ 和 b 对供应链利润的影响

图 9.4 τ 对供应链成员利润的影响

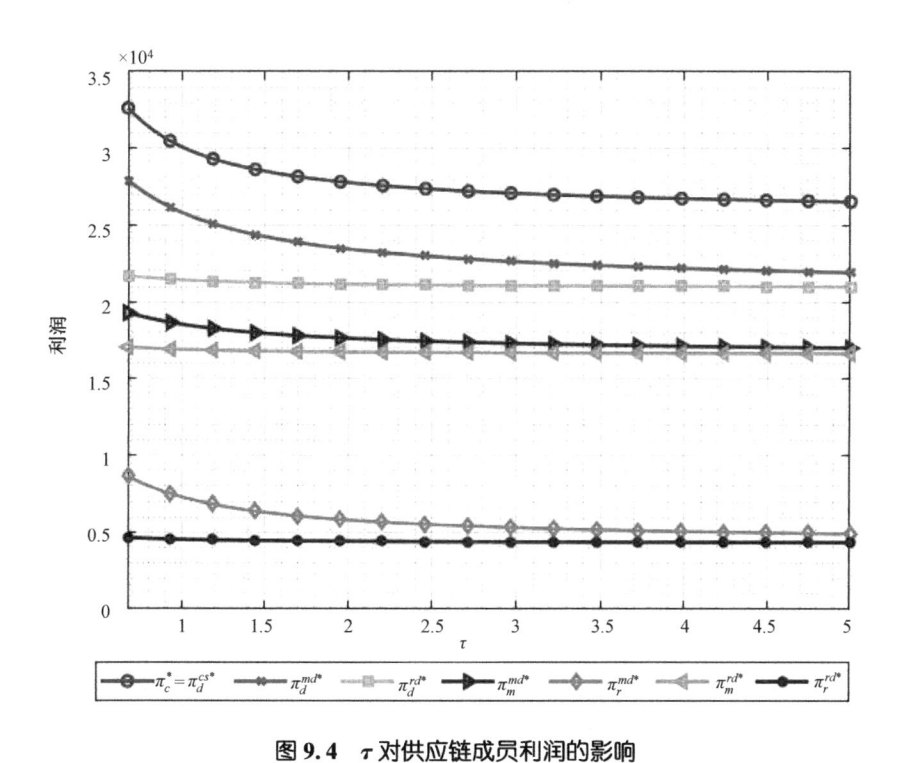

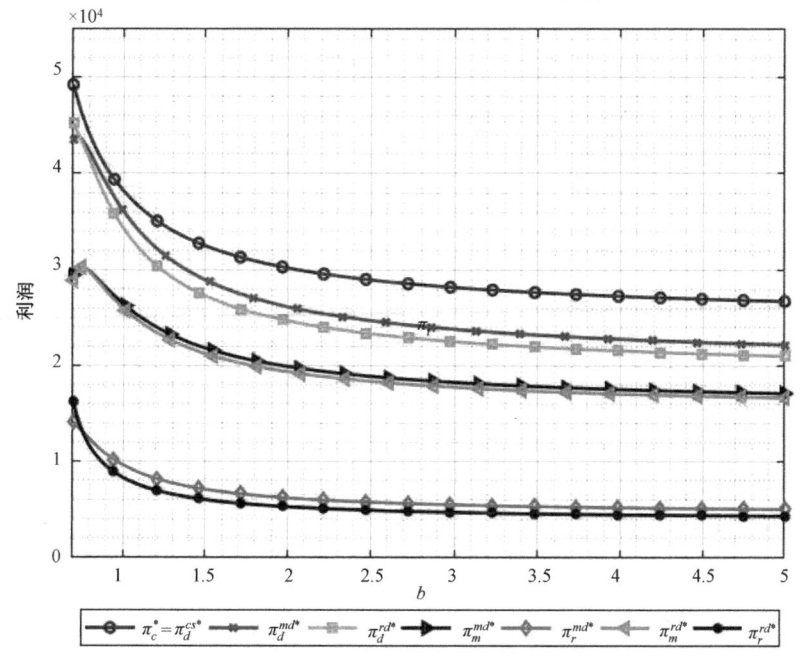

图 9.5 b 对供应链成员利润的影响

从图 9.4 和图 9.5 可以看出,绿色研发成本和广告销售努力成本分担契约有助于供应链获得最大的利润。当 τ 和 b 从 0.75 变化到 5 时,CS-GS 模型下的供应链最优利润总能达到整体最优。制造商主导的分散模式下供应链的整体利润高于零售商主导的分散模式,这得益于制造商的双重销售渠道。此外,当 $w=40$ 时,无论是制造商主导的分散模型还是零售商主导的分散模型,供应链的利润都不能达到最大值。这是因为制造商和零售商通常是两个独立的企业,所以它们从自己的角度进行决策,不能达到整体利益最优,也就是所谓的双重边缘化。图 9.4 还显示,供应链和成员的最优利润都随着绿色投资系数的增加而减少,特别是当制造商在供应链中占主导地位时。这是因为当绿色投资系数较高时,制造商会减少绿色度的投资。从图 9.5 可以看出,当广告的规模参数增大时,供应链和成员的最优利润都减小。显然,当广告规模参数增大时,零售商在销售努力上的投入也会减少。最后,需求和利润将逐渐减少。

3. 相关参数对决策的影响

(1) τ 和 γ 对产品绿色度的影响

使用与第 9.1 节相同的参数:$\alpha=400, \beta=0.6, k=0.8, b=5, z=0.3, d=0.2, w=40, c=30$。图 9.6 显示了四种情况下 τ 对产品绿色度的影响。结果表明,四种模型中的产品绿色度都随绿色投资系数的增大而减小,四种模型的绿色度差异随 τ 的增大而减小。还可以看到,在集中式和 CS-GS 模型下,产品的最优绿色度先下降快,后下降慢。在分散模型中,零售商不支付绿色度的研发成本,当零售商占主导地位时,产品的绿色度随着绿色投资系数的增加而略有变化。CS-GS 协调模型下的产品绿色度总是大于分散模型下的产品绿色度,因此 CS-GS 协调契约可以有效地促进产品的绿色度。

如图 9.7 所示,在集中式模型中,产品的绿色度最高。在无协调的分散模型下,制造商主导模型下产品的绿色度大于零售商主导模型下产品的绿色度。通过本章提出的 CS-GS 协调契约,可以显著提高产品的绿色度。随着消费者需求对绿色度的响应性提高,产品的绿色度在四种情况下都有所提高,尤其是在集中式模式和协调式模式下。这是因为 $\gamma\theta$ 的增加可以提高消费者的需求,随着消费者需求的增加,供应链的利润也会增加。因此,当产品的绿色程度获得更多的消费者偏好时,CS-GS 协调契约比其他没有协调的分散模型能够更快地对此作出反应。

图 9.6 τ 对产品绿色度的影响

图 9.7 γ 对产品绿色度的影响

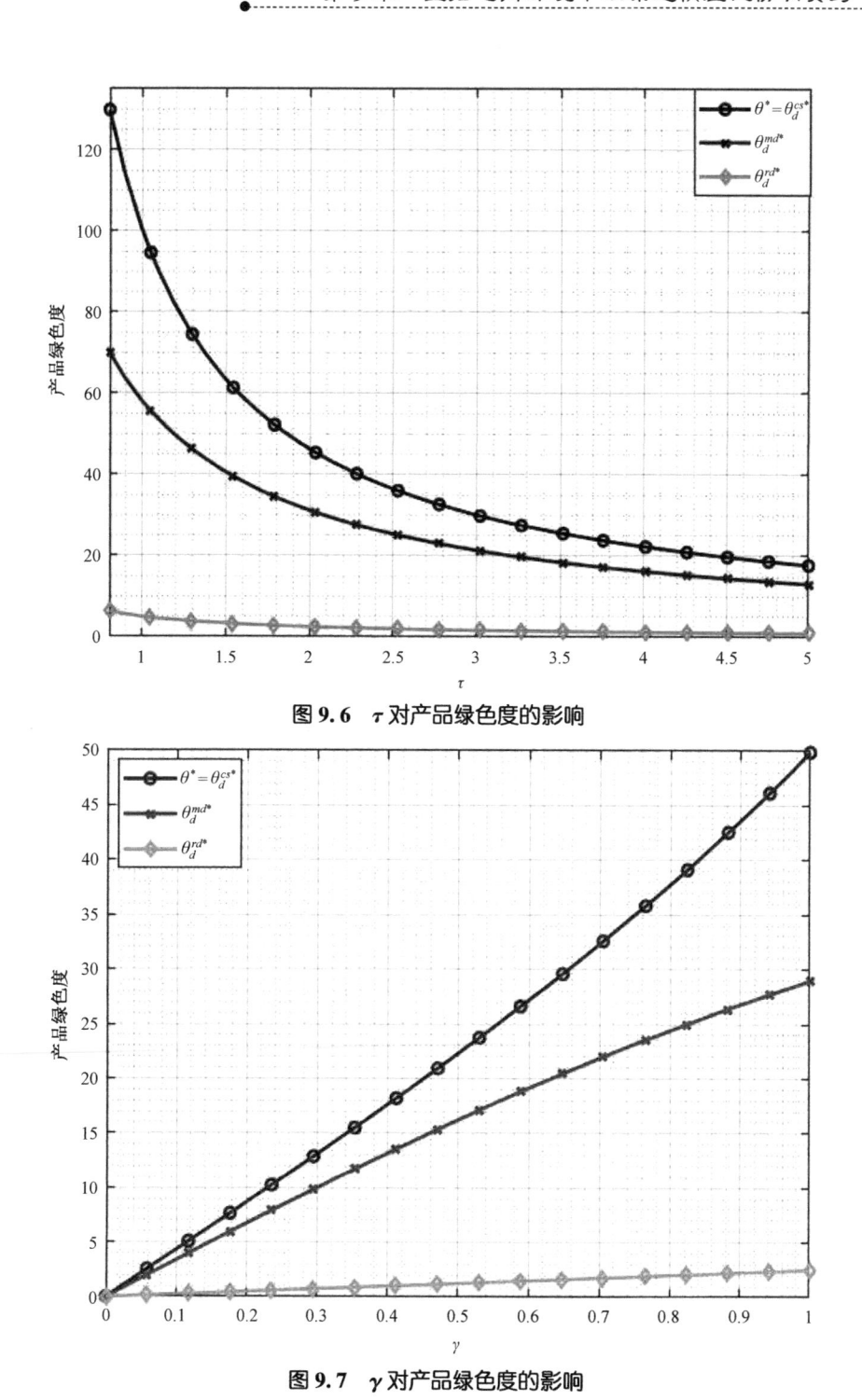

(2) b 和 k 对广告销售努力的影响

假设 $\alpha=400, \beta=0.6, \gamma=0.5, \tau=4, z=0.3, d=0.2, w=40, c=30$。本节在四种模型中分析了 b 和 k 对广告销售努力的影响。如图 9.8 所示,在四种情况下,随着广告规模参数的增加,广告的销售努力会减少,因为广告规模参数的增加导致成本的增加,从而间接导致需求和利润降低,如图 9.5 所示。与图 9.7 相似,还可以发现,当消费者需求对销售努力的响应度增加时,广告的销售努力也会增加,从而导致需求和利润增加。从图 9.8 和图 9.9 中可以得出,当 b 从 1 增加到 5,k 从 0 增加到 1 时,集中式和 CS-GS 模式下的广告的销售努力始终是最高的,而制造商主导模式下的广告的销售努力略高于零售商主导模式。

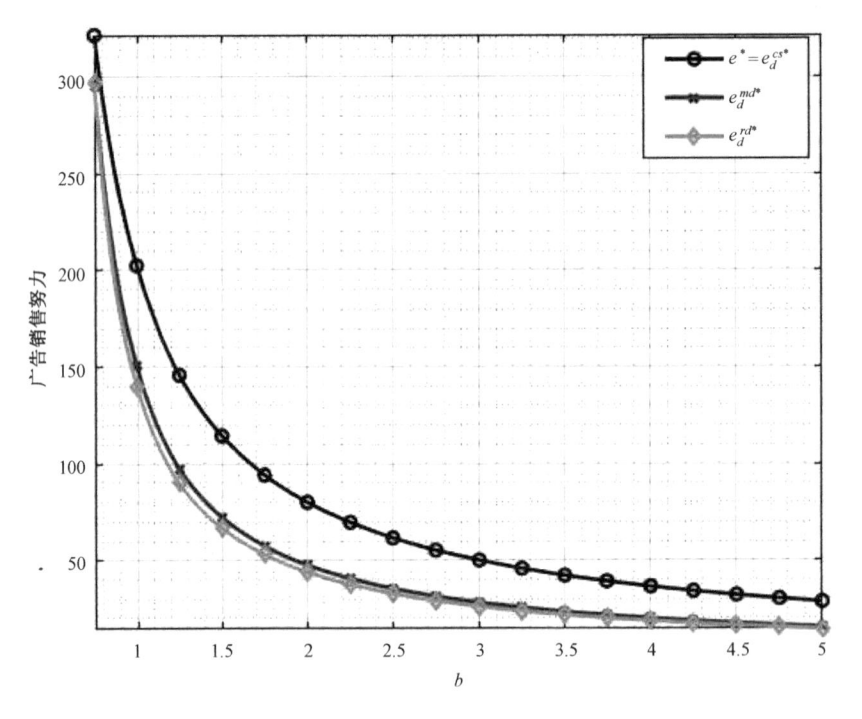

图 9.8 b 对广告销售努力的影响

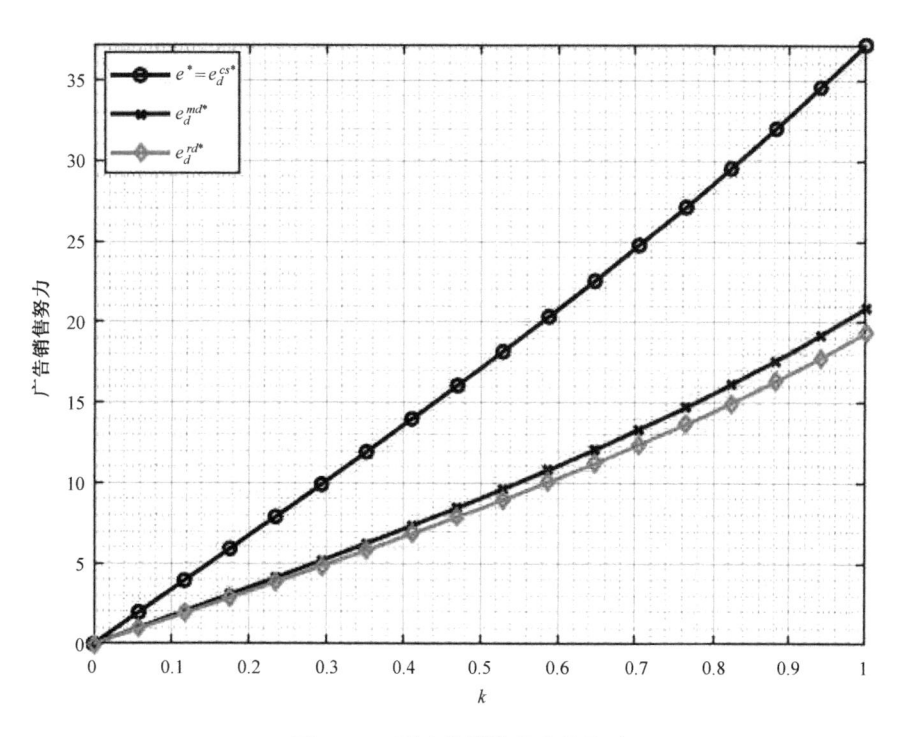

第9章 直播电商环境下双渠道供应链协调契约

图9.9 k 对广告销售努力的影响

（3）d 和 β 对价格的影响

假设 $\alpha=400, k=0.8, \gamma=0.5, z=0.3, \tau=4, b=5, w=40, c=30, d$ 从 0.1 变为 0.9，β 从 0.5 变为 1。从图 9.10 可以看出，在集中模型和 CS-GS 模型中，当直播间的零售价格折扣从 0.1 增加到 0.427 时，零售价格增加，折扣从 0.427 增加到 0.9 时，零售价格下降，当直播间的零售价格折扣等于 0.427 时，零售价格达到最大值。还可以发现，分散决策模式下的零售价格低于集中模型和 CS-GS 模型下的零售价格。此外，当直播间零售价格折扣增加时，制造商主导的分散模型下最优零售价格逐渐降低，而零售商主导的分散模型下零售价格是一个固定值。

图 9.10　d 对价格的影响

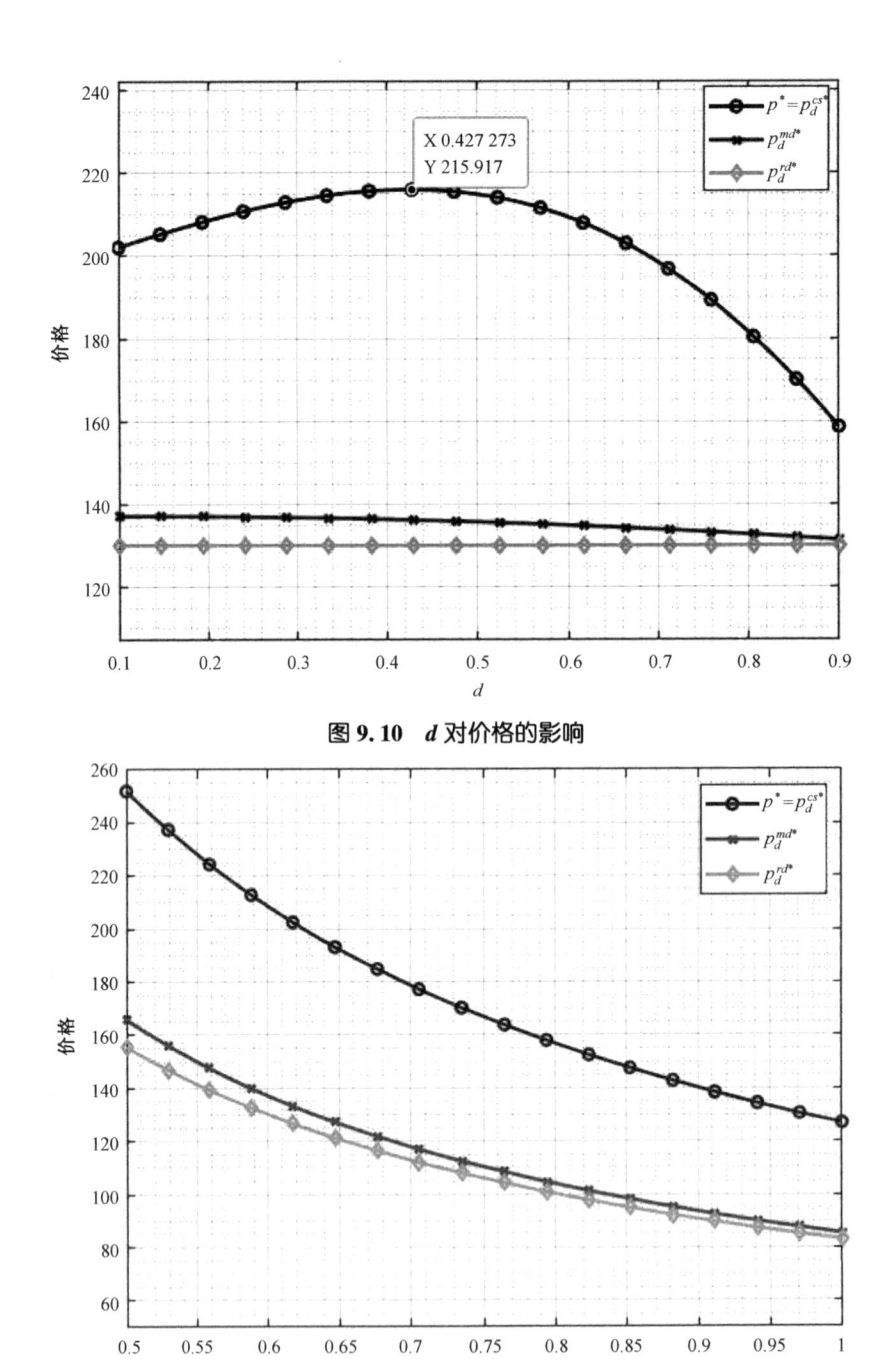

图 9.11　β 对价格的影响

图 9.11 显示了四种模型中 β 对零售价格的影响。集中式和 CS-GS 模式下的零售价格最高,随消费者需求对零售价格的响应度增加而降低,这符合理性和常识。还可以发现,当 β 从 0.5 增加到 1 时,两个分散模型下的零售价格都低于集中化模型下的零售价格。这表明制造商和零售商都倾向于通过降低价格来刺激需求。因此,在分散模式下,没有协调契约的供应链利润无法达到最大值,而本章设计的 CS-GS 协调契约可以帮助供应链提高零售价格至整体最优解,从而使供应链获得更高的利润。

9.6 乡村振兴战略下直播电商供应链和物流协同发展研究

电商直播带货的出现,无疑给产品组织化营销、农村经济跨越式发展和数字经济全域式推进提供了新途径。但是由于当前物流服务还存在一系列问题,影响了供应链和物流协同发展的推进。对数字经济背景下电商直播供应链中物流存在的相关问题进行分析,并在此基础上提出针对性的优化策略,有利于完善电商直播供应链,激发农村市场潜力,推动直播电商向农村及偏远地区的拓展延伸。

通过检索研究国内外学者对于供应链和物流协同发展的相关文献,可以看出国外学者侧重于研究配送效率、配送质量检测、社会问题解决、成本控制以及配送点的经营管理等。对于配送点的经营管理方面,他们认为配送效率是影响配送服务质量的关键,配送点应该致力于提高配送效率来提高服务质量。但国外学者大多以当地的情况进行研究,在对我国的电商物流服务进行管理模式优化的时候需要根据具体情况进行本土化。

近几年,随着乡村振兴战略的实施,关于农村物流的影响的研究有很多。牛丽丽认为农村电子商务发展促使流通量增多,物流企业应加大为农村电商服务的力度[225]。朱世友认为电商对农村物流的影响主要是农村物流的发展速度方面[226]。刘岩以长春市研究为例,认为电商对农村物流的资源配置有很大影响[227]。吴娜、赵本纲认为物流的发展质量和运行效益直接影响在电商的发展水平上[228]。随着农村物流的发展,有些学者开始关注农村物流服务质量提升方面的研究。郭志清从供给侧改革的角度,对电商物流供给的"量"和"质"进行了分析,提出为了提升电商物流服务质量,提高电商顾客满意度,需要加大服务保障体系的建设,规划电商物流配送体系以及建立县域信息共享平台,进而助力农村电商物流的脱困与健康发展[229]。黄腾宇认为如今我国农村地区的电商发展十分迅速,有着丰富的物流平台[230]。在各方支持下扶持力度十分显著,服务体系非常健全,但问题仍旧存在,比如网络覆盖力差,缺少足够健全的系统与设备,人才数量少,等等。

综合来看,直播电商的发展对农村物流服务质量的提升具有多方面利好:①电子商务平台为农村信息流和商业流提供平台,物流起到衔接的作用;②直播电商能够促进农产品的销售,扩大特色农产品的知名度,从而促进农村物流基础设施的建设;③直播电商可提高农村物流的发展速度和发展质量,改善农村物流企业服务质量。

在网购市场快速发展的今天,供应链从传统模式向直播网购模式发展,而与直播电商息息相关的物流配送环节却非常薄弱,物流服务质量问题严重阻碍着直播电商的发展,也影响着直播电商供应链与物流企业的协同发展,探究物流服务质量问题显得尤为重要。本节将以农村物流服务质量为研究对象,对直播电商供应链和物流服务协同发展提供对策和建议。

9.6.1 农村物流服务现状及存在问题

伴随农村电商的发展,直播电商供应链与物流的协同作用更加凸显,快速发展的直播电商带动了农村物流的建设;农村物流的建设与完善也为直播电商的发展提供了动能。直播电商与物流的关系更加密切的同时,其问题凸显得同样更加清晰。如农村物流发展模式单一、农村地区的经济动能欠缺创新、物流体系单薄、农产品供应链一体化协同短缺、需求动能不足等问题。农村物流发展的本质在于按照总体性与宏观性的物流系统运行规划来协调物流的各个具体运行环节,旨在实现物流体系运行成本全面降低、物流配送效益提升以及物流管理体系健全的目标。近年来,物流产业日益成为支撑性的基础产业,因此,在客观上体现了农村物流系统发展规划的重要实践意义。目前农村物流服务存在的问题有以下几点:

(1) 自动化程度不高。大多数中小型物流企业目前自动化程度不高,在运输、仓库存储与配送环节,大多数还是使用传统物流作业,没有使用自动化智慧化物流设施设备。在配送过程当中,经常出现配送不及时、缺货与货损等现象,对于顾客的响应处理也不够及时。

(2) 服务功能不完善。有些第三方物流公司,仅可以给到客户单个项目或者分段式类型的物流服务。当地这类公司总体规模普遍不大。其功能重点在于仓储、运输和配送上面,成为不了完整的供应链体系。

(3) 环境污染和食品安全问题。随着工业化的发展,农村的环境也遭受到不同程度的污染,如无规划地开采矿物资源对环境的破坏、过度使用化肥造成土质破坏和污染,环境的污染和破坏给农产品的安全带来了极大的威胁,隐性的食品安全风险常常会在生产和加工过程中呈现,这会导致农产品销量降低,阻碍农村农产品流通,从而对农村物流的发展产生极大的影响。

(4)农产品本身的特殊性。绿色新鲜的农产品越来越受到消费者的青睐,然而生鲜农产品水分含量高,保鲜期短,对鲜活程度要求较高,具有易腐易损性,这些特殊性制约了农产品的流通范围和交易时间,对农产品在各环节的物流运输提出了更高的技术要求,也加大了冷链物流的运营风险。

(5)农村物流服务不健全导致村级投递困难。根据国家统计局公布的数据,中国农村网络零售额逐年增加,从2015年的0.35万亿元到2020年的1.79万亿元,增长率高达411%,呈高速增长之势。但就农村各类物流服务营业网点来看,增长率仅有76.2%,从2017年至2020年的增长率仅4.7%,与网络零售额的增长相比,呈增长滞缓之势,农村平均投递次数保持每周5次。农村目前规范的物流服务点较少,各类包裹和快递只运输至县和乡镇,大部分快递需要村民自行去取。村民之所以选择网购是因为网购比线下实体店买东西方便,现有物流服务体系,与村民选择网购的初衷形成鲜明对比,极大地制约了物流的发展。

总体而言,农村物流发展处于初始阶段,严格意义上讲需要相当长的时间和各方努力,才可以让有效需要不足的局面得到大幅度改变。而且,此阶段的物流企业也不规范,第三方物流标准化仍未形成。目前针对直播电商物流服务质量的研究主要从企业或者整个区域角度开展,对分析区域的末端配送质量整体状况有一定的参考价值。然而,由于我国农村地区分布广,不同区域的经济水平、基础设施等方面差异大,针对单个区域的服务质量的评价难以真实反映农村电商物流的现状,很难为提升农村物流服务质量提供有价值的参考。据此,本章从个案视角出发开展研究,综合不同学者的指标构建完善的直播电商末端配送服务质量评价指标体系,运用模糊综合评价法构建评价模型,深入分析末端配送服务质量指标,并针对性地提出提升对策。

9.6.2 构建评价指标值体系

笔者基于对电商物流末端配送服务质量评价的文献分析和调查结果,综合考虑农村末端配送的特点并结合专家意见,综合运用各种指标分析方法构建了直播电商物流服务质量评价指标值体系,如表9.3所示。

表9.3 直播电商物流服务质量评价指标值体系

目标指标	一级目标	二级目标
物流服务质量 H	时效性 A	订单派送时效 A_1
		退换货程序 A_2
		取件时长 A_3
	安全性 B	快件完好程度 B_1
		信息保护程度 B_2
	专业性 C	取件规范程度 C_1
		工作人员素质 C_2
		投诉反馈处理 C_3
	智能性 D	智能系统优化 D_1
		仓储管理科学性 D_2
		运输工具智能化 D_3
	经济性 E	退换货费用合理 E_1
		增值服务价格 E_2
		电商平台共赢策略 E_3

为了确定各指标的权重,我们参考表9.4所示的"1~9"标度法,通过成对比较各种元素的相对重要性,实现从判定到按量的转换。

表9.4 比例标度法中的标度含义

标度	定义	含义
1	同样重要	两元素对某属性同样重要
3	稍微重要	两元素对某属性,一元素比另一元素稍微重要
5	明显重要	两元素对某属性,一元素比另一元素明显重要
7	强烈重要	两元素对某属性,一元素比另一元素强烈重要
9	极端重要	两元素对某属性,一元素比另一元素极端重要
2,4,6,8	相邻标度中值	表示相邻两标度之间折中时的标度
以上倒数	反比较	元素 i 对元素 j 的标度为 a_{ij},反之为 $\frac{1}{a_{ij}}$

结合专家评分和问卷统计结果,构建了一级和二级指标评价矩阵,并进行一致性检验。通过 yaahp 计算得出结果如图9.12~图9.17所示。

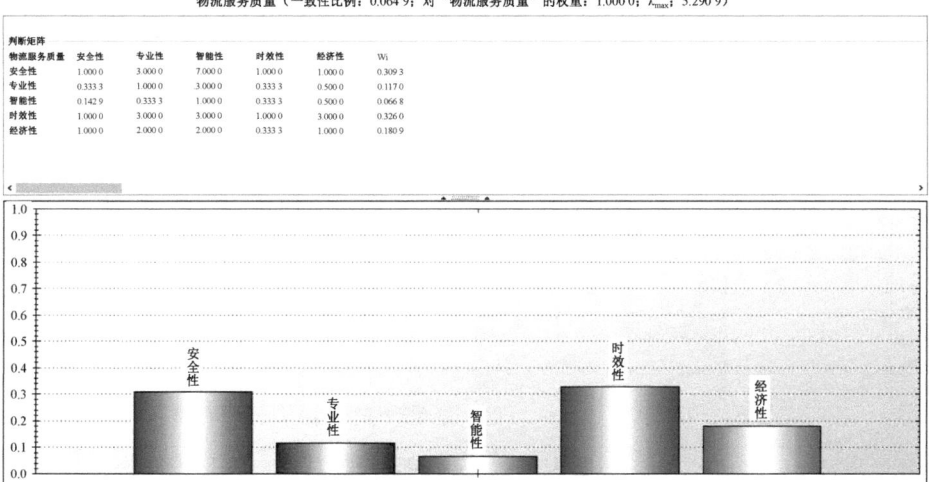

物流服务质量（一致性比例：0.064 9；对"物流服务质量"的权重：1.000 0；λ_{max}：5.290 9）

判断矩阵 物流服务质量	安全性	专业性	智能性	时效性	经济性	Wi
安全性	1.000 0	3.000 0	7.000 0	1.000 0	1.000 0	0.309 3
专业性	0.333 3	1.000 0	3.000 0	0.333 3	0.500 0	0.117 0
智能性	0.142 9	0.333 3	1.000 0	0.333 3	0.500 0	0.066 8
时效性	1.000 0	3.000 0	3.000 0	1.000 0	3.000 0	0.326 0
经济性	1.000 0	2.000 0	2.000 0	0.333 3	1.000 0	0.180 9

图 9.12　物流服务质量判断矩阵

时效性（一致性比例：0.051 7；对"物流服务质量"的权重：0.326 0；λ_{max}：3.053 8）

判断矩阵 时效性	订单派送时效	退换货程序	取件时长	Wi
订单派送时效	1.000 0	3.000 0	2.000 0	0.524 7
退换货程序	0.333 3	1.000 0	0.333 3	0.141 6
取件时长	0.500 0	3.000 0	1.000 0	0.333 8

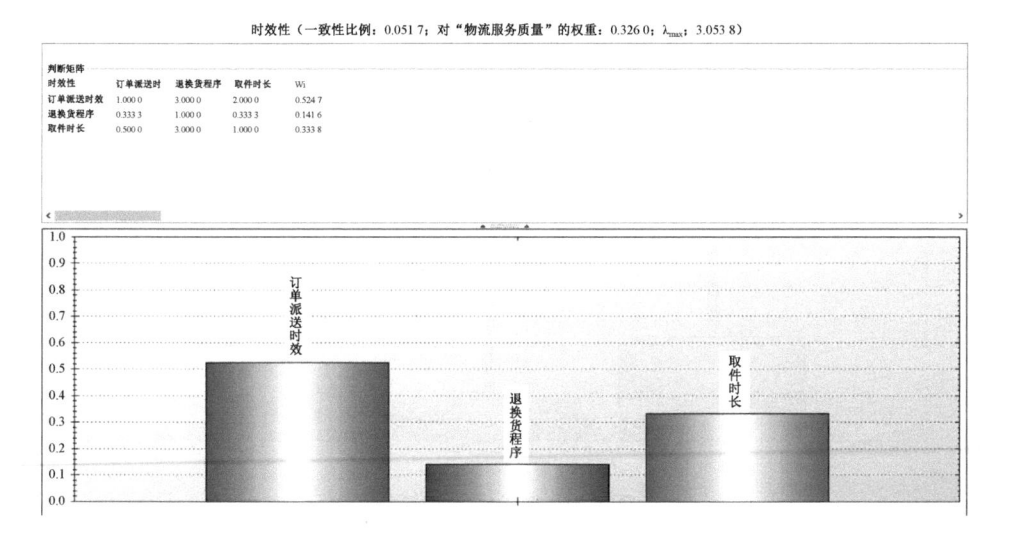

图 9.13　订单时效性判断矩阵

安全性（一致性比例：0.000 0；对"物流服务质量"的权重：0.309 3；λ_{max}：2.000 0）

判断矩阵 安全性	快件完好程...	信息保护程...	Wi
快件完好程序	1.000 0	3.000 0	0.750 0
信息保护程度	0.333 3	1.000 0	0.250 0

图 9.14 安全性判断矩阵

智能性（一致性比例：0.051 7；对"物流服务质量"的权重：0.066 8；λ_{max}：3.053 8）

判断矩阵 智能性	智能系统优化	仓储管理科学性	运输工具智能化	Wi
智能系统优化	1.000 0	3.000 0	0.500 0	0.333 8
仓储管理科学性	0.333 3	1.000 0	0.333 3	0.141 6
运输工具智能化	2.000 0	3.000 0	1.000 0	0.524 7

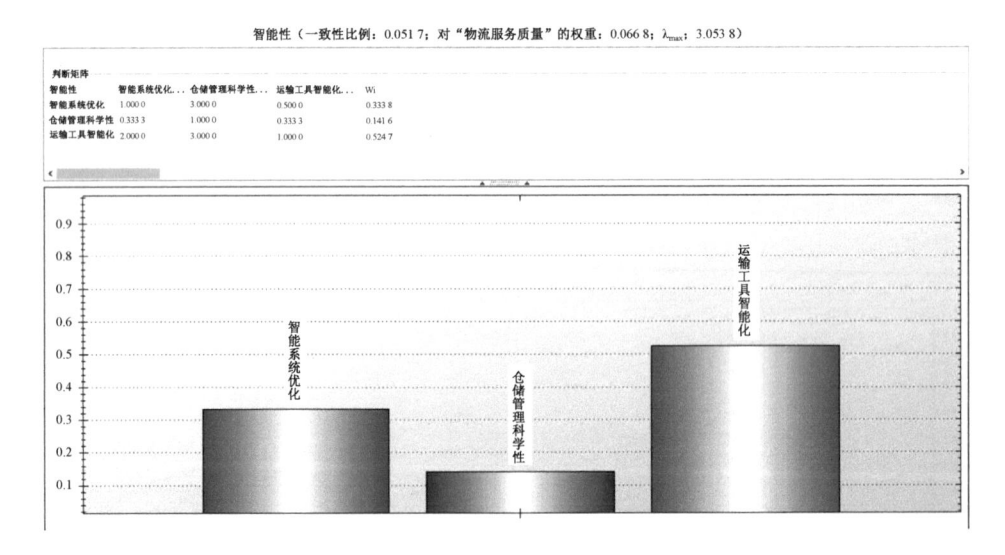

图 9.15 专业性判断矩阵

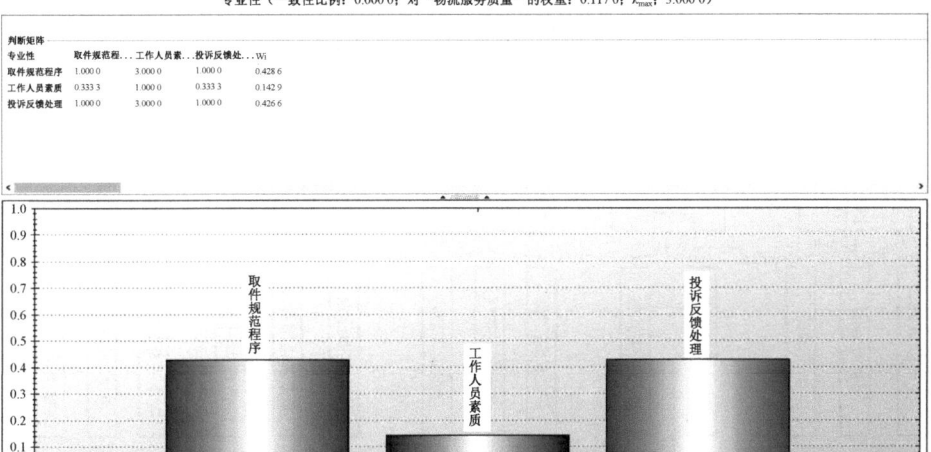

专业性（一致性比例：0.000 0；对"物流服务质量"的权重：0.117 0；λ_{max}：3.000 0）

判断矩阵				
专业性	取件规范程...	工作人员素...	投诉反馈处...	Wi
取件规范程序	1.000 0	3.000 0	1.000 0	0.428 6
工作人员素质	0.333 3	1.000 0	0.333 3	0.142 9
投诉反馈处理	1.000 0	3.000 0	1.000 0	0.428 6

图 9.16 智能性判断矩阵

经济性（一致性比例：0.008 9；对"物流服务质量"的权重：0.180 9；λ_{max}：3.009 2）

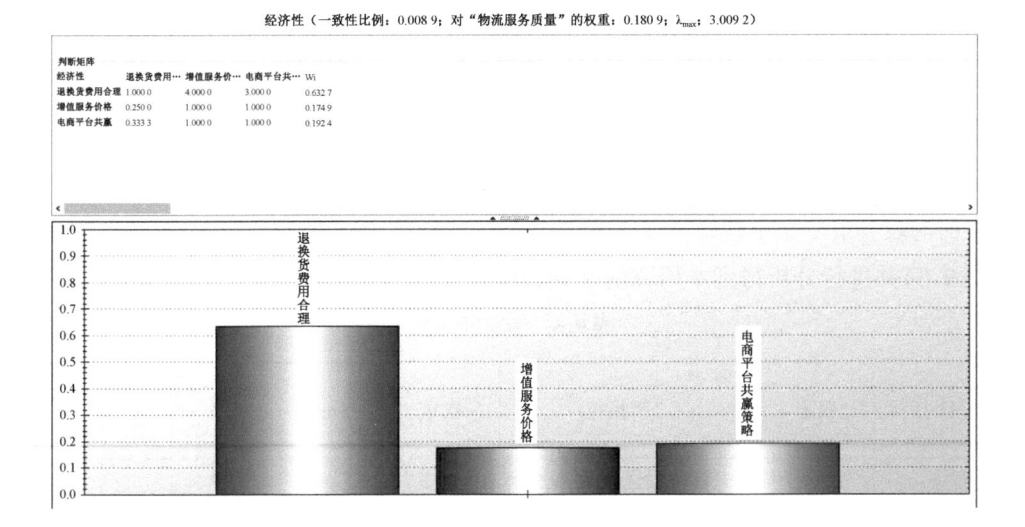

判断矩阵				
经济性	退换货费用...	增值服务价...	电商平台共...	Wi
退换货费用合理	1.000 0	4.000 0	3.000 0	0.632 7
增值服务价格	0.250 0	1.000 0	1.000 0	0.174 9
电商平台共赢	0.333 3	1.000 0	1.000 0	0.192 4

图 9.17 经济性判断矩阵

图 9.12~图 9.17 为各指标的判断矩阵、权重及一致性检验,最终确定直播电商物流服务站点服务评价指标体系,如图 9.18 所示。

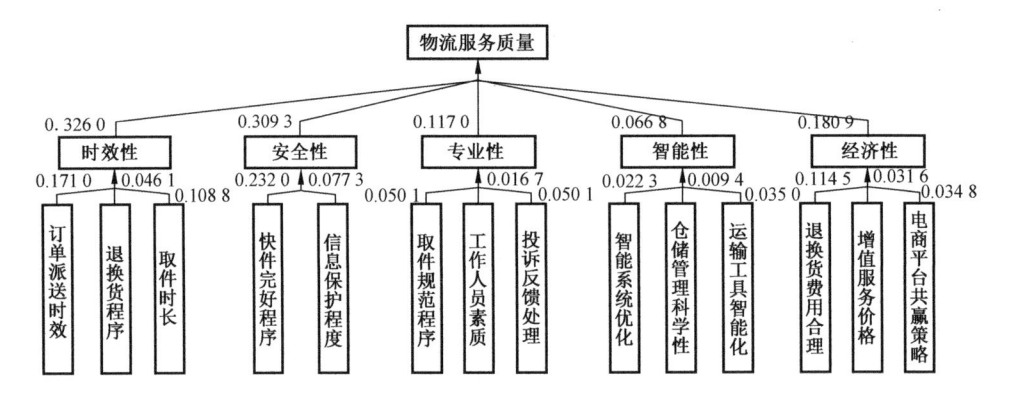

图 9.18 直播电商物流服务站点服务评价指标体系图

9.6.3 模糊综合评价

评价指标集,其中 u_1 为时效性,u_2 为安全性,u_3 为专业性,u_4 为智能性,u_5 为经济性。评语集,其中 v_1 为很好,v_2 为好,v_3 为一般,v_4 为差,v_5 为很差。下面对各指标进行单因素评价,第一步要搜寻社会上高校教师和对物流有所研究的人员的研究文献资料,加上对物流有实际经验的从事者对物流的看法及意见,制定一份调查征询表。请专家小组每一位专家完成调查征询表,协调人收回第一份调查表(见表 9.5)并进行分析得到本研究的基础数据。

表 9.5 专家征询表

一级指标	权重	二级指标	权重	评价等级				
				很好	好	一般	差	很差
时效性 A	0.326 0	订单派送时效 A_1	0.524 7					
		退换货程序 A_2	0.141 6					
		取件时长 A_3	0.333 8					
安全性 B	0.309 3	快件完好程度 B_1	0.750 0					
		信息保护程度 B_2	0.250 0					
专业性 C	0.117 0	取件规范程度 C_1	0.428 6					
		工作人员素质 C_2	0.142 9					
		投诉反馈处理 C_3	0.428 6					

续表9.5

一级指标	权重	二级指标	权重	评价等级				
				很好	好	一般	差	很差
智能性 D	0.068 8	智能系统优化 D_1	0.333 8					
		仓储管理科学性 D_2	0.141 6					
		运输工具智能化 D_3	0.524 7					
经济性 E	0.180 9	退换货费用合理 E_1	0.632 7					
		增值服务价格 E_2	0.174 9					
		电商平台共赢策略 E_3	0.192 4					

最后,协调人收回征询调查表并进行分析。根据各个专家所给出的评价等级得到评语集,例如有3位专家认为订单派送时效 A_1 指标表现"很好",3位专家认为表现"好",2位专家认为表现"一般",1位专家认为表现"差",1位专家认为表现"很差",那最终得到的评语集则为0.3,0.3,0.2,0.2,0,依次得到所有指标的评语集(见表9.6)。

表9.6 评语集

一级指标	权重	二级指标	权重	评价等级				
				很好	好	一般	差	很差
时效性 A	0.326 0	订单派送时效 A_1	0.524 7	0.3	0.3	0.2	0.2	0
		退换货程序 A_2	0.141 6	0.3	0.2	0.3	0.2	0
		取件时长 A_3	0.333 8	0.2	0.5	0.2	0.1	0
安全性 B	0.309 3	快件完好程度 B_1	0.750 0	0.3	0.3	0.2	0.2	0
		信息保护程度 B_2	0.250 0	0.4	0.3	0.2	0.1	0
专业性 C	0.117 0	取件规范程度 C_1	0.428 6	0.2	0.3	0.3	0.2	0.1
		工作人员素质 C_2	0.142 9	0.2	0.3	0.3	0.1	0.1
		投诉反馈处理 C_3	0.428 6	0.1	0.3	0.3	0.2	0.1
智能性 D	0.068 8	智能系统优化 D_1	0.333 8	0.3	0.2	0.2	0.2	0.1
		仓储管理科学性 D_2	0.141 6	0.2	0.3	0.3	0.2	0
		运输工具智能化 D_3	0.524 7	0.3	0.2	0.3	0.2	0

181

续表9.6

一级指标	权重	二级指标	权重	评价等级				
				很好	好	一般	差	很差
经济性 E	0.180 9	退换货费用合理 E_1	0.632 7	0.2	0.3	0.3	0.2	0
		增值服务价格 E_2	0.174 9	0.4	0.2	0.3	0.1	0
		电商平台共赢策略 E_3	0.192 4	0.3	0.3	0.1	0.2	0.1

由表可知，时效性 A 的评语集 u_1 为

$$a = \begin{pmatrix} 0.3 & 0.3 & 0.2 & 0.2 & 0 \\ 0.3 & 0.2 & 0.3 & 0.2 & 0 \\ 0.2 & 0.5 & 0.2 & 0.1 & 0 \end{pmatrix}$$

时效性各个指标的权重 W_1 表示如下：

$$W_1 = [0.524\ 7 \quad 0.141\ 6 \quad 0.333\ 8]$$

根据公式计算时效性指标对评语集的隶属度 A_1 为

$$A = W_1 \times a = [0.524\ 7 \quad 0.141\ 6 \quad 0.333\ 8] \begin{pmatrix} 0.3 & 0.3 & 0.2 & 0.2 & 0 \\ 0.3 & 0.2 & 0.3 & 0.2 & 0 \\ 0.2 & 0.5 & 0.2 & 0.1 & 0 \end{pmatrix}$$

$$= [0.266\ 65 \quad 0.352\ 63 \quad 0.214\ 18 \quad 0.166\ 64 \quad 0]$$

同理可得

$$B = [0.325 \quad 0.3 \quad 0.2 \quad 0.175 \quad 0]$$
$$C = [0.157\ 16 \quad 0.257\ 17 \quad 0.300\ 03 \quad 0.185\ 73 \quad 0.100\ 01]$$
$$D = [0.285\ 87 \quad 0.214\ 18 \quad 0.266\ 65 \quad 0.200\ 02 \quad 0.033\ 38]$$
$$E = [0.254\ 22 \quad 0.282\ 51 \quad 0.261\ 52 \quad 0.182\ 51 \quad 0.019\ 24]$$

确定评语集中农村物流服务质量的整体隶属度：

$$H = W \times R = [0.326\ 0 \quad 0.309\ 3 \quad 0.117\ 0 \quad 0.066\ 8 \quad 0.180\ 9] \times$$

$$\begin{pmatrix} 0.266\ 65 & 0.352\ 63 & 0.214\ 18 & 0.166\ 64 & 0 \\ 0.325 & 0.3 & 0.2 & 0.175 & 0 \\ 0.157\ 16 & 0.257\ 17 & 0.300\ 03 & 0.185\ 73 & 0.100\ 01 \\ 0.285\ 87 & 0.214\ 18 & 0.266\ 65 & 0.200\ 02 & 0.033\ 38 \\ 0.254\ 22 & 0.282\ 51 & 0.261\ 52 & 0.182\ 51 & 0.019\ 24 \end{pmatrix}$$

$$= [0.270\ 923 \quad 0.303\ 25 \quad 0.231\ 907 \quad 0.176\ 56 \quad 0.017\ 411]$$

为了使评价结果更具有指导性,在实际操作中,要将得到的归一化数据进行百分制赋值处理,研究采用的评价语录 $V=(v_1,v_2,v_3,v_4,v_5)$,其中 v_1 为很好,v_2 为好,v_3 为一般,v_4 为差,v_5 为很差。对应的数值为 $V=(90,75,60,45,30)$,根据以上数据,得到直播电商物流服务质量的综合评价得分为 $P=HVT=69.51$,还有很大的上升空间,处于一般偏上的发展水平。再根据上述方式分别计算各个一级指标,即一层指标得分情况,计算结果为:时效性 $P_1=70.79535$;安全性 $P_2=71.625$;专业性 $P_3=62.7921$;智能性 $P_4=67.7931$;经济性 $P_5=68.5494$。

9.6.4 电商直播企业与第三方物流公司竞合博弈分析

电商直播供应链中大多数电商直播企业选择将物流进行外包,电商直播企业除了少部分制造商入驻直播间,大多数是由专业的直播公司或者个人(包括明星、网红等)代理其品牌,电商直播供应链的客观特征决定了电商直播企业与第三方物流公司的委托-代理关系。由于委托-代理关系中信息的不对称性,委托人只能观测到行动结果,而不能直接观测到代理人的行动本身。作为代理方的第三方物流公司很有可能利用信息不对称,降低服务水平(未按指定时间送达货物、未将货物送到指定地点、货物发生损坏不上报),极大地损害委托方的合法权益,以及客户对直播公司的信任。

电商直播企业在与第三方物流公司进行物流外包合作过程中,作为委托方,对物流外包业务可以选择监督或者不监督;作为代理方的第三方物流公司,可以选择合作(遵守合同规定提供标准的物流服务)或者选择不合作。第三方物流公司按照合同规定选择合作时,第三方物流公司获得的收益与投送货物的重量和距离有关,假设电商直播企业直接支付给第三方物流公司的报酬为 R。在物流服务过程中,第三方物流公司为了获得更多的利益也可能选择不合作,假设不合作可以获得额外经济收益 I。当第三方物流公司违反合同约定的行为一旦被证实,第三方物流公司将要受到法律与市场的双重制约与惩罚,假设按合同规定给予电商直播企业一定经济赔偿(包括短期损失以及声誉受损)期望值为 K。因此,第三方物流公司选择不合作的收益为 $R+I-K$。

电商直播企业将物流进行外包时需要承担监督第三方物流公司服务过程所发生的费用,电商直播企业选择监督时成本为 S,选择不监督时成本为 O。当第三方物流公司按合同规定完成物流服务时,电商直播企业将会获得效用 U;否则,电商直播企业要承担由此带来的客户流失以及声誉受损等损失记为 $-U$,当第三方物流公司违约被证实后,应按规定给予电商直播企业经济赔偿Q。由此,建立双方的博弈支付矩阵如表9.7所示。

表9.7 电商企业物流外包支付矩阵

第三方物流公司(代理) 电商企业(委托)	合作	不合作
监督	$U-S,R$	$Q-U-S,R+I-K$
不监督	U,R	$-U,R+I$

从上表可知,当电商直播企业选择监督时,第三方物流公司违规就会被发现,则违规收益只有I,因为违规给企业造成的损失为K。所以,当$I>K$时,第三方物流公司就会很容易产生不提供标准质量的物流服务的行为。如果$I<K$,第三方物流公司会选择合作。当电商直播企业选择不监督,第三方物流公司选择不合作时将得到额外收益I,并且不会受到任何惩罚,第三方物流公司肯定会选择不合作。当第三方物流公司选择合作时,电商直播企业最优的选择则是不监督,这样物流外包成本最低。

在以上相关假设的条件下,该博弈并不存在纯策略纳什均衡。下面求解该问题的混合战略纳什均衡,用α代表电商直播企业监督的概率,β代表第三方物流公司不合作的概率。

给定β,电商直播企业监督时($\alpha=1$)的期望收益为
$$E_A(1,\beta)=(U-S)(1-\beta)+(Q-U-S)\beta=(Q-2U)\times\beta+U-S$$
电商直播企业不监督时($\alpha=0$)的期望收益为
$$E_A(0,\beta)=U(1-\beta)+(-U)\beta=-2U\beta+U$$
由$E_A(1,\beta)=E_A(0,\beta)$,可解得$\beta^*=S/Q$,即当第三方物流公司不合作的概率大于$S/Q$时,$E_A(1,\beta)>E_A(0,\beta)$,电商直播企业的最优选择是监督;当第三方物流公司不合作的概率小于S/Q时,$E_A(1,\beta)<E_A(0,\beta)$,电商企业的最优选择是不监督。

给定α,则第三方物流公司不合作时($\beta=1$)的期望收益为
$$E_B(\alpha,1)=(R+I-K)\alpha+(R+I)(1-\alpha)=R+I-K\alpha$$
第三方物流公司合作时($\beta=0$)的期望收益为
$$E_B(\alpha,0)=R\alpha+R(1-\alpha)=R$$
由$E_B(\alpha,1)=E_B(\alpha,0)$,可解得$\alpha^*=I/K$,即当电商直播企业监督的概率大于

I/K 时，$E_B(\alpha,1)<E_B(\alpha,0)$，第三方物流公司的最优选择是合作；当电商直播企业监督的概率小于 I/K 时，$E_B(\alpha,1)>E_B(\alpha,0)$，第三方物流公司最优选择是不合作。

因此，该博弈的混合策略纳什均衡为：电商直播企业将以 $\alpha^*=I/K$ 的概率选择监督，第三方物流公司将以 $\beta^*=S/Q$ 的概率产生不提供标准物流服务质量的行为。在物流外包业务实际操作中，电商直播企业与第三方物流公司之间的交易行为往往不是一次性完成，而是多次重复进行的。根据无限次重复博弈的无名氏定理可知，如果博弈重复无穷次并且博弈参与人有足够的耐心，则任何满足个人可行的、理性的支付向量都可以经由一个特定的子博弈精炼均衡得到。在无限次重复博弈中，任何短期的机会主义行为获得的不合理收益都是微不足道的，电商直播企业将会降低监督的概率，第三方物流公司也会降低产生不提供标准物流服务质量行为的概率，从而使博弈双方的期望效用都会得到增加。

通过对双方合作中的博弈行为进行分析，我们可以得出主要结论如下：

（1）加大对第三方物流公司不道德行为的惩罚力度，降低电商直播企业的监督成本。

第三方物流公司将不提供标准物流服务质量的行为的概率 β^* 与经济赔偿 Q 成反比，与监督成本 S 成正比。因此，在签订物流外包合同时，电商直播企业不仅应该加大对代理方投机违约行为的惩罚力度，同时还需要采取各种合理措施来降低委托方的监督成本，提高监督效率，从而把第三方物流公司可能违约的风险掐灭在萌芽状态。

（2）建立双方长期合作伙伴关系，实现信息共享。如果博弈重复进行无限多次并且参与人有足够的耐心，任何短期的投机违约行为所获得的收益与双方长期合作带来的长期、稳定的收益相比较都是微不足道的，参与人会积极地维护双方的长期合作伙伴关系。委托-代理关系中信息不对称是代理方违约失信的根源，在双方长期合作的基础上，电商直播企业才有可能与第三方物流公司实现信息共享，从而减少第三方物流公司的违约风险，同时也可以降低物流监督成本。

（3）构建有效的管理机制来约束和激励双方的行为。尽管重复博弈能够有效地降低第三方物流公司的投机违约行为发生的概率，但还是没有办法彻底消除其滋生不道德行为。因此，物流外包双方的互信合作仅仅依赖于双方自身与合同的约束是远远不够的，还必须建立有效的管理机制来约束和激励双方的行为。通过有效的管理机制，使双方合作行为规范化、合法化，在面对经济利益诱惑时能够秉承契约精神,减少甚至杜绝投机违约行为的发生,而且还能够进一步夯实双方互信合作的基础,促进协同效益的产生。

9.6.5 直播电商供应链和物流服务质量协同发展对策

1. 建立直播电商与农村物流协同发展的管理平台

IT技术、互联网大数据的发展重组了直播电商与农村物流新的发展模式,也为直播电商和农村物流的协同发展提供了支撑,在现有业态的基础上只有寻找到新的支撑点才能够使协同发展成为永恒动力,保证直播电商物流链得到优化。采用电商物流供应链协同管理平台,将供应商、电商企业和客户集中建立起个性化、规模化的发展方式,通过电商物流供应链协同管理平台进行计划资源调度、客户服务与评价、任务分配与协调、过程管理控制及协同决策支持。通过第三方物流公司信息系统,及时进行订单处理、运输管理、配送管理、仓储管理和货物跟踪,从而促进整个物流链链条的发展。

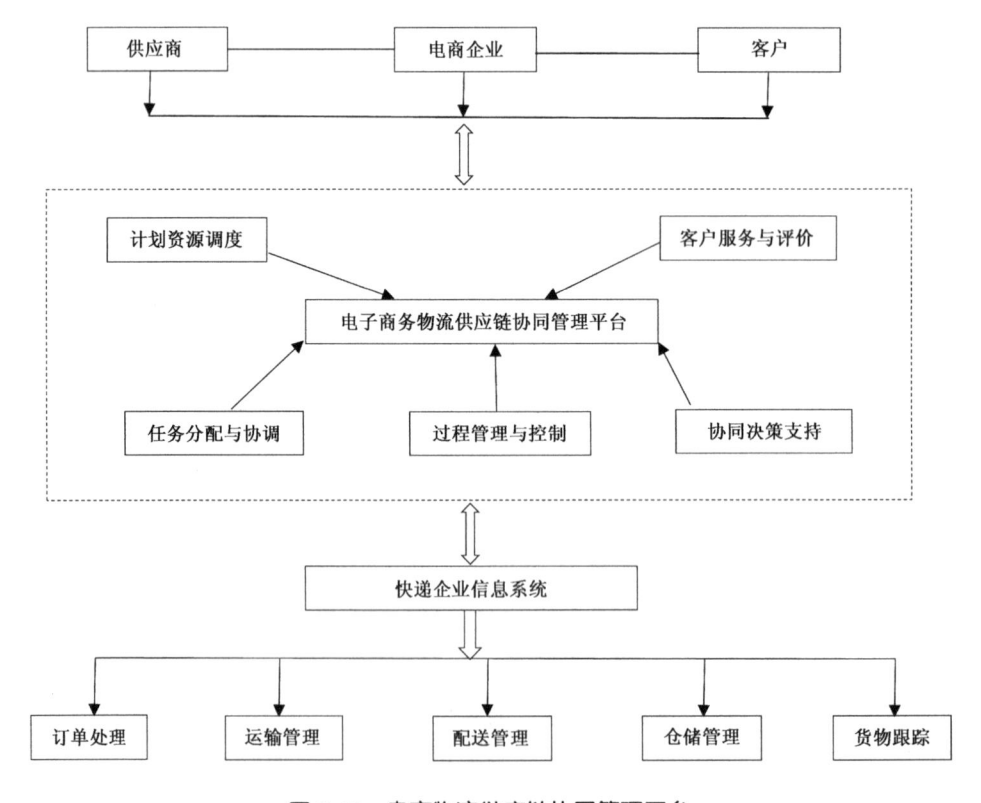

图 9.19 电商物流供应链协同管理平台

2. 加强电商平台与物流企业的契约利益分配机制建设

当利益共享和成本分担的分配系数合理时,电商平台与物流企业更倾向于合作,并且直播供应链收益最大化,可达到集中决策状态下的水平。但因在供应链中,电商平台往往占据一定的主导地位,物流企业相对弱势,若电商平台因此利用自身的地位优势获取更多的利益,则与物流企业的合作往往无疾而终,电商直播供应链处于不稳定状态。因此,构建合理的利益共享和成本分担机制显得尤为重要。政府部门可以建立相关的政策给予支持,营造健康公平的市场交易环境,鼓励供应链利益共享和成本分担机制的实施。同时,网络交易平台在自身赢利时,可以通过一定的方式分担物流企业的成本或将自身收益按照一定的比例给予对方,如电商平台可给予物流企业在政策和场地上的物流服务支持,减少合作的物流企业的数量,并为物流企业提供一定的免费宣传服务等。

3. 引进先进的物流设备,培养智慧物流人才

直播电商物流服务网点本身就是网络技术的产物,但由于其发展较晚、成长时间较短,在信息开发和技术获取方面仍存在问题。农村物流服务仓储面积有限,而快递数量逐年攀升。对仓储承载量的评估偏差造成大量包裹积压的现象,尤其是电商购物节期间,有限的空间致使站点的库存容量达到饱和,大量的快件由于爆仓而被搁置在地上。丢件、错拿、损坏的事件频频发生,服务质量连年下降。使用新技术并引进先进的物流设备可以降低工作强度和复杂性,减少时间、人力和成本的浪费,提升信息处理的无误性,增加客户信心和体验。使物流服务站点能够更准确地处理信息,提高分发的准确性。

智慧物流的快速发展,智能设备的广泛使用,大大优化了物流作业流程,降低了劳动力成本,提高了经济效益,这就为物流人才培养提出了更高的要求。为了适应智能制造新形势下创新型、创业型、一专多能、复合型智慧物流人才的企业与社会需求。物流服务站点的好坏,员工素养和职业教学不容忽视。作为终端物流经营中唯一与客户直接接触的人,快递站的员工将直接影响客户满意度,包括他们的素质、态度、教育水平、言行。引导加盟商不断改进和升级智能高效的终端物流服务;应在准入考虑范围内指出质量因素,如员工的教育水平、年龄和文化程度。

4. 促进基础设施互联互通,加快完善城乡物流服务体系

强化城市货运配送统一管理,加快建立城市配送公共信息平台,发展"互联网+同城配送",推动平台型企业整合同城货源和物流运力资源,加强配送车辆的统

筹调配和返程调度。加快完善县乡村三级物流配送网络,建设一批县域物流园区、公共配送(分拨)中心、镇级配送站和村级公共服务网点,健全乡到村工业品、消费品下行"最后一公里"和农产品上行"最初一公里"的双向物流服务网络。全面实施"快递进村",整合社会资源推动农村快递服务网络建设,推动交通运输与邮政快递融合发展,利用客运车辆开展代运邮件和快件。

5. 加强电商平台与物流企业的监督奖惩标准

为了提升物流服务质量,促进供应链协调发展。一方面,电商平台在与物流企业合作过程中,可实施有效的监督,避免因一方发展,另一方"搭便车"行为的发生,对于已经发生"搭便车"行为的,建立相应的违约处罚制度,减少投机行为的发生。同时,违约补偿金越高,越有利于双方信息共享,对于失信的一方可加入违约名单并公布,实行全社会监督,减少因违约给另一方带来的经济损失,加大处罚力度,对于弄虚作假的企业行为也给予一定的处罚,而诚信的一方可以提高相应的奖励激励,以此构造良好的合作环境。另一方面,电商平台可对合作的物流企业的从业人员的专业技能培训给予一定的资金支持,加强从业人员的素质,强化服务精神,通过课程培训增强误差处理能力及突发事件的应变能力,减少不必要的损失。在对他们培训后的工作过程中,可对合作的物流企业实行物流服务质量的监督监管,对其服务设置合理的评估考核标准和有针对性的物流服务质量管理评价。可设置物流配送人员服务投诉率环节,或者对消费者进行有关物流服务质量的回访调查,实行奖励惩罚相结合制度。对于问题较大的快递员可进行教育或给予一定的处罚,情节严重的可辞退,保持员工的物流服务水平,对于表现优异的有较强服务能力的员工,可定期给予一定的奖励,肯定员工的能力,保持他们工作的热情,激励他们更好地提供物流服务质量。

9.7 本章小结

随着消费者环保意识的提高,对绿色产品的需求也在增加,尤其是在当前的商业环境下,直播间销售的绿色产品越来越受欢迎。本章研究了包括制造商和零售商在内的两级绿色供应链,分析了零售商和制造商的价格、销售努力和绿色度决策。与传统研究不同的是,本章在传统渠道之外考虑了一种新型的销售渠道——直播间。由于目标消费者的特点,直播间的需求取决于零售价格和折扣。参考以往的研究,传统渠道的需求对零售价格、绿色程度和销售努力敏感。

第9章　直播电商环境下双渠道供应链协调契约

　　本章建立了几个决策模型来确定产品的最优价格、广告的销售努力和绿色程度：(1)集中式模型；(2)制造商主导的分散模型；(3)零售商主导的分散模型；(4)RSC协调模型；(5)CS-GS协调模型。通过比较这些模型的最优决策和最优利润，我们发现CS-GS协调契约能够有效地激励供应链成员作出与集中式模型相同的决策，从而实现整个系统的利润最大化。此外，供应链中的每个成员都可以通过议价问题获得额外的利润分配，从而获得更多的利润。通过数值分析对所有模型进行了评价。验证了CS-GS协调契约实现双赢的可行性。揭示了相关参数对供应链绩效的影响。最后对乡村振兴战略下直播电商供应链和物流协同发展进行了研究，分析农村物流服务的现状和存在的问题，并进行模糊综合评价和竞合博弈分析，最后对直播电商和物流服务质量协同发展提供对策和建议。

　　为了进一步研究，本章研究了涉及制造商和零售商的两级供应链，也可以考虑多制造商和多零售商的供应链以及多时期的模型。第三方可以加入供应链，如政府以补贴的形式支付一些绿色投资，物流企业负责回收等。我们的结果是基于对两个渠道的需求函数的简单假设，不同的线性或随机形式的需求函数可以用来分析问题。我们还可以进一步研究其他一些协调机制，如普通弹性期权契约的数量，它也可以由两个或多个契约组成，以协调供应链中的成员达到整体最优。即使不能达到最优协调状态，也可以达到帕累托最优。

第 10 章　总结与展望

10.1　研究总结

传统企业处于一种相对稳定的市场环境之中,在管理模式上,企业出于对制造资源的占有要求和生产过程直接控制的需要,采用的是纵向一体化的管理模式。随着电子商务的发展,经济水平的提高,人们对产品的需求日趋多样化,如何对不同环境下的供应链进行协调变得越来越有挑战性。本书展示了生产不确定性、需求不确定性、二级市场价格变动、政府补贴以及直播电商等环境对于供应链决策和绩效等方面的影响,以不同环境下的供应链作为研究对象,运用斯坦伯格博弈、纳什博弈、合作博弈、演化博弈以及层次分析法等理论研究集中和分散决策模式下的决策和期望利润,通过设计协调机制,对供应链模型进行优化协调,努力使供应链各成员达到一个共赢的局面。本书主要做了以下研究:

(1) 从供应链的定义、供应链管理的内容、供应链上的不确定性因素、不确定环境下的供应链模型、不确定环境下的需求函数、供应链的协调机制、供应链协调契约的种类以及博弈论在供应链协调管理中的运用等方面,对国内外文献进行了综述。

(2) 考虑宏观环境、市场竞争和用户需求的不确定,加上技术迅速革新,使得需求不确定性大大增加,设计随机需求下供应链的协调契约。假设需求服从正态分布,首先针对订购与生产决策建立集中模型和分散模型,对两种模型下的最优决策进行比较分析,设计两种契约对供应链进行协调,并重点研究了不确定需求对供应链的决策优化和协调参数的影响。其次考虑绿色度对消费者需求的影响,建立农产品供应链决策模型,对订购与产品绿色度的决策进行优化并设计联合协调契约,并重点分析了绿色生产中政府补贴对绿色度决策的影响。

(3) 考虑产量受生产环境、安全因素、原材料质量以及制造工艺的影响,设计随机产量下的供应链协调契约,在研究随机需求下供应链协调契约机制的基础上,对产需双重不确定下的易逝品供应链进行研究,验证回购契约的可实施性,并考虑某些突发事件对企业资金的影响,设计基于信用支付的联合契约,并进一步研究生产不确定性以及二级市场对供应链决策优化、绩效等方面的影响。在此基础上,基于合作博弈对随机产量下的三级供应链进行协调,充分证明了夏普利值法结合层次分析法对供应链协调的可能性和优点。

(4) 考虑废旧产品的回收和再利用的问题,研究在随机需求下闭环供应链的协调,考虑政府激励、缺货成本和再制造率对供应链的影响,探究闭环供应链上各节点成员在分散决策和集中决策模式下的订购和回收价格决策。对传统供应链收益共享契约进行优化,设计收益-费用共担契约对供应链进行协调。最后分析了协调契约系数对回收价格和供应链利润的影响。

(5) 考虑新品上市、市场环境变化很大或者缺乏基础数据导致无法预测需求分布时,研究模糊需求下供应链的决策优化和协调问题,其中模糊需求同时依赖于零售价格和销售努力,建立两级供应链协调问题的决策模型,并分别研究了信息对称和信息不对称情况下的供应链协调机制。

(6) 近年来直播电商促销活动非常火热,考虑供应链在传统销售渠道之外多一种新型的销售渠道——直播间促销,研究直播电商环境下双渠道供应链协调问题。假设消费者需求受直播间价格折扣、产品绿色度和销售努力的影响,对零售商和制造商的价格、销售努力和绿色度的决策进行优化。设计 CS-GS 协调契约,并考虑供应链成员在谈判中的影响力,进行讨价还价分析,验证了协调契约和讨价还价的可实施性。最后讨论乡村振兴战略下直播电商供应链和物流协同发展的问题。

10.2 研究展望

本书展示的协调契约、夏普利值、纳什讨价还价分析和层次分析等协调机制可以在一定程度上运用于提高供应链的整体绩效。然而,随着市场和竞争全球化,供应链结构和其所处的环境越来越复杂和多变,为了使供应链得以充分有效的协调,需要对更多复杂的情况进行研究。本书研究的不足之处以及对未来的展望有以下几点:

(1) 本书大多假定是在信息对称情况下进行的研究,只在第 8 章提到信息不对称条件下的协调契约,然而在现实的供应链运作过程中,信息不对称的情况是普遍的,因此考虑信息价值、道德风险等对供应链契约的影响是一个值得研究的方向。

(2) 本书是在假定一个两级/三级供应链基础上进行的研究,而现实的供应链大多是复杂的网络结构形式,因此,可以考虑将供应链的系统往更加复杂的结构形式上靠拢,比如供应商、制造商、零售商等多级供应链,或多零售商、多制造商、多零售商的多层结构形式,在此基础上可以研究各零售商之间、各制造商之间的库存转移和竞争问题。

(3) 本书假设制造商的产能是无限的,在模型建立过程中没有考虑制造商与零售商之间的运输问题和零售商的购买能力问题,在现实情况中,供应链各成员的能力往往都是有限的,在能力约束条件下对供应链契约的研究也是一个值得研究的方向。

(4) 环境上可以引入更多的不确定,如销售价格和供应商提前期不确定。本书只研究了生产不确定和需求不确定对供应链各方面的影响,事实上供应链中的不确定因素还有很多,值得我们继续探究。

(5) 在供应链的协调契约上还可以研究其他协调供应链的机制,如柔性订购契约。契约机制实际上是为了将供应链面对的各种风险在供应链成员间进行重新分配,所以为了合理分担风险使各成员更加紧密地联系,还可以开发新的契约对更加复杂的供应链进行协调研究。

(6) 结合全球一体化背景进行闭环供应链研究。随着科学技术的不断发展,国际贸易的日新月异,全球一体化的贸易形势已经成为现实,在全球化环境的大背景下,供应链上各节点成员的原材料采购、制造、组装、包装、销售等操作都有可能涉及跨地域、跨国界。因此,不仅要考虑不同国家的经济制度,包括汇率、关税等,还要考虑不同国家的政治制度、文化土壤等。所以,基于全球一体化的发展背景的闭环供应链的协调研究将要更加深入。

参考文献

[1] 潘海军,张娟,齐晶. 需求不确定下供应链协调问题研究综述[J]. 金融经济,2007(22):143-144.

[2] 梁丹. 产业集群内供应链企业的合作创新研究[D]. 济南:山东大学,2011.

[3] 邹辉霞. 供应链协同管理[M]. 北京:北京大学出版社,2007.

[4] 白世贞. 结构时变供应链协调研究[M]. 北京:科学出版社,2014.

[5] 石刚. 基于回购契约的供应链协调模型研究[D]. 重庆:重庆大学,2010.

[6] Spengler J J. Vertical integration and antitrust policy[J]. Journal of Political Economy,1950,58(4):347-352.

[7] Lee H L,Padmanabhan V,Whang S. Information distortion in a supply chain:the bullwhip effect[J]. Management Science,1997,43(4):546-558.

[8] 鄢章华,滕春贤. 供应链管理发展研究:基于市场角度[J]. 科技与管理,2011,13(2):1-3.

[9] 穆荣平,赵兰香,段异兵,等. 中国未来20年技术预见研究[C]. 北京:中国科学院科技政策与管理科学研究所,2006.

[10] Chen H,Chen J,Chen Y F. A coordination mechanism for a supply chain with demand information updating[J]. International Journal of Production Economics,2006,103(1):347-361.

[11] 包裕玲. 一类上层供应商主导的两层供应链协调问题的研究[D]. 合肥:合肥工业大学,2006.

[12] 王俐凤. 供应链管理中的"牛鞭效应"[D]. 武汉:华中科技大学,2006.

[13] 唐媛. 不对称需求信息下两级供应链协调问题研究[D]. 广州:华南理工大学,2012.

[14] 刘桂东. 三级供应链协调契约研究[D]. 武汉:华中科技大学,2010.

[15] 毛溢辉. 供应链合作稳定性因素对供应链绩效的影响研究[D]. 杭州:

浙江大学, 2008.

［16］丁可. A 公司分销系统供应链协调机制研究[D]. 北京：北京工业大学, 2008.

［17］黄晓伟. 基于自组织理论的供应链资源协同研究[D]. 哈尔滨：哈尔滨工业大学, 2010.

［18］马士华, 林勇. 供应链管理[M]. 北京：机械工业出版社, 2006.

［19］董秀. 供应链协调中的利润共享契约研究[D]. 北京：北京交通大学, 2008.

［20］Cachon G P, Fisher M. Supply chain inventory management and the value of shared information[J]. Management Science, 2000, 46(8): 1032-1048.

［21］Cooper M C, Lambert D M, Pagh J D. Supply chain management: more than a new name for logistics[J]. The International Journal of Logistics Management, 1997, 8(1): 1-14.

［22］Simchi-Levi D. Designing and managing the supply chain[M]. New York: Mcgraw-Hill College, 2005.

［23］姜南. 制造业供应链管理不确定性定性分析与度量[D]. 北京：北京交通大学, 2012.

［24］潘海军. 需求不确定下供应商主导的供应链协调问题研究[D]. 长沙：湖南大学, 2007.

［25］彭红军, 周梅华, 刘满芝. 两级生产与需求不确定下供应链风险共担模型研究[J]. 管理工程学报, 2013, 27(3): 157-163.

［26］Gurnani H, Akella R, Lehoczky J. Supply management in assembly systems with random yield and random demand [J]. IIE Transactions, 2000(32): 701-714.

［27］Zhao J, Wei J. The coordination contracts for a fuzzy supply chain with effort and price dependent demand[J]. Applied Mathematical Modelling, 2014, 38(9-10): 2476-2489.

［28］Xu R N, Zhai X Y. Analysis of supply chain coordination under fuzzy demand in a two-stage supply chain[J]. Applied Mathematical Modelling, 2010, 34(1): 129-139.

［29］Zhang C T, Liu L P. Reseach on coordination mechanism in three-level green supply chain under non-cooperative game[J]. Applied Mathematical Modelling,

2013, 37(5): 3369-3379.

[30] Wang F, Diabat A, Wu L. Supply chain coordination with competing suppliers under price-sensitive stochastic demand[J]. International Journal of Production Economics, 2021, 234: 108020.

[31] Wang F, Zhuo X, Niu, B. Sustainability analysis and buy-back coordination in a fashion supply chain with price competition and demand uncertainty[J]. Sustainability, 2016, 9: 1-15.

[32] Inderfurth K, Clemens J. Supply chain coordination by risk sharing contracts under random production yield and deterministic demand[J]. Or Spectrum, 2014, 36: 525-556.

[33] Wang L L, Wu Y, Hu S Q. Make-to-order supply chain coordination through option contract with random yields and overconfidence[J]. International Journal of Production Economics, 2021, 242: 08299.

[34] Bassok Y, Hopp W J, Rohatgi M. A simple linear heuristic for the service constrained random yield problem[J]. IIE Transactions, 2002, 34: 479-487.

[35] Li X C, Lu S, Li Z, et al. Modeling and optimization of bioethanol production planning under hybrid uncertainty: A heuristic multi-stage stochastic programming approach[J]. Energy, 2022, 245: 123285.

[36] Shi Y, Wang F. Agricultural Supply Chain Coordination under Weather-Related Uncertain Yield[J]. Sustainability, 2022, 14: 5271.

[37] Xie L, Ma J, Goh M. Supply chain coordination in the presence of uncertain yield and demand[J]. International Journal of Production Research, 2021, 59(14): 4342-4358.

[38] Adhikari A, Bisi A, Avittathur B. Coordination mechanism, risk sharing, and risk aversion in a five-level textile supply chain under demand and supply uncertainty[J]. European Journal of Operational Research, 2020, 282: 93-107.

[39] Giri B C, Majhi J K, Chaudhuri K. Coordination mechanisms of a three-layer supply chain under demand and supply risk uncertainties[J]. RAIRO-Operations Research, 2021, 55: S2592-S2617.

[40] Zhang Z, Yu L. Altruistic mode selection and coordination in a low-carbon closed-loop supply chain under the government's compound subsidy: a differential game

analysis[J]. Journal of Cleaner Production, 2022, 366: 132863.

[41] He P, He Y, Xu H. Channel structure and pricing in a dual-channel closed-loop supply chain with government subsidy[J]. International Journal of Production Economics, 2019, 213: 108-123.

[42] Basiri Z, Heydari J. A mathematical model for green supply chain coordination with substitutable products[J]. Journal of Cleaner Production, 2017, 145: 232-249.

[43] Tian Y, Ma J. Study on dual-channel supply chain game under carbon subsidy policy[J]. IFAC Papers On Line, 2022, 55(10): 2097-2102.

[44] 刘永胜,李敏强. 弹性需求下供应链协调策略研究[J]. 工业工程, 2003, 6(4): 31-34, 60.

[45] Seyed Esfahani M M, Biazaran M, Gharakhani M. A game theoretic approach to coordinate pricing and vertical co-op advertising in manufacturer-retailer supply chains[J]. European Journal of Operational Research, 2011, 211(2): 263-273.

[46] Shen J, Shi J, Gao L, et al. Uncertain green product supply chain with government intervention[J]. Mathematics and Computers in Simulation, 2023, 208: 136-156.

[47] Nematollahi M, Hosseini-Motlagh S M, Heydari J. Economic and social collaborative decision-making on visit interval and service level in a two-echelon pharmaceutical supply chain[J]. Journal of Cleaner Production, 2017, 142: 3956-3969.

[48] Hu F, Lim C C, Lu Z. Coordination of supply chains with a flexible ordering policy under yield and demand uncertainty[J]. International Journal of Production Economics, 2013, 146(2): 686-693.

[49] Xiao T, Shi K, Yang D. Coordination of a supply chain with consumer return under demand uncertainty[J]. International Journal of Production Economics, 2010, 124(1): 171-180.

[50] He Y, Zhao X. Coordination in multi-echelon supply chain under supply and demand uncertainty[J]. International Journal of Production Economics, 2012, 139(1): 106-115.

[51] Ramandi M D, Bafruei M K. Effects of government's policy on supply chain coordination with a periodic review inventory system to reduce greenhouse gas emissions

[J]. Computers & Industrial Engineering, 2020, 148: 106756.

[52] Chen T, Liu C, Xu X. Coordination of perishable product supply chains with a joint contract under yield and demand uncertainty[J]. Sustainability, 2022, 14: 12658.

[53] Chai Q, Sun M, Lai K, et al. The effects of government subsidies and environmental regulation on remanufacturing[J]. Computers & Industrial Engineering, 2023, 178: 109126.

[54] Li B, Guo H, Peng S. Impacts of production, transportation and demand uncertainties in the vaccine supply chain considering different government subsidies[J]. Computers & Industrial Engineering, 2022, 169: 108169.

[55] Gao J, Cui Z, Li H, et al. Optimization and coordination of the fresh agricultural product supply chain considering the freshness-keeping effort and information sharing[J]. Mathematics, 2023, 11(8): 1922.

[56] 桑圣举, 张强, 武建章. 模糊需求环境下供应链成员间的协调机制分析[J]. 计算机集成制造系统, 2010, 16(2): 356-364, 379.

[57] 白世贞, 徐娜. 模糊需求下基于收益共享三级供应链协调研究[J]. 科技与管理, 2012, 14(1): 64-68.

[58] Zhao J, Wei J. The coordinating contracts for a fuzzy supply chain with effort and price dependent demand[J]. Applied Mathematical Modelling, 2014, 38(9-10): 2476-2489.

[59] Gao R, Zhang Z M. Analysis of green supply chain considering green degree and sales effort with uncertain demand[J]. Journal of Intelligent & Fuzzy Systems, 2020, 38(4): 4247-4264.

[60] Malik A I, Kim B S. A multi-constrained supply chain model with optimal production rate in relation to quality of products under stochastic fuzzy demand[J]. Computers & Industrial Engineering, 2020, 149: 106814.

[61] Clark A J, Scarf H. Optimal policies for a multi-echelon inventory problem[J]. Management Science, 1960, 6(4): 475-490.

[62] Malone T W. Modeling coordination in organizations and markets[M]. Readings in Distributed Artificial Intelligence. Morgan Kaufmann, 1988.

[63] Simatupang T M, Wright A C, Sridharan R. The knowledge of coordination

for supply chain integration[J]. Business Process Management Journal, 2002, 8(3): 289-308.

[64] Romano P. Co-ordination and integration mechanisms to manage logistics processes across supply networks[J]. Journal of Purchasing and Supply Management, 2003, 9(3): 119-134.

[65] Dana Jr J D. Competition in price and availability when availability is unobservable[J]. RAND Journal of Economics, 2001, 32(3): 497-513.

[66] 郭敏, 王红卫. 合作型供应链的协调和激励机制研究[J]. 系统工程, 2002, 20(4): 49-53.

[67] 张翠华, 葛亮, 范岩, 等. 基于二层规划理论的供应链协调机制[J]. 东北大学学报: 自然科学版, 2006, 27(10): 1173-1176.

[68] Thomas D J, Griffin P M. Coordinated supply chain management[J]. European Journal of Operational Research, 1996, 94(1): 1-15.

[69] Forrester J W. Industrial dynamics: a major breakthrough for decision makers[J]. Harvard Business Review, 1958, 36(4): 37-66.

[70] 朱莉. 全球供应链网络优化管理: 协调、均衡、协同[M]. 北京: 科学出版社, 2014.

[71] Kanda A, Deshmukh S G. Supply chain coordination: perspectives, empirical studies and research directions[J]. International Journal of Production Economics, 2008, 115(2): 316-335.

[72] 田巍. 基于供应链契约的供应链博弈与协调研究[D]. 武汉: 华中科技大学, 2007.

[73] Wong C Y, Johansen J, Hvolby H H. Supplly Chain coordination problems: Literature review[J]. AUBret, 2004.

[74] 黄小原. 供应链模型与优化[M]. 北京: 科学出版社, 2004.

[75] 李赤林, 罗延发. 供应链管理协调机制模型研究[J]. 科技进步与对策, 2003, 20(7): 108-110.

[76] Ellram L M. The supplier selection decision in strategic partnerships[J]. Journal of Purchasing and Materials Management, 1990, 26(4): 8-14.

[77] Choi T Y, Hartley J L. An exploration of supplier selection practices across the supply chain[J]. Journal of Operations Management, 1996, 14(4): 333-343.

[78] 黄培清, 揭晖. 供应链库存管理的几项措施[J]. 工业工程与管理, 1998(5): 14-17.

[79] Pasternack B A. Optimal pricing and return policies for perishable commodities[J]. Marketing Science, 1985, 4(2): 166-176.

[80] Cachon G P. Supply chain coordination with contracts[J]. Handbooks in Operations Research and Management Science, 2003, 11: 227-339.

[81] Tsay A A. The quantity flexibility contract and supplier-customer incentives[J]. Management Science, 1999, 45(10): 1339-1358.

[82] 马翻翻, 吴广谋. 退货-数量折扣联合契约的供应链协调性研究[J]. 现代经济信息, 2014(1): 74-75.

[83] Lariviere M A, Porteus E L. Selling to the newsvendor: an analysis of price-only contracts[J]. Manufacturing & Service Operations Management, 2001, 3(4): 293-305.

[84] 马蓉, 马俊, 王亚涛. 需求依赖于价格环境下的批发价格契约[J]. 工业工程, 2011, 14(3): 92-95, 105.

[85] He Y, Zhang J. Random yield supply chain with a yield dependent secondary market[J]. European Journal of Operational Research, 2010, 206(1): 221-230.

[86] 简惠云, 王国顺, 许民利. 具有两阶段生产模式和需求信息更新的供应链契约研究[J]. 中国管理科学, 2013, 21(1): 80-89.

[87] Gerchak Y, Cho R, Ray S. Coordination and dynamic shelf-space management of video movie rentals[M]. University of Waterloo, Waterloo, Ontario, 2001.

[88] Gerchak Y, Wang Y. Revenue-Sharing vs. Wholesale-Price contracts in assembly systems with random demand[J]. Production and Operations Management, 2004, 13(1): 23-33.

[89] Cachon G P, Lariviere M A. Supply chain coordination with revenue-sharing contracts: strengths and limitations[J]. Management Science, 2005, 51(1): 30-44.

[90] Van Der Rhee B, Van Der Veen J A, Venugopal V, et al. A new revenue sharing mechanism for coordinating multi-echelon supply chains[J]. Operations Research Letters, 2010, 38(4): 296-301.

[91] Peng Y, Yan X M, Jiang Y J, et al. Competition and coordination for supply chain networks with random yields[J]. International Journal of Production Econom-

ics, 2021, 239: 108204.

[92] Avinadav T, Chernonog T, Meilijson I, et al. A consignment contract with revenue sharing between an app developer and a distribution platform[J]. International Journal of Production Economics, 2022, 243: 108322.

[93] 徐广业, 但斌, 肖剑. 基于改进收益共享契约的双渠道供应链协调研究[J]. 中国管理科学, 2010, 18(6): 59-64.

[94] 李绩才, 周永务, 肖旦, 等. 考虑损失厌恶一对多型供应链的收益共享契约[J]. 管理科学学报, 2013, 16(2): 71-81.

[95] 葛静燕, 黄培清, 王子萍. 基于博弈论的闭环供应链协调问题[J]. 系统管理学报, 2007(5): 549-552.

[96] 张晓林, 李广. 鲜活农产品供应链协调研究: 基于风险规避的收益共享契约分析[J]. 技术经济与管理研究, 2014(2): 13-17.

[97] 赵正佳, 何慧. 品牌专卖供应链的回购协调机制[J]. 西南交通大学学报, 2007(3): 326-329.

[98] Taylor T A. Supply chain coordination under channel rebates with sales effort effects[J]. Management Science, 2002, 48(8): 992-1007.

[99] 宋华明, 杨慧, 罗建强, 等. 需求预测更新情形下的供应链 Stackelberg 博弈与协调研究[J]. 中国管理科学, 2010, 18(4): 86-92.

[100] 刘家国, 吴冲. 基于报童模型的两级供应链回购契约协调研究[J]. 中国管理科学, 2010, 18(4): 73-78.

[101] 代建生, 孟卫东. 基于 CVaR 的供应链联合促销的回购契约协调研究[J]. 中国管理科学, 2014, 22(7): 43-51.

[102] 张新鑫, 侯文华, 申成霖. 顾客策略行为下基于 CVaR 和回购契约的供应链决策模型[J]. 中国管理科学, 2015, 23(2): 80-91.

[103] Momeni M A, Jain V, Govindan K, et al. A novel buy-back contract coordination mechanism for a manufacturer-retailer circular supply chain regenerating expired products[J]. Journal of Cleaner Production, 2022, 375: 133319.

[104] Lee C H, Rhee B D. Retailer-run resale market and supply chain coordination[J]. International Journal of Production Economics, 2021, 235: 108089.

[105] Monahan J P. A quantity discount pricing model to increase vendor profits[J]. Management Science, 1984, 30(6): 720-726.

[106] Lee H L, Rosenblatt M J. A generalized quantity discount pricing model to increase supplier's profits[J]. Management Science, 1986, 32(9): 1177-1185.

[107] Weng Z K. Channel coordination and quantity discounts[J]. Management Science, 1995, 41(9): 1509-1522.

[108] Munson C L, Rosenblatt M J. Coordinating a three-level supply chain with quantity discounts[J]. IIE Transactions, 2001, 33(5): 371-384.

[109] 曹宗宏, 周永务. 库存水平影响需求的变质性产品的供应链协调模型[J]. 中国管理科学, 2009, 17(5): 61-67.

[110] 吴忠和, 陈宏, 赵千, 等. 两零售商竞争下多因素同时扰动的供应链协调研究[J]. 中国管理科学, 2012, 20(2): 62-67.

[111] 王勇, 孙海雷, 陈晓旭. 基于数量折扣的改良品供应链协调策略[J]. 中国管理科学, 2014, 22(4): 51-57.

[112] 杨光. 基于风险共担的供应链融资渠道研究[J]. 北方经贸, 2007(2): 82-84.

[113] 何勇, 吴清烈, 杨德礼, 等. 基于努力成本共担的数量柔性契约模型[J]. 东南大学学报, 2006(6): 1045-1048.

[114] Granot D, Yin S. On sequential commitment in the price-dependent newsvendor model[J]. European Journal of Operational Research, 2007, 177(2): 939-968.

[115] Ding D, Chen J. Coordinating a three level supply chain with flexible return policies[J]. Omega, 2008, 36(5): 865-876.

[116] Wu J. Quantity flexibility contracts under Bayesian updating[J]. Computers & Operations Research, 2005, 32(5): 1267-1288.

[117] Tsao Y C. Managing multi-echelon multi-item channels with trade allowances under credit period[J]. International Journal of Production Economics, 2010, 127(2): 226-237.

[118] Zhong Y, Liu J, Zhou Y W, et al. Robust contract design and coordination under consignment contract with revenue sharing[J]. International Journal of Production Economics, 2022, 253: 108543.

[119] Gao Z, Zhao L, Wang H. Supply chain coordination of product and service bundling basedon network externalities[J]. Sustainability, 2022, 14(13): 7790.

［120］张骥骥,朱晨.考虑政府多政策和第三方回收的闭环供应链协调机制研究[J].工业工程,2022,25(1):83-92.

［121］Ji C, Liu X. Design of risk sharing and coordination mechanism in supply chain under demand and supply uncertainty[J]. RAIRO-Operations Research, 2022, 56(1): 123-143.

［122］Yang S, Hong K S, Lee C. Supply chain coordination with stock-dependent demand rate and credit incentives[J]. International Journal of Production Economics, 2014, 157: 105-111.

［123］Hosseini-Motlagh S M, Choi T M, Johari M, et al. A profit surplus distribution mechanism for supply chain coordination: an evolutionary game-theoretic analysis[J]. European Journal of Operational Research, 2022, 301(2): 561-575.

［124］Tsou C M. On the strategy of supply chain collaboration based on dynamic inventory target level management: a theory of constraint perspective[J]. Applied Mathematical Modelling, 2013, 37(7): 5204-5214.

［125］谢识予.经济博弈论[M].上海:复旦大学出版社,2007.

［126］张建军.短销售周期供应链协调问题及其博弈分析[D].上海:同济大学,2008.

［127］克里斯汀,丹尼尔.博弈论与经济学[M].张琦,译.北京:经济管理出版社,2005.

［128］Leng M, Parlar M. Game theoretical applications in supply chain management: A review[J]. INFOR: Information Systems and Operational Research, 2005, 43(3): 187-220.

［129］包裕玲.多个订货商的两层供应链Stackelberg协调博弈分析[J].中国管理科学,2008(3):68-72.

［130］肖剑,但斌,张旭梅.双渠道供应链中制造商与零售商的服务合作定价策略[J].系统工程理论与实践,2010,30(12):2203-2211.

［131］李新然,蔡海珠,牟宗玉.政府奖惩下不同权力结构闭环供应链的决策研究[J].科研管理,2014,35(8):134-144.

［132］Maiti T, Giri B C. A closed loop supply chain under retail price and product quality dependent demand[J]. Journal of Manufacturing Systems, 2015, 37: 624-637.

[133] 文科,朱延平. 供应链成员企业相关利益分配研究[J]. 商业研究, 2010(1): 50-52.

[134] 庆艳华. 供应链企业合作及其利益分配问题研究[D]. 广州: 暨南大学, 2006.

[135] 何立华,杨然然,马芳丽. 基于Shapley值的绿色建筑合同能源管理收益分配[J]. 工程管理学报, 2016, 30(6): 12-16.

[136] 余振养. 服装全产业链利益分配问题的Shapley值法分析[J]. 商, 2015(46): 276-277.

[137] 姚冠新,刘玲玲. 基于修正Shapley值法的配送中心动态联盟利益分配研究[J]. 科技与管理, 2010, 12(3): 23-25, 39.

[138] 胡盛强,张毕西,关迎莹. 基于Shapley值法的四级供应链利润分配[J]. 系统工程, 2009, 27(9): 49-54.

[139] 戴建华,薛恒新. 基于Shapley值法的动态联盟伙伴企业利益分配策略[J]. 中国管理科学, 2004(4): 34-37.

[140] 李靓,刘征驰,周堂. 基于Shapley值修正算法的联盟企业利润分配策略研究[J]. 技术与创新管理, 2009, 30(6): 746-749.

[141] Feng Q, Lu L X. The strategic perils of low cost outsourcing[J]. Management Science, 2012, 58(6): 1196-1210.

[142] Nagarajan M, Bassok Y. A bargaining framework in supply chains: the assembly problem[J]. Management Science, 2008, 54(8): 1482-1496.

[143] Li S, Hua Z. A note on channel performance under consignment contract with revenue sharing[J]. European Journal of Operational Research, 2008, 184(2): 793-796.

[144] 叶磊磊. 合同农业供应链的最优决策: 基于纳什讨价还价模型[J]. 农业展望, 2020, 16(4): 105-110.

[145] Seyed Esfahani M M, Biazaran M, Gharakhani M. A game theoretic approach to coordinate pricing and vertical co-op advertising in manufacturer-retailer supply chains[J]. European Journal of Operational Research, 2011, 211(2): 263-273.

[146] Zhai Y, Cheng T C E. Lead-time quotation and hedging coordination in make-to-order supply chain[J]. European Journal of Operational Research, 2022, 300(2): 449-460.

[147] Zhong Y G, Liu J, Zhou Y W, et al. Robust contract design and coordination under consignment contracts with revenue sharing[J]. International Journal of Production Economics, 2022, 253: 108543.

[148] Zhao J, Wang L S. Pricing and retail service decisions in fuzzy uncertainty environments[J]. Applied Mathematics and Computation, 2015, 250: 580-592.

[149] Hanh N T M, Chen J M, Hop N V. Pricing strategy and order quantity allocation with price-sensitive demand in three-echelon supply chain[J]. Expert Systems with Applications, 2022, 206: 117873.

[150] Zhao S L, Ma C H. Research on the coordination of the power battery echelon utilization supply chain considering recycling outsourcing[J]. Journal of Cleaner Production, 2022, 358: 131922.

[151] Wang Q, Wu J, Zhao N G. Optimal operational policies of a dual-channel supply chain considering return service[J]. Mathematics and Computers in Simulation, 2022, 199: 414-437.

[152] Wang X P, Lai I K W, Tang H J, et al. Coordination analysis of sustainable dual-channel tourism supply chain with the consideration of the effect of service quality[J]. Sustainability, 2022, 14(11): 6530.

[153] Cachon G P. The allocation of inventory risk in a supply chain: push, pull, and advance-purchase discount contracts[J]. Management Science, 2004, 50(2): 222-238.

[154] Jørgensen S, Zaccour G. Equilibrium pricing and advertising strategies in a marketing channel[J]. Journal of Optimization Theory & Applications, 1999, 102(1): 111-125.

[155] 曾繁慧. 干预事件下的随机需求供应链协调应对研究[D]. 阜新: 辽宁工程技术大学, 2008.

[156] 喻杰. 随机需求下三阶层供应链回购协调模型研究[D]. 长沙: 长沙理工大学, 2010.

[157] Zhang H, Wang Z, Hong X, et al. Fuzzy closed-loop supply chain models with quality and marketing effort-dependent demand[J]. Expert Systems with Applications, 2022, 207: 118081.

[158] Lin Q, Zhao Q H, Lev B. Influenza vaccine supply chain coordination un-

der uncertain supply and demand[J]. European Journal of Operational Research, 2022, 297(3): 930-948.

[159] Taleizadeh A A, Noori-daryan M, Soltani M R, et al. Optimal pricing and ordering digital goods under piracy using game theory[J]. Annals of Operations Research, 2021: 1-38.

[160] Taleizadeh A A, Noori-Daryan M, Govindan K. Pricing and ordering decisions of two competing supply chains with different composite policies: a Stackelberg game-theoretic approach[J]. International Journal of Production Research, 2016, 54(9): 2807-2836.

[161] Gurtu A. Optimization of inventory holding cost due to price, weight, and volume of items[J]. Journal of Risk and Financial Management, 2021, 14(2): 65.

[162] Yang S, Xiao Y J, Kuo Y H. The Supply Chain Design for Perishable Food with Stochastic Demand[J]. Sustainability 2017, 9(7): 1195.

[163] Jing C. Returns with wholesale-price-discount contract in a newsvendor problem[J]. International Journal of Production Economics, 2011, 130(1): 104-111.

[164] Hou J, Zeng A Z, Zhao L. Coordination with a backup supplier through buy-back contract under supply disruption[J]. Transportation Research Part E: Logistics and Transportation Review, 2010, 46(6): 881-895.

[165] Emirhüseyinoǧlu G, Ekici A. Dynamic facility location with supplier selection under quantity discount. Computers & Industrial Engineering, 2019, 134: 64-74.

[166] Hou X, Li J B, Liu Z X, et al. Pareto and Kaldor-Hicks improvements with revenue-sharing and wholesale-price contracts under manufacturer rebate policy[J]. European Journal of Operational Research, 2022, 298(1): 152-168.

[167] 施国洪, 于成龙, 贡文伟. 基于生产不确定和需求不确定的供应链协调研究[J]. 工业工程与管理, 2011, 16(2): 1-4.

[168] Choi T M, Li Y, Xu L. Channel leadership, performance and coordination in closed loop supply chains[J]. International Journal of Production Economics, 2013, 146(1): 371-380.

[169] 郭亚军, 赵礼强, 李绍江. 随机需求下闭环供应链协调的收入费用共享契约研究[J]. 运筹与管理, 2007, 16(6): 15-20.

[170] Contractor F J, Ra W. Negotiating alliance contracts strategy and behavior-

al effects of alternative compensation arrangements[J]. International Business Review, 2000, 9(3): 271-299.

[171] Hart S, Mas-Colell A. Potential, value, and consistency[J]. Econometrica: Journal of the Econometric Society, 1989, 57(3): 589-614.

[172] Kalai E, Samet D. Monotonic solutions to general cooperative games[J]. Econometrica: Journal of the Econometric Society, 1985, 53(2): 307-327.

[173] 张亚丽, 赵书光, 李玉, 等. 杏鲍菇液体菌种生产及绿色高产栽培关键技术[J]. 南方农业, 2020, 14(10): 26-28.

[174] 马慧敏, 高世华. 大棚西瓜、辣椒周年轮作绿色高效栽培技术[J]. 新农业, 2022(13): 51-52.

[175] 谢云玲, 冷升璨, 帕三石, 等. 芒市不同稻鱼共作模式经济效益比较[J]. 云南农业科技, 2022(4): 20-22.

[176] 包立英, 陈雷, 冯坤, 等. 优质杂籼稻品种万象优111稻虾共作绿色高效应用技术[J]. 农业科技通讯, 2022(5): 263-264, 303.

[177] 王世会, 赵志刚, 罗亮, 等. 黑龙江省稻-扣蟹共作模式中华绒螯蟹生长及水质研究[J]. 水产学杂质, 2022, 35(3): 86-92.

[178] Li L, Guo H D, Bijman J, et al. The influence of uncertainty on the choice of business relationships: the case of vegetable farmers in China[J]. Agribusiness, 2018, 34(3): 597-615.

[179] 王红春, 宫子琪. 基于不同政府补贴模式的直播电商农产品供应链定价决策[J]. 供应链管理, 2022, 3(4): 46-55.

[180] 霍红, 王作铁. 考虑零售商促销努力的农产品供应链协调研究[J]. 统计与决策, 2020, 36(11): 184-188.

[181] Meng Q, Wang Y, Zhang Z, et al. Supply chain green innovation subsidy strategy considering consumer heterogeneity[J]. Journal of Cleaner Production, 2021, 281: 125199.

[182] Ma C. Impacts of demand disruption and government subsidy on closed-loop supply chain management: a model based approach[J]. Environmental Technology & Innovation, 2022, 27: 102425.

[183] Ma W M, Zhao Z, Ke H. Dual-channel closed-loop supply chain with government consumption-subsidy[J]. European Journal of Operational Research, 2013,

226(2): 221-227.

[184] Li Z, Pan Y, Yang W, et al. Effects of government subsidies on green technology investment and green marketing coordination of supply chain under the cap-and-trade mechanism[J]. Energy Economics, 2021, 101: 105426.

[185] Wang Y, Chang X, Chen Z, et al. Impact of subsidy policies on recycling and remanufacturing using system dynamics methodology: a case of auto parts in China [J]. Journal of Cleaner Production, 2014, 74: 161-171.

[186] Li B, Chen W, Xu C, et al. Impacts of government subsidies for environmental-friendly products in a dual-channel supply chain[J]. Journal of Cleaner Production, 2018, 171: 1558-1576.

[187] Li X, Ma W, Shi H, et al. A game theoretic approach for evaluating high-water consumption manufacturing strategies under endogenous government financial subsidies[J]. Computers & Industrial Engineering, 2023, 176: 108907.

[188] He W, Yang Y, Wang W, et al. Empirical study on long-term dynamic coordination of green building supply chain decision-making under different subsidies[J]. Building and Environment, 2022, 208: 108630.

[189] Zimmermann H J. An application-oriented view of modelling uncertainty [J]. European Journal of operational research, 2000, 122(2): 190-198.

[190] Zadeh L. Fuzzy sets[J]. Inform Control, 1965, 8: 338-353.

[191] Petrovic D, Petrovic R, Vujoievib M. Fuzzy models for the newsboy problem[J]. International Journal of Production Economics, 1996, 45(1-3): 435-441.

[192] Petrovic D, Roy R, Petrovic R. Supply chain modelling using fuzzy sets [J]. International Journal of Production Economics, 1999, 59(1-3): 443-453.

[193] Giannaoccaro I, Pontrandolfo P, Scozzi B. A fuzzy echelon approach for inventory management[J]. European Journal of Operational Research, 2003, 149(1): 185-196.

[194] Wang J, Shu Y. Fuzzy decision modeling for supply chain management [J]. Fuzzy Sets and Systems, 2005, 150(1): 107-127.

[195] Aliev R, Fazlollahi B, Guirimov B, et al. Fuzzy-genetic approach to aggregate production distribution planning in supply chain management[J]. Information Sciences, 2007, 177(20): 4241-4255.

[196] Chen S, Ho Y. Analysis of the newsboy problem with fuzzy demands and incremental discounts[J]. International Journal of Production Economics, 2011, 129(1): 169-177.

[197] Wang X, Tang W. Optimal production run length in deteriorating production processes with fuzzy elapsed time[J] Computers & Industrial Engineering, 2009, 56(4): 1627-1632.

[198] Wong B, Lai V. A survey of the application of fuzzy set theory in production and operations management: 1998-2009[J]. International Journal of Production Economics, 2011, 129(1): 157-168.

[199] Zhao J, Tang W, Wei J. Pricing decision for substitutable products with retailer competition in a fuzzy environment[J]. International Journal of Production Economics, 2012, 135(1): 144-153.

[200] Wei J, Zhao J. Pricing decisions with retail competition in a fuzzy closed loop supply chain[J]. Expert Systems with Applications, 2011, 38(9): 11209-11216.

[201] Wei J, Zhao J, Li Y. Pricing decisions for a closed-loop supply chain in a fuzzy environment[J]. Asia-Pacific Journal of Operational Research, 2012, 29(1): 1-30.

[202] Wei J, Zhao J. Reverse channel decisions for a fuzzy closed-loop supply chain[J]. Applied Mathematical Modelling, 2013, 37(3): 1502-1513.

[203] Zadeh L A. Fuzzy sets as a basis for a theory of possibility [J]. Fuzzy Sets and Systems, 1978, 1(1): 3-28.

[204] Hoppe R M. Outlining a future of supply chain management-coordinated supply networks[J]. Managemenet Science, 2001, 47(5): 708-713.

[205] Liu B. Uncertain theory: an Introduction to its axiomatic foundations[M]. Berlin: Springer-Verlag, 2004.

[206] Wang J Y, Zhao R Q, Tang W S. Supply chain coordination by revenue-sharing contract with fuzzy demand[J]. Journal of Intelligent and Fuzzy Systems, 2008, 19(6): 409-420.

[207] Hao C, Yang L. Resale or agency sale? Equilibrium analysis on the role of live streaming selling[J]. European Journal of Operational Research, 2023, 307(3): 1117-1134.

[208] Nash J. Two-person cooperative games[J]. Econometrica 1953, 21(1): 128-140.

[209] Govindan K, Popiuc M N, Diabat A. Overview of coordination contracts within forward and reverse supply chains[J]. Journal of cleaner production, 2013, 47: 319-334.

[210] Panda S, Modak N M, Basu M, et al. Channel coordination and profit distribution in a social responsible three-layer supply chain[J]. International Journal of Production Economics, 2015, 168: 224-233.

[211] Panja S, Mondal S K. Exploring a two-layer green supply chain game theoretic model with credit linked demand and mark-up under revenue sharing contract[J]. Journal of Cleaner Production, 2020, 250: 119491.

[212] Song H, Gao X. Green supply chain game model and analysis under revenue-sharing contract[J]. Journal of Cleaner Production, 2018, 170: 183-192.

[213] Zhang Q H, Dong M, Luo J W, et al. Supply chain coordination with trade credit and quantity discount incorporating default risk[J]. International Journal of Production Economics, 2014, 153: 352-360.

[214] Hou X Y, Li J B, Liu Z X, et al. Pareto and Kaldor-Hicks improvements with revenue-sharing and wholesale-price contracts under manufacturer rebate policy[J]. European Journal of Operational Research, 2022, 298(1): 152-168.

[215] Zhang C T, Liu L P. Research on coordination mechanism in three-level green supply chain under non-cooperative game[J]. Applied Mathematical Modelling, 2013, 37(5): 3369-3379.

[216] Xin C, Zhou Y Z, Sun M H, et al. Strategic inventory and dynamic pricing for a two-echelon green product supply chain[J]. Journal of Cleaner Production, 2022, 363: 132422.

[217] Jian J, Li B, Zhang N, et al. Decision-making and coordination of green closed-loop supply chain with fairness concern[J]. Journal of Cleaner Production, 2021, 298: 126779.

[218] Zong S L, Shen C Y, Su S P. Decision making in green supply chain with manufacturers' misreporting behavior[J]. Sustainability, 2022, 14(9): 4957.

[219] Jiang W, Yuan M. Coordination of prefabricated construction supply chain

under cap-and-trade policy considering consumer environmental awareness[J]. Sustainability, 2022, 14(9): 5724.

[220] Li N, Deng M J, Mou H S, et al. Government participation in supply chain low-carbon technology R&D and green marketing strategy optimization[J]. Sustainability, 2022, 14(14): 8342.

[221] Gao J Z, Xiao Z D, Wei H X. Competition and coordination in a dual-channel green supply chain with an eco-label policy[J]. Computer & Industrial Engineering, 2021, 153: 107057.

[222] Nash J. The bargaining problem[J]. Econometrica 1950, 18(2), 155-162.

[223] Ghosh P K, Manna A K, Dey J K, et al. Supply chain coordination model for green product with different payment strategies: a game theoretic approach[J]. Journal of Cleaner Production, 2021, 290: 125734.

[224] Zhang X, Yousaf H M A U. Green supply chain coordination considering government intervention, green investment, and customer green preferences in the petroleum industry[J]. Journal of Cleaner Production, 2020, 246: 118984.

[225] 牛丽丽. 电子商务：县域经济发展的新引擎[J]. 辽宁经济, 2015(3): 45-50.

[226] 朱世友. 农村电商发展对物流业的影响及农村物流体系构建[J]. 价格月刊, 2016(3): 75-78.

[227] 刘岩. 长春市农村电子商务与物流互动发展研究[J]. 中国市场, 2016(49): 151-152, 202.

[228] 吴娜, 赵本纲. 物流效率提升对农村电商发展的影响研究：基于农村经济发展视角[J]. 商业经济研究, 2019(21): 124-126.

[229] 郭志清. 乡村振兴战略下农村电商物流服务质量提升的路径选择[J]. 商业经济, 2019(8): 54-55.

[230] 黄腾宇. 乡村振兴战略下农村电商物流服务质量提升的路径选择[J]. 中国物流与采购, 2019(23): 74-75.